# RUSSELL

COLEÇÃO
## FIGURAS DO SABER
dirigida por Richard Zrehen

*Títulos publicados*

1. *Kierkegaard*, de Charles Le Blanc
2. *Nietzsche*, de Richard Beardsworth
3. *Deleuze*, de Alberto Gualandi
4. *Maimônides*, de Gérard Haddad
5. *Espinosa*, de André Scala
6. *Foucault*, de Pierre Billouet
7. *Darwin*, de Charles Lenay
8. *Wittgenstein*, de François Schmitz
9. *Kant*, de Denis Thouard
10. *Locke*, de Alexis Tadié
11. *D'Alembert*, de Michel Paty
12. *Hegel*, de Benoît Timmermans
13. *Lacan*, de Alain Vanier
14. *Flávio Josefo*, de Denis Lamour
15. *Averróis*, de Ali Benmakhlouf
16. *Husserl*, de Jean-Michel Salanskis
17. *Os estoicos I*, de Frédérique Ildefonse
18. *Freud*, de Patrick Landman
19. *Lyotard*, de Alberto Gualandi
20. *Pascal*, de Francesco Paolo Adorno
21. *Comte*, de Laurent Fédi
22. *Einstein*, de Michel Paty
23. *Saussure*, de Claudine Normand
24. *Lévinas*, de François-David Sebbah
25. *Cantor*, de Jean-Pierre Belna
26. *Heidegger*, de Jean-Michel Salanskis
27. *Derrida*, de Jean-Michel Salanskis
28. *Montaigne*, de Ali Benmakhlouf
29. *Turing*, de Jean Lassègue
30. *Bachelard*, de Vincent Bontems
31. *Newton*, de Marco Panza
32. *Sartre*, de Nathalie Monnin
33. *Lévi-Strauss*, de Olivier Dekens
34. *Cícero*, de Clara Auvray-Assayas
35. *Epicuro*, de Julie Giovacchini

# RUSSELL
## ALI BENMAKHLOUF

Tradução
**Guilherme João de Freitas Teixeira**
com a colaboração de
**Jaime A. Clasen**

Estação Liberdade

FIGURAS DO SABER

Título original francês: *Russell*
© Société d'Édition les Belles Lettres, 2004
© Editora Estação Liberdade, 2019, para esta tradução

PREPARAÇÃO Tessa Lacerda
REVISÃO Fábio Fujita
CAPA Natanael Longo de Oliveira
COMPOSIÇÃO Miguel Simon

CIP-BRASIL. CATALOGAÇÃO NA PUBLICAÇÃO
SINDICATO NACIONAL DOS EDITORES DE LIVROS, RJ

B393r

Benmakhlouf, Ali
  Russell / Ali Benmakhlouf ; tradução Guilherme João de Freitas Teixeira ; colaboração Jaime A. Clasen. - 1. ed. - São Paulo : Estação Liberdade, 2019.
  288 p. ; 21 cm.    (Figuras do saber ; 36)

  Tradução de: Russell
  Inclui bibliografia
  ISBN 978-85-7448-302-3

  1. Russell, Bertrand, 1872-1970. 2. Filosofia inglesa. 3. Filósofos - Grã-Bretanha - Biografia. I. Teixeira, Guilherme João de Freitas. II. Clasen, Jaime A. III. Título.

18-54421        CDD: 921.2
                CDU: 929:1(410)

Leandra Felix da Cruz - Bibliotecária - CRB-7/6135
17/12/2018 21/12/2018

Todos os direitos reservados à Editora Estação Liberdade. Nenhuma parte da obra pode ser reproduzida, adaptada, multiplicada ou divulgada de nenhuma forma (em particular por meios de reprografia ou processos digitais) sem autorização expressa da editora, e em virtude da legislação em vigor.

Esta publicação segue as normas do Acordo Ortográfico da Língua Portuguesa, Decreto nº 6.583, de 29 de setembro de 2008.

EDITORA ESTAÇÃO LIBERDADE LTDA.
Rua Dona Elisa, 116 | Barra Funda | 01155-030
São Paulo – SP | Tel.: (11) 3660 3180
www.estacaoliberdade.com.br

*A meus alunos*

Para as siglas referentes aos títulos de B. Russell, cf. quadro no final do livro em "Indicações bibliográficas". [N.T.]

# Sumário

| | |
|---|---|
| Cronologia | 11 |
| Introdução | 23 |
| 1. A paixão pelas coisas eternas | 23 |
| 2. Gramática filosófica e método científico | 36 |
| 3. A filosofia como compreensão teórica do mundo | 37 |
| 4. Uma filosofia pluralista | 41 |
| I. Nomes próprios e descrições definidas | 47 |
| 1. Objeto, ser ou descrição? | 48 |
| 2. Sentido ou denotação: de que é que se fala? | 53 |
| 3. Acabar com o privilégio da denominação | 58 |
| 4. Existência e negação | 65 |
| 5. Existência e pressuposição | 69 |
| II. Números e classes | 75 |
| 1. O finito e o infinito | 76 |
| 2. A similaridade entre os números | 79 |
| 3. A definição do número cardinal finito por G. Frege | 82 |
| 4. Axiomas e definições | 84 |
| 5. Classes e funções proposicionais | 88 |
| 6. Paradoxos e teoria dos tipos | 91 |
| 7. Hierarquia dos tipos e hierarquia das linguagens | 96 |
| 8. Existência e identidade | 101 |
| III. As relações | 113 |
| 1. A realidade das relações | 117 |
| 2. A diversidade imediata das coisas interligadas | 123 |
| 3. Idealismo e holismo | 129 |
| 4. O simples e o complexo | 133 |

| | | |
|---|---|---|
| IV. | Compreender e justificar | 139 |
| | 1. O princípio epistemológico fundamental | 144 |
| | 2. Denotação e descrição | 147 |
| | 3. A justificação lógica das crenças | 149 |
| | 4. Inferência e construção | 152 |
| | 5. As correlações costumeiras | 158 |
| | 6. A estima pelas aparências | 164 |
| | 7. O reconhecimento do outro | 169 |
| V. | O juízo | 175 |
| | 1. Juízo e asserção | 175 |
| | 2. O juízo: uma relação múltipla | 178 |
| | 3. A crítica de Wittgenstein | 181 |
| | 4. De que modo uma crença se torna verdadeira? | 184 |
| | 5. A verdade para além do conhecimento | 192 |
| VI. | Graus de conhecimento | 197 |
| | 1. O que é que nós sabemos? | 200 |
| | 2. A análise e o método analítico | 205 |
| | 3. O mundo de Alice: um mundo tão pouco estranho | 207 |
| | 4. Linhas causais e leis causais | 213 |
| | 5. A indução | 216 |
| | 6. A verificação | 218 |
| | 7. Os postulados do conhecimento não demonstrativo | 221 |
| VII. | Da lógica à ética e à política | 227 |
| | 1. A religião nos limites do simples medo | 230 |
| | 2. Diálogo entre um especialista da lógica e um teólogo | 233 |
| | 3. "Não há conhecimento ético" | 237 |
| | 4. Política e filosofia | 241 |
| | Conclusão | 249 |
| | Indicações bibliográficas | 257 |
| | I. Obras de B. Russell | 257 |
| | II. Obras sobre B. Russell | 272 |

# Cronologia

1872      Nascimento de Bertrand Arthur William Russell em 18 de maio, em Monmouthshire (País de Gales), o segundo filho de três; o economista e filósofo inglês John Stuart Mill (1806-1873) aceitou o convite para ser o padrinho civil.[1]

1874      Morte da mãe e da irmã; apresentação à rainha Vitória pelo avô, Lorde John Russell (1792--1878), primeiro conde Russell.

1876      Morte do pai (visconde Amberley, primogênito do primeiro conde Russell). O avô contesta com sucesso o testamento que deixava a guarda de Bertrand e do irmão — quase sete anos mais velho, Franck — a dois livres-pensadores; assim, as duas crianças são criadas pelos avós no Pembroke Lodge, em Richmond Park, nos arredores de Londres. Com o óbito do próprio Lorde Russell, a influência dominante ao longo da infância e da adolescência de Russell foi a da avó, falecida em 1898.[2]

---

1. Algumas informações, introduzidas ao longo desta cronologia, foram extraídas de Ayer (1972). [N.T.]
2. Apesar de suas firmes convicções religiosas, Lady Russell conservou paradoxalmente as ideias políticas liberais do marido, referindo-se ao neto como seu "anjo de criança" (STRATHERN, 2003, p. 13), o qual acabou rejeitando uma grande parte de seus princípios, mas herdou seu fervor moral; assim, o texto que ela inscreveu na folha de rosto da Bíblia que lhe ofereceu — "Não tomarás o partido da maioria para fazer o

1877    O pai do matemático A. N. Whitehead, vigário de paróquia, procura convencer o pequeno Russell de que a Terra é redonda.

1883    O irmão ensina-lhe a geometria de Euclides; Bertie manifesta admiração pelas provas apresentadas, rejeitando aceitar os axiomas com base na confiança.

1890    Depois de passar dezoito meses em uma Academia Militar — em que Russell ficou chocado com o filistinismo da maior parte dos colegas —, ele ganha bolsa de estudos para o Trinity College, Cambridge, instituição em que o cientista e matemático Isaac Newton (1643-1727) havia estudado e ensinado. Durante os três anos iniciais, Russell estuda matemática e, durante o quarto ano, filosofia. Seu professor de ética é Henry Sigwick (1838-1900) e o de matemática, A. N. Whitehead (1861-1947); além disso, ele é influenciado pelo neo-hegeliano J. M. E. McTaggart (1866-1925).[3]

1893    Trava conhecimento, no momento em que começa a estudar filosofia, com G. Santayana (1863-1952) — pseudônimo do filósofo, poeta, ensaísta e romancista Jorge Agustín Nicolás Ruiz de Santayana y Borrás —, nascido na Espanha, mas criado e educado nos Estados Unidos.

---

mal" (Êxodo, cap. 23,2) — foi objeto da adesão corajosa de Russell em todos os momentos de sua vida. [N.T.]

3. Por ocasião de sua estada em Cambridge, Russell tornou-se membro de uma sociedade secreta, os Apostles, em companhia do economista J. M. Keynes (1883-1946), do crítico literário Lytton Strachey (1880-1932) e do cientista político e editor Leonard Woolf (1880-1969), entre outros; por intermédio desses colegas, ele manteve numerosos contatos com o Bloomsbury Group, grupo informal de escritores, pintores, críticos de arte e professores universitários (cf. MARION, 2006). [N.T.]

| | |
|---|---|
| 1894 | Contra a vontade da avó, casa-se com Alys Pearsall Smith. |
| 1896 | Publicação de "Logic of Geometry" [Lógica da geometria] na revista *Mind*, além do primeiro livro, *German Social Democracy* [Democracia social alemã]. |
| 1897 | Início da correspondência com Louis Couturat (1868-1914); publicação de *An Essay on the Foundations of Geometry* [Ensaio sobre os fundamentos da geometria]. |
| 1898 | Sob a influência de G. E. Moore (1873-1958), B. Russell rompe com o espírito neo-hegeliano dominante em Cambridge. |
| 1900 | Participação no Congresso Internacional de Filosofia, em Paris; encontra-se com G. Peano (1858-1932) e toma consciência da importância da obra desse autor na área da lógica; publicação de *A Critical Exposition of the Philosophy of Leibniz* = CEPL [Exposição crítica da filosofia de Leibniz], série de aulas ministradas, em 1899, em substituição de J. McTaggart. |
| 1901 | Leitura de *Begriffsschrift, eine der arithmetischen nachgebildete Formelsprache des reinen Denkens* [Notação conceitual: uma linguagem formal, decalcada da aritmética, do pensamento puro] de G. Frege (1848-1925), editada em 1879. Publicação de "The Logic of Relations" [A lógica das relações], de "The Notion of Order and Absolute Position in Space and Time" [A ideia de ordem e a posição absoluta no espaço e no tempo] e de "Mathematicians and Metaphysicians" [Matemáticos e metafísicos]. Na primavera de 1901, descobre uma |

contradição no vol. 1 de *Grundgesetze der Arithmetik* [Leis fundamentais da aritmética] de Frege (FERREIRA, 2002).

1902 Publicação do artigo "The Study of Mathematics" [O estudo da matemática].

1903 Publicação de *The Principles of Mathematics* = PoM [Os princípios da matemática].

1905 Publicação do artigo "On Denoting" = OND [Da denotação]: estabelece os fundamentos de sua teoria das descrições. O físico teórico alemão A. Einstein (1879-1955) publica o primeiro artigo sobre a relatividade especial.

1906 Publicação do artigo "Les Paradoxes de la logique" [Os paradoxos da lógica]. Eleito, em Wimbledon, como candidato de *National Union of Women's Suffrage Societies* (a NUWSS [União Nacional das Associações a favor do Sufrágio Feminino]), liderada pela feminista, defensora dos direitos das mulheres e escritora inglesa Millicent Fawcett (1847-1929).

1907 Publicação do artigo "On the Nature of Truth" [Da natureza da verdade].

1908 Eleito para a Royal Society. Publicação do artigo "Mathematical Logic as Based on the Theory of Types" [Lógica matemática enquanto baseada na teoria dos tipos].

1910-1913 Publicação de *Principia Mathematica* = PM, cuja escrita havia começado em 1903, em colaboração com A. N. Whitehead; Russell conta que, entre 1907 e 1910, trabalhou nesse projeto cerca de oito meses por ano, de dez a doze horas por dia (ABR, 1967, p. 144). Quando foi, finalmente, concluída, essa obra consistia em três volumes "contendo mais de quatro mil páginas de lógica simbólica rigorosa e meticulosamente demonstrada" (STRATHERN, op. cit., p. 32).

1910 Publicação de *Philosophical Essays* = PE [Ensaios filosóficos] e do artigo "The Theory of Logical Types" [A teoria dos tipos lógicos].

1911 Russell dá três conferências em Paris e encontra H. Bergson (1859-1941) após ter lido *L'évolution créatrice* [A evolução criadora]; publicação de "Knowledge by Acquaintance and Knowledge by Description" [Conhecimento por familiaridade e conhecimento por descrição] e de "Analytic Realism" [O realismo analítico]. Após ter vivido nos últimos oito anos um casamento tumultuado, separa-se de Alys P. Smith; com efeito, a década havia sido emocionalmente carregada para Russell, que se apaixonou e perdeu a paixão com igual rapidez por uma sucessão de mulheres. Entre elas, Lady Ottoline Morrell (1873-1938), uma aristocrata inglesa bem relacionada com personalidades do meio intelectual e artístico, tais como Aldous Huxley (1894-1963), T. S. Eliot (1888-1965) e D. H. Lawrence (1885-1930); durante os cinco anos em que mantiveram um caso, ela e Russell se corresponderam regularmente (STRATHERN, op. cit., p. 39).

1912 Trava conhecimento com L. Wittgenstein (1889--1951), que vem inscrever-se em Cambridge para seguir seus cursos; publicação de *Problems of Philosophy* = PoP [Problemas de filosofia], ainda hoje provavelmente a melhor introdução à filosofia em língua inglesa. O físico dinamarquês Niels Bohr (1885-1962) começa a desenvolver a compreensão da estrutura atômica e da física quântica.

1913 Encontro com o romancista britânico, de origem polonesa, Joseph Conrad (1857-1924), de quem se torna amigo; publicação de "The Place of Science in a Liberal Education" [O lugar da ciência em uma educação liberal] e redação de um manuscrito que será publicado apenas em 1984, *Theory of Knowledge: the 1913 Manuscript* [Teoria do conhecimento: o manuscrito de 1913].

1914 É convidado para proferir as *Conferências Lowell*, em Boston, e decide falar de "nosso conhecimento do mundo exterior"; publicação de *Mysticism and Logic* = ML [Misticismo e lógica] e de *Our Knowledge of External World* = OKEW [Nosso conhecimento do mundo exterior]. Com a deflagração da Primeira Guerra Mundial, ele promove uma campanha pacifista.

1916 Em um dos julgamentos de Clifford Allen — na época, secretário de *No-Conscription Fellowship* [Irmandade contra o Recrutamento] —, conhece a militante pacifista e escritora britânica Lady Constance Malleson (1895-1975), que, além de ser mulher do ator Miles Malleson, era uma atriz conhecida sob o nome de Colette O'Niel; o envolvimento amoroso não foi além de 1920, mas continuaram sendo amigos até a morte de Russell. Publicação de "Principles of Social Reconstruction", texto em que ele confirma que o Estado e a propriedade são as duas maiores forças ou influências no mundo moderno.

1917 Publicação de *Why Men Fight* [Por que os homens vão à guerra?].

1918 Expulsão do Trinity College de Cambridge. No mesmo dia, 1º de maio, em que foi rejeitado o seu apelo contra a sentença de prisão — por defender o pacifismo e ter feito uma declaração que insultava um aliado [Estados Unidos] da Grã-Bretanha em tempo de guerra —, ele ingressou no presídio de Brixton, no qual permaneceu por quatro meses e meio; nesse período, redigiu o texto de *Introduction to Mathematical Philosophy* = IMP [Introdução à filosofia matemática; cf. IMP, "Introdução", 2007, p. 3].

1918-1919 Publicação de *The Philosophy of Logical Atomism* = PLA [A filosofia do atomismo lógico].

1919 Publicação do artigo "On Propositions" [Das proposições]; publicação de IMP.

1920 Encontro com Lênin em Moscou, tendo mantido uma longa conversa com o líder da Revolução Russa, e horrorizando-se com os seus efeitos sobre milhões de camponeses dizimados pela fome. Publicação de *The Practice and Theory of Bolshevism* [A prática e a teoria do bolchevismo], uma das primeiras críticas do regime soviético (ABR, II, p. 122).

1920-1921 Divorcia-se de Alys Smith e casa-se com Dora Black. É convidado a lecionar filosofia, durante um ano, em Pequim; tendo adoecido seriamente com bronquite, e diante da recusa de entrevista solicitada por jornalistas japoneses, o seu falecimento chegou a ser anunciado, o que lhe deu o prazer de ler os obituários a seu respeito.

1921 Publicação de *The Analysis of Mind* [A análise da mente]; nascimento do primeiro filho, John Conrad (nome adotado, em parte, em homenagem ao amigo romancista Joseph Conrad).

1923 Nascimento da filha, Katherine.

1924 Publicação do artigo "Logical Atomism" [Atomismo lógico].

1925 Publicação de *The ABC of Relativity* [O ABC da relatividade].

1927 A convite da *National Secular Society*, Russell profere em 6 de março uma conferência intitulada "Why I Am Not a Christian" [Por que não sou cristão]; com a segunda esposa, Dora, funda uma escola experimental, *Beacon Hill School*, para implementar as suas teorias sobre a educação.

1929 Publicação de *Marriage and Morals* [Casamento e moral].

1931 Torna-se o terceiro *Earl* (conde) Russell, após a morte do irmão. O matemático austríaco naturalizado norte-americano Kurt F. Gödel (1906-1978) publica o teorema da incompletude.

1935 Publicação de *Religion and Science* [Religião e ciência]; divorcia-se de Dora Black.

1936 Publicação de *Which Way to Peace?* [Qual será o caminho para a paz?]; casa-se com Patricia "Peter" Spence, estudante universitária de Oxford que tinha sido a governanta de suas crianças no verão de 1930.

| | |
|---|---|
| 1937 | Nascimento do filho Conrad (quinto duque Russell, historiador e político britânico, falecido em 2004). Organiza, em colaboração com a terceira esposa, Patricia, *The Amberley Papers* (dois volumes, relato benevolente da vida dos pais). |
| 1938 | Publicação de *Power: a New Social Analysis* [O poder: uma nova análise social]. Volta a interessar-se pela filosofia, proferindo uma série de conferências tanto na London School of Economics quanto em Oxford, abrindo o debate "com os filósofos mais jovens entre os quais eu me encontrava" — afirma Sir Alfred J. Ayer (1910-1989, educador e filósofo britânico). "A minha impressão, confirmada mais tarde, é que Russell tinha a grande qualidade, à semelhança de Moore e Einstein, de ser capaz de falar a pessoas mais jovens e menos dotadas, como se elas pudessem ensinar-lhe algo." |
| 1938-1942 | Leciona sucessivamente na Universidade da Califórnia, em Los Angeles, e no College of the City of New York; ataques repetidos da Igreja Episcopal Protestante contra a nomeação de Russell — que, em seus escritos sobre o casamento, havia defendido o amor livre — para a universidade da cidade de Nova York; tendo sido confirmada, tal nomeação será, em seguida, anulada.[4] |
| 1940 | Publicação de *An Inquiry into Meaning and Truth* = IMT [Investigação acerca do sentido e da verdade] — livro que inclui também algumas das conferências proferidas em Oxford. |

---

4. Cf. WIC; ed. bras.: "Apêndice — Como B. Russell foi impedido de ensinar no City College de N. Y.", pp. 129-154. [N.T.]

| | |
|---|---|
| 1944 | Retorno à Grã-Bretanha. |
| 1945 | Publicação de *A History of Western Philosophy* = HWP [História da filosofia ocidental], que se torna um best-seller, assegurando-lhe os recursos financeiros para o resto da vida. |
| 1948 | Publicação de *Human Knowledge, its Scope and Limits* = HKSL [Conhecimento humano, seu alcance e limites]. Em novembro, o vício inveterado de fumar cachimbo teria poupado a sua vida quando o avião que fazia a ligação Oslo-Trondheim se despenhou no mar, matando todos os passageiros do compartimento de não fumantes; Russell teve de nadar uns poucos metros, antes de ser salvo por um barco. |
| 1949 | Russell recebe a Ordem do Mérito. |
| 1950 | Russell recebe o prêmio Nobel de Literatura "em reconhecimento de seus variados e significativos escritos, nos quais ele lutou por ideais humanitários e pela liberdade do pensamento", assim como por seus livros de vulgarização científica, nomeadamente *The ABC of Atoms* e *The ABC of Relativity* [*O ABC dos átomos* e *O ABC da relatividade*]; publicação de *Unpopular Essais* = UE [Ensaios impopulares] e de *Logical Positivism* [Positivismo lógico]. |
| 1951 | Publicação de *New Hopes for a Changing World* [A última oportunidade do homem]. |
| 1952 | Divórcio a pedido de Patricia Spence. Russell casa-se, pela quarta vez, com Edith Finch, que ele já conhecia desde 1925; esse casamento — que duraria até a sua morte — deu-lhe uma paz de espírito que ele não havia conhecido até então. |

1955 Lançamento do *Manifesto Russell-Einstein*, coassinado por Albert Einstein e outros nove cientistas e intelectuais de renome; esse documento levou à realização de *Pugwash Conferences on Science and World Affairs* [Conferências Pugwash sobre Ciência e Negócios Mundiais], em 1957.

1956 Publicação de *Logic and Knowledge* = LK [Lógica e conhecimento] e de *Portraits from Memory and Other Essays* = PfM [Retratos da memória e outros ensaios].

1957 Organização da Primeira Conferência Pugwash (Canadá).

1958 Um dos fundadores e primeiro presidente do Committee for Nuclear Disarmament (Movimento em Favor do Desarmamento Nuclear).

1959 Publicação de *My Philosophical Development* = MPD [Meu desenvolvimento filosófico]; paralelamente, Russell publica *Common Sense and Nuclear Warfare* [Senso comum e guerra nuclear] e torna-se presidente da *British Campaign for Nuclear Disarmament* [Campanha Britânica pelo Desarmamento Nuclear].

1960 Publicação de *Bertrand Russell Speaks His Mind* [Bertrand Russell abre o jogo]. Em companhia de A. Einstein, Robert Oppenheimer, Joseph Rotblat e outros cientistas eminentes da época, participa da constituição formal da Academia Mundial de Arte e Ciência.

1961 Publicação de *Fact and Fiction* [Fato e ficção]. Em setembro, com quase noventa anos, volta à prisão de Brixton, durante uma semana, por incitar à desobediência civil e ter participado

|      | de uma grande manifestação chamada Ban the Bomb diante do Ministério da Defesa; em virtude de sua idade, a sentença foi anulada. |
|------|---|
| 1962 | Instalação da Russell Peace Foundation, que desempenhará um papel considerável na oposição às operações militares empreendidas pelos Estados Unidos no Vietnã. |
| 1967 | Para julgar os crimes de guerra cometidos, em sua opinião, pelos norte-americanos no Vietnã, Russell funda, com Jean-Paul Sartre, um Tribunal Internacional.[5] Com 95 anos, escreveu "1967", o seu último texto; diz-se que ele teria redigido ao longo de sua vida, em média, uma página de três em três horas. Publicação do vol. I de *The Autobiography of Bertrand Russell 1872-1914* = ABR [Autobiografia de Bertrand Russell]. O "Prólogo" abre com esta frase: "Três paixões, simples mas extremamente robustas, nortearam a minha vida: o desejo de amor, a busca pelo conhecimento e uma pungente compaixão pelo sofrimento da humanidade." |
| 1968 | Publicação do vol. II, 1914-1944, de ABR. |
| 1969 | Publicação do vol. III, 1944-1967, de ABR. |
| 1970 | Russell morre em 2 de fevereiro, às vésperas de completar 98 anos. |

---

5. As atividades dessa instituição foram financiadas pela venda da própria biblioteca e de seus arquivos (atualmente, na Universidade McMaster, Ontario: http://russell.mcmaster.ca). Cf. Marion (2006).

# Introdução

## 1. A paixão pelas coisas eternas

> *Introduzir, na vida humana, a imensidão e a terrível força — destituída de qualquer paixão — das coisas não humanas.*
>
> (Carta para Colette O'Niel
> de 5 de julho de 1918)

Matemático, especialista da lógica e filósofo engajado, Bertrand Russell (1872-1970) viu a sua influência ir muito além dos círculos acadêmicos do saber. Considerado um dos fundadores da filosofia analítica[1] e um dos mais importantes especialistas da lógica no século XX, o terceiro *Earl* (conde) Russell foi, até os seus últimos dias, um grande ativista: militante favorável ao voto das mulheres desde 1907, pacifista durante a Primeira Guerra Mundial, neutralista na véspera da Segunda, ele empenhou-se em seguida na aproximação entre Leste e Oeste no auge da Guerra Fria, tendo organizado, em 1957, a Primeira

---

1. Corrente filosófica que procura a solução dos problemas considerados, em seu entender, admissíveis mediante a análise lógico-semântica da linguagem com que eles se exprimem; a filosofia analítica desenvolveu-se particularmente no decorrer do século XX, na esfera anglo-saxônica em que ela foi, durante muito tempo, predominante.

Conferência Pugwash (que reuniu cientistas oriundos dos dois lados da Cortina de Ferro); ele lutou contra a corrida armamentista dos países industrializados e, de modo mais particular, contra a ameaça das armas atômicas; enfim, ele criticou com veemência o imperialismo estadunidense e, nomeadamente, a guerra travada pelos Estados Unidos no Vietnã, tendo fundado em 1967, em parceria com Jean-Paul Sartre, o Tribunal Internacional para o julgamento do que ele considerava "crimes de guerra" cometidos pelos norte-americanos.

Paralelamente a todas essas lutas, Russell desenvolvia uma grande atividade intelectual: cursos em Cambridge, série de conferências e aulas nos Estados Unidos; publicação de mais de setenta livros e de um grande número de artigos, alguns dos quais — por exemplo, "On Denoting" (1905) — se tornaram um quadro de referência para gerações de pensadores.

Oriundo de uma família aristocrática que se envolvera de forma auspiciosa na vida política[2], Bertrand Russell perdeu precocemente os pais e, desde os dois anos de idade, foi educado em uma atmosfera de reserva glacial por uma avó puritana da qual só se livrou legalmente aos 21 anos. O primeiro casamento, em 13 de dezembro de 1894 — ele mal tinha completado 22 anos — com a filha de um *quaker*[3], Alys Pearsall Smith, que lhe impôs

---

2. O avô, Lorde John Russell, havia sido primeiro-ministro, por duas vezes, da rainha Vitória.

3. O movimento *quaker* foi fundado na Inglaterra pelo reformador cristão George Fox (1624-1691). Os elementos principais de sua doutrina são os seguintes: 1) cada um é capaz de ter acesso direto a Deus — os rituais e os dogmas são apenas "formas vazias" — porque cada um possui uma centelha do Cristo, fonte da "verdadeira luz" (Evangelho de João 1,9); e 2) seguir a sua luz interior conduz à perfeição individual.

Os discípulos de Fox, até os dias de hoje, atribuem a si mesmos o qualificativo de "Os amigos da verdade" (Evangelho de João 15,15). Ao ser tratado como *quaker* (tremedor) pelo juiz, no decorrer de um processo

a cerimônia celebrada por sua seita, foi desaprovado com veemência pela avó no pressuposto de que a noiva era de condição inferior à do neto. Ele teve numerosos preceptores que acabaram sendo as suas sucessivas janelas abertas para o mundo; com eles, aprendeu a dominar perfeitamente vários idiomas (francês, alemão, assim como grego e latim). Tendo sido despertado bem cedo (aos onze anos) para as provas de matemática graças a um manual sobre os *Elementos de Euclides*, ele foi seduzido rapidamente pela força das demonstrações geométricas, mas teve também muita relutância em aceitar os axiomas sem comprovação, recusando-se a se deixar convencer sem dispor das razões dessa convicção.

Essa foi também a sua atitude em relação ao ensino do cálculo infinitesimal: mesmo que a aquisição dos elementos técnicos o levasse a esquecer, durante algum tempo, as suas dúvidas, estas, no entanto, eram bastante concretas e incidiam sobre o ato de fé exigido por aquele que ensina esse cálculo, desde o momento em que o aluno se questiona sobre a validade das provas dos teoremas fundamentais (MPD, p. 35).

Leitor contumaz dos poetas Shelley[4] e W. Whitman[5], ele admira, no primeiro, a pujança lírica e romântica, assim como a glorificação do passado:

---

    judicial, Fox tinha recomendado ao magistrado que seguisse o seu exemplo e "tremesse diante do Senhor"; e essa palavra acabou sendo adotada.

    Vale lembrar que os *quakers* são visceralmente pacifistas.

4.   Percy B. Shelley (1792-1822), poeta escocês apaixonado por ciência, próximo de Hume, autor, entre outras obras, de *Lastrozzi* e *The Wandering Jew* (1810), *Prometheus Unbound* (1820), *The Necessity of Atheism* (1811) e *Address to the Irish People* (1812); a sua esposa era Mary Wollstonecraft Shelley (1797-1851), autora de *Frankenstein: or the Modern Prometheus* (1818).

5.   Walt Whitman (1819-1892), jornalista e poeta norte-americano, grande amante da natureza e autor de *Leaves of Grass* (1855) e de *Drum-Taps* (1865; escrito durante a Guerra de Secessão).

À semelhança do que ocorre com numerosos adolescentes, eu tinha um senso vivaz de um passado feliz agora perdido, e acabei encontrando numerosas expressões dessa atitude em Shelley. (RUSSELL, 1961b; 2ª ed., 1979, p. 13)

O seu interesse manifesta-se tanto pelas "grandes proezas eternas"[6] quanto pelos combates e acontecimentos políticos de seu tempo. Apesar dos dissabores de sua ação política, ele nunca irá afastar-se totalmente desse compromisso cívico. É "pelo pensamento, unicamente, que o homem é um Deus; mediante a ação e o desejo, tornamo-nos escravos das circunstâncias" (ABR, 1967, p. 168). Em um "sentido profundo", ele não foi liberal, nem socialista, tampouco pacifista: "O intelecto cético insuflou-lhe sempre as suas dúvidas" (ABR, 1968, cap. 1, p. 38). Entre catorze e dezoito anos de idade, ele foi perdendo gradualmente a fé em Deus.

As influências determinantes sobre o seu trabalho na área da lógica foram tardias. Com efeito, antes de tomar conhecimento das obras de Peano e de Frege[7], a sua formação, no contexto de seus estudos em Cambridge, ocorreu na vizinhança intelectual de neo-hegelianos, tais como

---

6. Carta para Lucy Martin Donnely (1870-1948)* de 25 de novembro de 1902 (ABR, 1967, p. 167).

   * Amiga de longa data de Russell, foi professora de inglês no Bryn Mawr College (faculdade privada de artes liberais para mulheres, situada em Bryn Mawr, na Pensilvânia); ela partilhou uma casa, durante vinte anos, com Edith Finch, quarta esposa de Russell, também professora de inglês na mesma instituição (AYER, 1972). [N.T.]

7. Giuseppe Peano (1858-1932), matemático italiano considerado um dos fundadores da lógica matemática. Por sua vez, Gottlob Frege (1848--1925), matemático, especialista da lógica e filósofo alemão, autor de *Begriffsschrift, eine der arithmetischen nachgebildete Formelsprache des reinen Denkens* (1879; Primeiro sistema formal de logicização da aritmética), é considerado o pai da lógica matemática.

McTaggart[8], Joachim e Bradley.[9] Em Cambridge, nesse período, a recepção dos matemáticos alemães — por exemplo, Cantor, Weierstrass ou Dedekind[10] — foi precária, para não dizer inexistente; será necessário esperar a sua viagem aos Estados Unidos para tomar consciência da importância das diferentes disciplinas da matemática na Alemanha (ABR, 1968, p. 133). Aliás, nessa área, o seu professor foi A. N. Whitehead[11], o qual haveria de tornar-se seu colaborador, durante dez anos, tendo escrito em parceria com ele os *Principia Mathematica* (PM). Seu apreço por Whitehead apoiava-se no fato de que este era um bom professor de matemática, além de possuir uma imensa cultura, e parecia incentivar a inteligência geral que, para Russell, era "muito mais útil que um amplo conhecimento restrito totalmente a um assunto" (RUSSELL, 1983, p. 58). O projeto de escrever em colaboração o que deveria ser a segunda parte tanto de *A Treatise on Universal Algebra* (1898), do próprio Whitehead, quanto de seu livro *The*

---

8. John McT. Ellis McTaggart (1866-1925) é autor de *Studies in the Hegelian Dialectic* (1896).
9. Harold H. Joachim (1868-1938) é autor de *The Nature of Truth: an Essay* (1906). Quanto a Francis H. Bradley (1846-1924), é um filósofo idealista inglês que se inspira em Kant e Hegel, célebre por sua metafísica; autor de *Ethical Studies* (1876), *Principles of Logic* (1883) e *Appearance and Reality* (1893).
10. Georg Cantor (1845-1918), matemático alemão, a quem se deve uma contribuição notável para a elaboração da teoria dos conjuntos [na nossa editora e nesta coleção, cf. Belna, 2011]. Por sua vez, Karl Weierstrass (1815-1897), matemático alemão, célebre por seus trabalhos sobre as funções, é considerado o pai da análise moderna; Edmund Husserl* foi seu assistente. Por fim, Julius Dedekind (1831-1916), matemático alemão, é célebre por seus trabalhos sobre a teoria dos números (estabeleceu as primeiras balizas de uma axiomática dos inteiros naturais).
    * Matemático e filósofo (1859-1938), nascido em uma região da atual República Checa, foi o fundador da fenomenologia. [N.T.]
11. Alfred North Whitehead (1861-1947), matemático, especialista da lógica e filósofo inglês, membro da Royal Society (1898).

*Principles of Mathematics* (PoM) sofrerá várias transformações e acabará por culminar em PM: suma de lógica e matemática em três volumes, escrita no decorrer de nove anos e transportada para o editor em um carrinho de mão. Um dos primeiros livros de Russell — *An Essay on the Foundations of Geometry* (1897) — é uma reformulação da dissertação que redigira, em 1895, para obter o seu diploma e que tinha o título de *Logic of Geometry* (1896). No mesmo período, Russell manifesta grande interesse pela parte lógica da obra de Leibniz, autor a quem acabará dedicando um livro. Ele põe-se a trabalhar no texto de PoM que será reescrito várias vezes antes de ser publicado. Convidado por Couturat[12] para participar do Congresso de Filosofia de 1900, ele faz a leitura do seguinte texto: "The Notion of Order and Absolute Position in Space and Time" (RUSSELL, 1901c). Ao escrever para o seu anfitrião francês[13], afirma ter encontrado em G. Frege muitas coisas que pensava ter inventado; aliás, uma discussão das teses lógicas do autor de *Begriffsschrift* é empreendida no Apêndice A de PoM.

É, portanto, bem tarde que Russell toma conhecimento da obra de Frege, com quem partilha a tese logicista. Em um momento de triunfo, após ter lido Peano e adotado as hipóteses de Cantor, Russell define assim o logicismo:

> As diferentes disciplinas da matemática pura — aritmética, análise e geometria — são construídas a partir de combinações de ideias primitivas da lógica, enquanto as

---

12. Louis Couturat (1868-1914), matemático e filósofo francês, publicou *La Logique de Leibniz* (1901).
13. Carta de 25 de junho de 1902: "O senhor já conhece os *Grundgesetze der Arithmetik* de Frege? Trata-se de um livro muito difícil, mas consegui finalmente compreendê-lo e encontrei nele muitas coisas que eu pensava ter descoberto."

suas proposições são deduzidas dos axiomas gerais da lógica. (RUSSELL, 1901d, in 1993, p. 367)

Na década de 1900, a noção de *classe* torna-se o conceito-chave para consolidar o logicismo; por seu intermédio é que o número será definido. A classe como *extensão de conceito* não se confunde com o todo em sua relação com as partes: a classe dos tecelões pode ser entendida independentemente de sua relação com os tecelões. É possível assim falar da "classe dos tecelões" sem reunir todos os tecelões pelo fato de dispormos do conceito "tecelão", a partir do qual se pode falar da classe como extensão do conceito. Também é possível abordar, de modo diferente, o infinito de Cantor deixando de considerá-lo como um todo.

No entanto, esse período eufórico da redução das diferentes facetas da matemática à lógica é efêmero; na primavera de 1901, Russell coloca em evidência o chamado paradoxo "dos conjuntos". Podemos apresentá-lo sucintamente deste modo: a classe de todas essas classes que não são membros de si mesmas. Se o princípio do terceiro excluído for aplicado a cada uma das duas possibilidades seguintes, chega-se a uma contradição: se a classe é membro de si mesma, para verificar a propriedade visada, ela não é membro de si mesma; não sendo membro de si mesma, ela verifica a propriedade e não é, portanto, membro de si mesma.

Esse interesse pela lógica e pelas coisas abstratas não é absolutamente exclusivo. Em uma carta para Gilbert Murray[14], de 3 de abril de 1902, Russell considera que o

---

14. Gilbert Murray (1866-1957), professor de grego em Oxford, tradutor de tragédias gregas, militante dos direitos das mulheres e partidário da Sociedade das Nações; autor, entre outras obras, de *History of Ancient Greek Literature* (1897), *Euripides and his Age* (1913) e *Hellenism and the Modern World* (1953).

prazer e o sofrimento têm pouca importância em relação ao conhecimento, atribuindo o nome de "virtude" a "certa excelência intrínseca do intelecto" (ABR, 1967, p. 157).

"A austeridade" de Platão em matéria de arte parece-lhe ser justificada e, ao ler a *República* nesse mesmo ano, ele pensa de comum acordo com o filósofo grego que "os poetas trágicos devem levar-nos a sentir a virtude como aprazível" (ibidem, p. 160).

Ao terminar PoM, ele chega a afirmar que está construindo para si um "claustro mental"[15] feito de paz e de quietude com os livros; uma dezena de anos mais tarde (1916), ele se questiona para saber se não acabará sendo "esmagado repentinamente pela paixão das coisas que são eternas e perfeitas, à semelhança da matemática".[16] Em carta enviada da prisão, em 1918, para o irmão Frank, Russell diz que gostaria de colocar na vida humana "a força passional das coisas não humanas"[17], como a eternidade da matemática. Do mesmo modo, ele reconhece a dificuldade para encontrar a expressão exata daquilo que conta para ele:

> Tenho a noção de que, durante toda a minha vida, lutei para dizer algo que eu nunca conseguiria aprender como exprimir.[18]

Daí o seu empenho em lutar pela verdade e a necessidade de defender a pesquisa científica para implementar essa paixão pelas coisas "não humanas".

---

15. Carta para Lucy Martin Donnely, 1º de setembro de 1902 (ABR, 1967, p. 166).
16. Carta de junho de 1916 para Ottoline Morell (ABR, 1968, p. 67).
17. Carta de 3 de junho de 1918 (ibidem, p. 87).
18. Carta de 11 de agosto de 1918 para Ottoline Morell (ibidem, p. 90).

Russell sempre defendeu o instinto de criação contra o instinto de posse, assim como a verdade em vez da popularidade. No entanto, durante a Primeira Guerra Mundial, ele teve a chance de constatar que numerosos intelectuais preferiam a popularidade à verdade (ABR, 1968, cap. 1, p. 17). Enquanto pacifista, Russell foi obrigado a combater o argumento "diabólico" segundo o qual "o sangue derramado pelas pessoas corajosas, ao morrerem no campo de batalha, deve ter algum valor" (ibidem, 29). A guerra acabou por convencê-lo do fato de que o amor dos pais pelos filhos era uma "exceção rara" (ibidem, p. 17).

Desde 1897, Russell manifestou interesse pelas questões éticas. Na esteira spinoziana, ele considera que o bem limita-se a ser aquilo que é desejado: não há nenhuma objetividade do bem (RUSSELL, 1897b; cf. 1983, p. 104). Tendo descoberto Espinosa[19], simultaneamente ao neo-hegelianismo de McTaggart, ele fica seduzido por seu amor intelectual de Deus; tal descoberta, assim como o hegelianismo, vai libertá-lo da concepção cristã antropomórfica de Deus que havia recebido da família. Em sua prisão em 1818, ele volta a falar do "amor intelectual de Deus: todo aquele que chegou a experimentá-lo não pode continuar *acreditando* na pertinência das guerras".[20]

Russell rejeita a ideia de que a filosofia possa trazer o menor vestígio de conforto, opondo-se por isso mesmo a McTaggart e Bradley. Para este último, comungamos com o que está "para além do mundo visível"; para Russell, quando a metafísica parece substituir a religião, ela passa ao lado de sua função.

---

19. "Uma das pessoas mais importantes do meu mundo", dirá ele a Ottoline Morell em 11 de dezembro de 1911.
20. Carta para Miss Gladys Rinder, amiga e secretária de No-Conscription Fellowship, de 30 de julho de 1918.

Por que não se admitir que a metafísica, à semelhança da ciência, é justificada apenas pela curiosidade intelectual e só deveria ser guiada por esta?[21]

No capítulo VI de sua *Autobiografia* (capítulo introdutório ao período 1900-1909), Russell observa que, nas "relações humanas, deveríamos penetrar no âmago da solidão de cada um e dirigir-lhe a palavra" (ABR, 1967, p. 146). Durante esse período (carta de 1902 para Gilbert Murray), o conhecimento e a excelência do intelecto é que são considerados como a virtude em relação à qual o prazer e o sofrimento têm pouca importância. Certamente, "a vida é um inferno se aqueles pelos quais sentimos maior afeição têm preferência por outras [pessoas], se não há um recanto do mundo em que seja possível acabar com a nossa própria solidão"[22]; com certeza, "todos nós nascemos no mundo, sozinhos, separados e aprisionados em uma torre pelos muros sólidos do próprio eu" (RUSSELL, 1985, p. 40), mas existe felizmente "uma comunhão entre filósofos" e Russell reconhece ter estabelecido "conversações imaginárias" com Leibniz, as quais permitem atenuar a solidão. Ray Monk não hesitou em intitular a biografia de Russell (publicada em 1996) como *The Spirit of Solitude*, retomando o título de um poema de Shelley, autor apreciado de modo muito particular pelo biografado (MONK, 1997, p. 33).

Voltemos a seus trabalhos principais, que são de ordem lógica e matemática.

No prefácio de 1937 de PoM, Russell sublinha que partilha "com Frege uma crença na realidade platônica dos números" (PoM, 1979, p. X) e confronta as suas concepções

---

21. "Parece, Madame? Não, é" (1897c) o primeiro texto de Russell criticando a filosofia hegeliana (WIC; ed. bras., p. 61).
22. Carta de 10 de novembro de 1905 para Lucy Martin Donnelly (ABR, 1967, p. 179).

com as de Hilbert e de Brouwer.²³ Para Hilbert, podemos utilizar os números inteiros sem defini-los, contentando--nos em dizer "que eles devem ter determinadas propriedades enumeradas nos axiomas" (PoM, op. cit., p. VI) que lhes dizem respeito. Esse formalismo, apesar de permitir fazer somas, impede de fazer contas; segundo Russell, ele é incapaz de dar uma interpretação suficiente de proposições do tipo "há doze apóstolos" ou "Londres tem 6 milhões de habitantes". Outra crítica contra Hilbert consiste na substituição da noção de existência pelo conceito de não contradição.²⁴

A escola intuicionista representada por Brouwer e Weyl²⁵, por sua vez, distingue-se pelo fato de descartar o princípio do terceiro excluído em toda parte em que não existe método que permita decidir se uma proposição é verdadeira ou falsa. O intuicionismo está, em geral, acoplado ao finitismo que rejeita dar um sentido a proposições do tipo "todos os homens são mortais" porque, embora a classe dos homens seja finita, "é prática e empiricamente impossível enumerá-los, como se o seu número fosse infinito" (PoM, op. cit., p. VII). Ao não considerar uma proposição desse tipo como verdadeira, Russell não deixa de

---

23. David Hilbert (1862-1943), matemático alemão, considerado um formalista, é célebre por seu *programa de fundamento* desenvolvido na década de 1920. Por sua vez, Jan Brouwer (1881-1966), matemático holandês, foi líder da escola intuicionista (que se opõe aos formalistas).
24. Tal objeção já havia sido apresentada por Frege no final de *Die Grundlagen der Arithmetik* (1884). Com efeito, esse autor tinha indicado que não convinha tirar a conclusão relativamente à existência de algo a partir da não contradição. Um conceito pode não ser contraditório, mas isso é insuficiente para dizer que há objetos que o satisfaçam. Assim, a partir das duas propriedades não contraditórias de onisciência e de onipotência atribuídas a Deus, não se segue a existência deste.
25. Hermann Weyl (1885-1955), matemático alemão próximo de Brouwer, tentou integrar o eletromagnetismo ao formalismo geométrico da relatividade geral.

sublinhar que refutá-la "de maneira fácil e concisa é impossível" (ibidem).

Ao rejeitar os saberes lacunares, Russell assumirá várias tradições: a sua teoria do conhecimento alimenta-se das influências cruzadas de Einstein (a teoria da relatividade restrita permite a crítica da permanência do tempo), Frege e Peano (é o fim do reinado do juízo predicativo e o surgimento de uma gramática filosófica não aristotélica em que as noções de sujeito e de predicado deixam de ser maneiras aproximativas e, até mesmo, confusas, de falar da realidade); além da influência de Mach e de James (monismo neutro)[26] — cuja abordagem de maneira mais detalhada será apresentada mais adiante —, assim como de Helmholtz[27], que havia rompido com os aspectos não analisados de nossas sensações. Há igualmente Meinong[28], de quem Russell toma de empréstimo, em 1904, a concepção de que, à semelhança das classes, os números *subsistem, mas não existem*.

O vínculo entre todas essas influências é uma ligação de método: o procedimento analítico volta a encontrar os seus direitos contra a tradição kantiana que o tinha considerado insuficiente por falta de intuição; incerto na medida em

---

26. Afirmada, de maneira independente, por E. Mach (1838-1916), cientista austríaco — que se debruçou sobre várias disciplinas simultaneamente, misturando física, fisiologia, psicologia e epistemologia —, e por William James (1842-1910), médico, psicólogo e filósofo norte-americano, essa tese resume-se nestes dois pontos principais: 1) O elemento constitutivo do mundo (*stuff*) não é mental nem material, mas neutro; e 2) As diferenças entre o intelecto e a matéria são de relação e de organização.

27. Hermann von Helmholtz (1821-1894), médico, matemático e físico alemão, conhecido por seus trabalhos sobre a fisiologia e a psicologia das sensações, além de contribuir para o desenvolvimento da topologia e da física matemática.

28. Alexius von Meinong (1853-1920), filósofo austríaco, aluno de Brentano (cf., mais adiante, p. 159, nota 4), elaborou uma célebre teoria dos objetos (incluindo objetos que não existem).

que os conceitos dados não são necessariamente claros no começo; e restritivo considerando que a análise descobre apenas a necessidade das experiências possíveis e não a necessidade das coisas reais. Contra esses três limites, Russell estabelece a preponderância da análise. A justificação da análise é a comprovação da passagem do evasivo para o bem definido. Nossa inclinação natural consiste em aceitar o evasivo como se fosse o bem definido ou, dito de outro modo, não levar a análise a seu grau mais elevado; o resultado é, então, uma multiplicação de entidades às quais nos apegamos. Ora, esse apego é afetivo e nada existe, no nível do conhecimento, que lhe seja correspondente. A metafísica tradicional levou-nos a nos acomodar nesse pensamento das entidades. Deve-se, acima de tudo, encontrar uma nova *gramática filosófica* para restabelecer o cognoscível com a economia de pensamento que lhe convém, ou seja, respeitando a navalha de Ockham[29] (não multiplicar desnecessariamente as entidades):

> Penso que, praticamente, toda a metafísica tradicional está repleta de erros devido a uma gramática deficiente; além disso, quase todos os problemas e resultados — ou supostos como tais — são fruto da ignorância das distinções, já abordadas nas nossas conferências precedentes, que dependem do que se pode designar como gramática filosófica. (PLA, VIII; tr. fr., p. 430)

---

29. Guilherme de Ockham (1280-1349), filósofo escolástico inglês, aluno de Duns Escoto; professor na universidade de Paris, ele deixou obras dedicadas à física aristotélica e à lógica. Célebre por sua "lei de parcimônia", comumente designada como "navalha de Ockham".

## 2. Gramática filosófica e método científico

Os ataques dirigidos contra o que Russell designa como "a metafísica tradicional", além de seu alcance crítico, têm uma vertente positiva, que é a implementação de uma *gramática filosófica*, a qual tem a ver com um procedimento analítico que se apoia em uma série de distinções, por exemplo, entre *propriedades das coisas* e *propriedades dos símbolos*, entre *nome próprio* e *descrição definida*, entre *conhecimento por familiaridade* e *conhecimento por descrição*, assim como entre *tipos* de proposições que permitam resolver os paradoxos.

Quem diz "gramática", diz simbolismo sistemático; desse modo, observa-se que, frequentemente, Russell enfatiza o alcance do simbolismo e as regras de seu uso. A gramática filosófica constitui uma ponte entre o simbolismo lógico e matemático, por um lado, e o discurso filosófico, por outro. O que está em questão não é o fato de efetuar uma simples transferência dos resultados da área da matemática para as questões de ordem filosófica: por exemplo, seria absurdo concluir que o isomorfismo existente na sintaxe lógica entre um fato e o seu símbolo possa reencontrar-se tal qual na linguagem filosófica. Em uma linguagem logicamente perfeita, cada objeto simples tem uma palavra, e apenas uma, e "tudo o que não é simples será explicitado por meio de uma combinação de palavras, de uma combinação derivada, evidentemente, das palavras representando as coisas simples que entram em sua composição, na razão de uma palavra para cada componente simples" (ibidem, II; tr. fr., p. 356).

Qual é o interesse filosófico de tal simbolismo, desde o momento em que é fácil constatar que ele é "intoleravelmente prolixo", "incômodo" e responde a necessidades "extraordinariamente diferentes das necessidades da vida corrente"? A resposta a essa questão implica a concepção de Russell a respeito da filosofia que é, antes de mais nada, uma análise compreensiva do mundo. O seu desafio é, sobretudo, teórico. Ela não constrói respostas relativas ao destino humano, nem está orientada para a particularidade das coisas, tampouco para "a vida corrente", mas posiciona-se em um nível simultaneamente geral e hipotético que lhe permite evitar a perempção que atinge as teorias particulares orientadas para a solução de um problema prático ou imediato.

A questão que Russell não cessa de se formular a propósito da filosofia é a seguinte: como dispor de um método objetivo que nos permita evitar que o mundo se torne o espelho dos nossos desejos? Assim, a temática do amor e do ódio faz parte da psicologia, de preferência, à filosofia. Essas noções podem pertencer à filosofia apenas sob "a forma geral" que põe em jogo "a estrutura dessas atitudes em relação aos objetos"; enquanto atitudes, essas paixões são "rigorosamente análogas". Colocar em evidência as suas diferenças é entrar no domínio da psicologia porque a "diferença entre o amor e o ódio não é uma diferença de forma ou de estrutura" (OKEW; tr. fr., p. 49).

## 3. A filosofia como compreensão teórica do mundo

Russell posiciona o método filosófico no horizonte das ciências porque estas nos habituam a nos livrar da vida instintiva, o que é precisamente o objetivo da filosofia:

> Certo desprendimento em relação a todas as expectativas e inquietações deste mundo. (Ibidem)

A ambição filosófica, que é a de compreender teoricamente o mundo, coincide de maneira bastante natural com os objetivos das ciências. No entanto, em vez de reproduzir filosoficamente os resultados científicos, trata-se de se inspirar nos métodos científicos, os quais são numerosos; mesmo que cada um deles seja apropriado a determinada classe de problemas, "há algo que, não sendo facilmente definível, pode ser designado como *o* método da ciência" (ibidem, p. 57). De acordo com a postura de célebres cientistas, a ilustração desse algo é mais fácil que a sua definição: é o caso de Galileu ao permitir a aplicação da matemática a estudos em que não havia nenhum conhecimento *a priori*, tal como o conhecimento que incide sobre a variação da velocidade; e o caso de Darwin ao servir-se tanto do método que consiste em abordar o homem como um fenômeno natural quanto daquele que lhe permite estender o procedimento da economia política clássica ao mundo animal e vegetal.

Segundo Russell, a filosofia deve inspirar-se nesses métodos, em vez da ética ou da religião, porque estas são essencialmente antropocêntricas e, uma vez que sejam transferidas para a metafísica, "elaboram leis sobre o universo a partir do desejo momentâneo dos homens" (ibidem, p. 105); produz-se então uma interferência com "a receptividade ao fato que é a essência da atitude científica para com o mundo" (ibidem). Ora, Russell considera que a coleta dos fatos e a classificação deles, sem generalização precipitada, dependem dessa atitude. Montaigne é citado (OKEW, 1993, p. 39; tr. fr., p. 51). As generalizações dos resultados científicos efetuadas pela filosofia, antes mesmo de tomar uma aparência absoluta e necessária, baseiam-se em uma falsificação desses resultados. Tal falsificação assume duas formas:

1) A ênfase na "uniformidade" das leis da natureza faz esquecer a característica essencial dessas leis, a saber, a sua simplicidade. No momento em que pode parecer legítimo estender o princípio de uniformidade a outros fenômenos, o princípio de simplicidade resiste a essa extensão porque,

em relação às leis da natureza, "a simplicidade, sendo uma causa parcial da descoberta das mesmas, é incapaz de fornecer qualquer base para a suposição de que outras leis não descobertas sejam igualmente simples" (ML, 1986, cap. 6, p. 100). Entre o empírico total da série das observações efetuadas e os princípios lógicos, o regime das ciências da natureza não é passível de nenhuma perturbação; assim, não há lugar para uma filosofia transcendental que promova um intelecto que constitui o conhecimento. Russell não leva em consideração a hipótese transcendental, do mesmo modo que rejeita os pressupostos metafísicos do evolucionismo.

O erro atribuído por Russell à filosofia evolucionista de Spencer[30] reside nos pressupostos dessa filosofia: para que haja evolução, é necessário que nada venha à existência nem desapareça, mas que ocorra a metamorfose de algo; desse modo, conviria pressupor a indestrutibilidade da matéria, assim como a persistência da energia.

Nesse raciocínio, Russell denuncia um equívoco relativamente à concepção da qualidade e da quantidade, consideradas por esse evolucionismo como sucedâneos da substância. A conservação da energia é aquela de "certa função de um sistema físico" e não aquela "de uma substância que persiste em função das mudanças do sistema" (ML, op. cit., p. 102); a qualidade constante não é a entidade persistente, ou ainda a constante da ciência física não é uma constante física. Do mesmo modo, "a quantidade de matéria" consiste muito mais em uma convenção matemática, feita de medida e de cálculo, do que na persistência indestrutível de uma quantidade qualquer.

---

30. Herbert Spencer (1820-1903), sociólogo e filósofo inglês, partidário do evolucionismo de Darwin, aplicado por ele à filosofia, à psicologia e à sociologia; autor de *The Factors of Organic Evolution* (1887).

Convém, enfim, ter em conta a lição da física relativista para atribuir um alcance limitado às "grandes generalizações, tais como a conservação da energia ou da massa" (ibidem, p. 103). Sabemos que a massa, considerada durante muito tempo como "uma quantidade física indubitável", é algo como "uma quantidade vetorial" que varia com a velocidade e em cada "momento difere segundo direções distintas". Assim, mesmo quando a ciência consegue a simplicidade ou a generalização, ela opera por si mesma um retificativo para evitar que elas se tornem absolutas.

2) O segundo ponto leva em conta precisamente essa retificação. Russell — considerado na ciência da lógica como um fundacionalista que rejeita qualquer forma de falibilismo[31] — preconiza, no entanto, uma forma declarada de falibilismo nas ciências, salvo a lógica. O seu argumento considera que a filosofia não pode essencializar os resultados científicos visto que estes últimos estão submetidos permanentemente a uma correção:

> Os resultados mais gerais da ciência são os menos seguros e os mais suscetíveis de questionamentos pelas pesquisas futuras. (ML, op. cit., p. 101)

Se deixarmos, em sua aptidão máxima, nossa "receptividade ao fato", a extensão de nosso conhecimento não se realiza no sentido de generalizações aos aspectos absolutos, mas no que tange a uma coleta dos fatos que, à medida de seu acúmulo, ditam a morte de teorias que haviam sido construídas para torná-los inteligíveis:

---

31. Posição epistemológica que se baseia no caráter revisável e provisório do conhecimento.

Na ciência, os próprios inventores de teorias limitam-se a considerá-las como um expediente temporário (*a temporary makeshift*). (OKEW, p. 39; tr. fr., p. 51)

Russell tem, portanto, uma concepção extremamente pragmática das teorias científicas, cujo papel limita-se a classificar fatos e a "incentivar a busca de fatos novos" (ibidem). Esse pragmatismo, que promove os fatos ao desqualificar não tanto as teorias, mas a sua absolutização, converge de maneira bastante natural para o método instável e cético de um Montaigne, citado por Russell:

> Em tal mundo, como no mundo de Montaigne, nada parece ter valor, além da descoberta de um número cada vez maior de fatos, dos quais cada um deles acaba ditando, por sua vez, a morte de qualquer teoria favorita. (Ibidem)

## 4. Uma filosofia pluralista

Além das filosofias do tipo da filosofia de Spencer, que falsificam os resultados científicos, existem todas aquelas que pretendem deduzir o universo a partir de um princípio lógico primitivo. A "metafísica tradicional", sob a forma das teorias monista e mística, baseia-se essencialmente em um princípio lógico primordial e exclusivo.

Pode parecer surpreendente que Russell faça a crítica desse primado lógico quando, afinal, o método científico que ele deseja promover na filosofia é essencialmente lógico. Assim, seria conveniente desenredar aqui tal ambiguidade.

O qualificativo de "monismo lógico" é atribuído por Russell a uma teoria fundada na onipotência do raciocínio e que pretende explicar o universo a partir deste dualismo: a realidade e a aparência. Haveria uma realidade una, verdadeira, à bitola da qual são avaliadas as múltiplas aparências sensíveis que fazem parte de nosso cotidiano e são, por natureza, ilusórias pelo fato de se limitar a ser partes — ora, somente o todo tem uma realidade. Russell visa essencialmente as filosofias de Hegel e de Bradley, para os quais a lógica procede não por uma multiplicação das hipóteses em conformidade com uma imaginação abstrata, mas por eliminação da maior parte delas a fim de selecionar uma, hipótese que é declarada como efetivamente "realizada em nosso mundo" (ibidem, p. 18; tr. fr., p. 32).

O monismo lógico substitui o "mundo tal como ele pode ser" — expressão à qual Russell atribui, como veremos, um sentido tanto lógico quanto político — pela expressão "um mundo tal como ele é" que significa não propriamente o mundo dos fatos, mas o mundo submetido a uma hipótese considerada como realizada. Essa hipótese baseia-se na postulação de um universo como todo indivisível e orgânico em que todas as partes estão conectadas umas com as outras; no entanto, como nenhuma consegue expressar a verdade do todo, esta limita-se a residir nas proposições relacionadas com o todo considerado sujeito. Russell, como de costume, evoca o senso comum para opor-se ao monismo lógico:

> O senso comum objetaria naturalmente que há pessoas — por exemplo, na China — com as quais nossa relação é tão pouco direta e se faz de maneira tão pouco íntima que não podemos deduzir o que quer que seja de importante a respeito delas a partir de qualquer fato referente a nós mesmos. (Ibidem, p. 19)

O senso comum manifesta-se, portanto, no sentido de uma distinção das coisas entre si e de uma autonomia dos indivíduos. Ele enfatiza igualmente o fato de que o ser humano não é onisciente em potência: há numerosas realidades que são desconhecidas para nós; no entanto, para reconhecer esse fato — afinal de contas, banal —, conviria ainda admitir que essas realidades sejam plenamente distintas umas das outras. A filosofia tem os meios de colocar em evidência as formas lógicas que correspondem a essas realidades múltiplas, desviando-se assim do monismo lógico.

Desse modo, o objeto de estudo da filosofia não é o "universo":

> Não há nenhuma proposição cujo sujeito seja o "universo"; ou, dito por outras palavras, não há algo como o universo. (ML, cap. 6, p. 108)

As proposições da filosofia são certamente gerais, mas a sua generalidade não significa uma falta de precisão, tampouco uma negligência das coisas particulares ou dos fatos particulares. Essa generalidade depende da invenção das hipóteses e do reconhecimento das formas lógicas. Ela culmina em uma filosofia pluralista, à qual Russell atribui o qualificativo de "atomismo lógico" (PLA). W. James havia dado um sentido a esse pluralismo.

Citado profusamente por Russell (ML, p. 100), James havia reconhecido que "poderíamos conceber com facilidade coisas que não têm nenhuma conexão entre si"; aliás, essas coisas podem ser tão "dissemelhantes" e tão "incomensuráveis" que se tornou impossível qualquer interferência entre elas. Podemos até mesmo aventar a hipótese, acrescenta James, de haver "realmente universos completos tão diferentes do nosso que, apesar de conhecermos o nosso, não dispomos de nenhum recurso para perceber que eles existem". Concebemos, no entanto, a diversidade deles e, por isso mesmo, o seu conjunto constitui o que é conhecido, na lógica, pelo nome de "universos de discurso".

Russell retém dessa passagem precisamente o elemento metodológico que caracteriza o procedimento filosófico que ele pretende promover: com efeito, nesse argumento de James, vemos em ação a imaginação abstrata que multiplica as possibilidades lógicas. Se a filosofia aborda o mundo tal como ele pode ser e não o mundo tal como ele é, a hipótese da pluralidade dos universos torna-se operatória, não somente contra o monismo lógico, mas também para fundar uma forma de pluralismo do qual Russell dará uma interpretação atomista. Ela permite igualmente conferir uma estrutura lógica a uma forma de ignorância douta que não deixa de colocar continuamente à distância de si as asserções suscetíveis de serem atingidas por perempção ou aquelas que assumem uma tonalidade dogmática. Enfim, e esse não é o seu menor mérito, ela inspira-se no método científico desenvolvido por Einstein. Com efeito, na forma que Russell lhe confere em OKEW, o argumento de James faz eco ao princípio da relatividade do tempo e do espaço:

> Todo o conteúdo do espaço e do tempo em que vivemos talvez constitua apenas um dos numerosos universos; ora, cada um deles parece ser completo para si mesmo. (OKEW, p. 19)

As relações entre Russell e James são complexas: o que o primeiro toma de empréstimo ao segundo é explícito, sem deixar de ser acompanhado de críticas bastante severas por parte de Russell. Quando James pede ao interlocutor para abandonar a lógica matemática a fim de preservar as suas relações com "as realidades concretas"[32], Russell

---

32. Carta de 4 de outubro de 1908.

responde que é exatamente a lógica matemática que permite avançar em direção às realidades mais concretas. Acabamos de ver que o próprio James podia fazer uso de argumentos lógicos; por isso, convém evitar que o debate se estabeleça a partir de um conflito entre lógica e realidade.

A lógica, longe de afastar Russell das realidades concretas, permitiu que ele abordasse as questões suscitadas habitualmente ao filósofo mediante um método renovado e rigoroso. Assim, ele se formula a questão relativa às crenças falsas ou ainda à capacidade para designar legitimamente algo, utilizando uma descrição definida, em vez de um nome próprio: ao dizermos "Walter Scott" ou "o autor de Waverley"[33], será que estamos falando da mesma coisa? Essa pergunta recebe um tratamento lógico, graças ao uso dos símbolos completos (os nomes próprios) e dos símbolos incompletos (as descrições definidas). As descrições definidas são, para Russell, um meio de neutralizar os compromissos ontológicos em relação à realidade.

A partir dessa visão panorâmica, teremos a oportunidade de abordar a obra de maneira mais detalhada. Os três capítulos iniciais hão de aprofundar as descobertas lógicas de Russell, permitindo circunscrever em melhores condições os desafios epistemológicos dos três capítulos seguintes: além de presidir o entendimento das classes e dos números, a parcimônia superintende a justificação das crenças relativas ao mundo.

Por outro lado, para um pensador que limita a filosofia à compreensão *teórica* do mundo, de que modo formular a questão ética e política? Como é que Russell pode defender que não há conhecimento ético? Esses pontos serão

---

33. Walter Scott (1771-1832), tradutor, poeta e romancista escocês, autor de vários romances históricos, como *Ivanhoé* (1820) e *Waverley* (1814).

objeto de análise no sétimo capítulo: vamos observar, por um lado, que ele empreendeu uma crítica severa contra a teologia e as doutrinas políticas oriundas do marxismo e, por outro, sublinhar que o ceticismo e o falibilismo, características de sua filosofia do conhecimento, esclarecem também as suas posições políticas.

Na conclusão, evocamos a posteridade de Russell e os debates recorrentes em que o seu pensamento está presente de maneira multifacetada.

# I
# Nomes próprios e descrições definidas

*O fato de ser possível discutir a proposição "Deus existe" é uma prova de que Deus, tal como ele é utilizado nesta proposição, é uma descrição e não um nome.*

(PLA, 1918-1919)

O ano de 1905 é o da publicação de *On Denoting* [OND], texto em que é formulado o problema das proposições falsas: como resolver o problema da proposição "o atual rei da França é calvo", se precisamente, em 1905, a França não tem rei? A resposta que consiste em neutralizar o problema pela afirmação de que os reis da França usavam perucas não passa de uma piada irrelevante e que não resolve a questão. A solução proposta por Russell lança uma nova luz sobre "os fundamentos da matemática e sobre o problema controverso da relação do pensamento com as coisas".[1]

O artigo OND emerge de uma dupla insatisfação experimentada por ocasião da leitura de Meinong e de Frege:

---

1. Carta para Lucy Martin Donnely de 13 de junho de 1905 (ABR, 1967, p. 177).

em relação ao primeiro, com o seu tratamento de determinadas proposições verdadeiras, tais como "a montanha de ouro não existe"; e, em Frege, com a ausência de distinção entre os nomes próprios — por exemplo, "Aristóteles" — e as descrições definidas, tais como "o preceptor de Alexandre Magno". Nos dois casos, a referência é mantida. Com efeito, no artigo "Sentido e significação" (*Sinn und Bedeutung*) de Frege, lê-se o seguinte:

> As opiniões relativas ao sentido de um nome próprio verdadeiro — tal como "Aristóteles" — podem diferir livremente. Seria possível, por exemplo, tomar como sentido: o aluno de Platão e o preceptor de Alexandre Magno. Todo aquele que procede desse modo associa à proposição "Aristóteles tinha nascido em Estagira" um sentido que seria diferente se, porventura, alguém viesse a tomar como sentido desse nome: o preceptor de Alexandre Magno nascido em Estagira. Enquanto a significação continuar a mesma, tais flutuações de sentido são admissíveis.[2]

Vejamos, em primeiro lugar, a teoria de Meinong e as suas insuficiências segundo a leitura de Russell.

## 1. Objeto, ser ou descrição?

Meinong considera que determinadas proposições — tais como "a montanha de ouro não existe" — não são desprovidas de sentido; no entanto, para que um sentido lhes seja atribuído, convém reconhecer um estatuto de

---

2. Frege (1892, p. 144, nota 2; tr. fr., p. 104, nota 1). Traduzimos o termo "Bedeutung" por "significação" ou "referência"; quanto à palavra "denotação", limitamos o seu uso para indicar essa noção tal como ela é entendida por Russell.

*objetalidade*³ aos constituintes dessa proposição. "A montanha de ouro" é uma expressão denotativa que remete a uma entidade que representa um particular não existente. Trata-se de objetos, literalmente, sem abrigo (*heimatlose Gegenstände*) que não subsistem nem existem; além disso, sem deixarem de ser objetos, eles estão fora do ser (*Aussersein*). Meinong chama a nossa atenção para o fato de que todo mundo sabe perfeitamente que a montanha de ouro não existe, mas ninguém é capaz de negar que seja possível dizer algo a seu respeito.

A crítica de Russell contra essa teoria é que ela considera "que as expressões denotativas representam constituintes autênticos das proposições, cuja ocorrência se verifica na expressão verbal das mesmas" (OND, in LK, 1971, p. 45; tr. fr., p. 207). Ele prossegue dizendo que, segundo tal teoria, "qualquer expressão denotativa gramaticalmente correta representa *um objeto*".⁴ Desde então, determinadas expressões contraditórias, mas *gramaticalmente bem formadas*, remetem a objetos.

Para Meinong, o reconhecimento de um domínio de objetos fora do ser permite explicar a possibilidade de falar de coisas que não existem nem subsistem. A ideia, porém, de que possa haver objetos autênticos — tais como "o atual rei da França" e "o quadrado redondo" — conduz inevitavelmente, segundo Russell, a esbarrar na lei de contradição, visto que se acaba por dizer "que o rei da França existente atualmente existe e não existe; que o quadrado redondo é redondo e não é redondo" (ibidem).

Ora, parece que Russell deforma aqui o ponto de vista de Meinong: em vez de estabelecer a existência de objetos sem abrigo, este autor reconhece que há uma objetalidade

---

3. Termo que se refere a tudo o que tem valor de objeto.
4. Ibidem; grifo de Russell.

que não deve nada à existência, visto que se trata de objetos que estão fora do ser. Segundo Meinong, é sempre possível falar do ser-tal sem pressupor, a cada vez, um ser. Desse modo, é possível falar da propriedade de ser em ouro para uma montanha sem pressupor a existência desta: há "um princípio de independência do ser-tal em relação ao ser" (MEINONG, 1999, § 3, p. 72) e esse princípio é válido não só para os "objetos que não têm existência de fato", mas também para "aqueles que não podem existir porque são impossíveis. A célebre montanha de ouro é dourada, mas o círculo quadrado é tanto quadrado quanto é redondo" (ibidem). O divórcio entre o objeto e o ser fica ainda mais evidente na seguinte passagem:

> Qualquer não ente deve estar em condições de fornecer, pelo menos, um objeto para os juízos que apreendem esse não ser.

Enfim, dirigindo-se a filósofos, tais como Russell, Meinong reconhece que a sua teoria do objeto pode parecer paradoxal:

> Quem aprecia os paradoxos poderá efetivamente afirmar o seguinte: há objetos a propósito dos quais será possível dizer que eles não existem. (Ibidem)

Mas quem estiver atento à distinção de Meinong entre *objeto* e *ser*, poderá "dissipar definitivamente o paradoxo" pelo princípio "do objeto fora do ser" (ibidem, § 4, p. 76).

A lei da contradição seria infringida se fosse atribuída subsistência ou existência a objetos, tais como os quadrados redondos, porque essa lei aplica-se unicamente aos objetos que subsistem ou existem. À maneira de Aristóteles, o princípio de contradição conserva, para Meinong, o seu valor ontológico; assim, o que está fora do ser escaparia a esse princípio. A presença de descrições contraditórias em tais objetos impede que seja possível considerá-los como subsistentes ou existentes. Ocorre que o reconhecimento de sua objetalidade não deixa de se impor com base na correção sintática das expressões que permitem referir-se a ela.

Temos aí um princípio de composicionalidade[5] em ação porque a proposição integral — "a montanha de ouro não existe" — adquire sentido apenas se os seus constituintes forem, como afirma Russell, "autênticos". Ora, a aplicação estrita desse princípio é o que permite a Russell construir proposições do tipo "o quadrado redondo é redondo e não é redondo". Ou, dito por outras palavras, se o constituinte referente a um objeto autêntico pode em si mesmo ser decomposto, é possível reconhecer constituintes mais simples — por exemplo, "quadrado" e "redondo" — que participam do sentido do constituinte mais complexo "quadrado redondo".

A aplicação estrita do princípio de composicionalidade é que torna inválida a teoria de Meinong, de preferência, ao reconhecimento de particulares não existentes; na verdade, se o princípio de composicionalidade do sentido é exigido para reconhecer um estatuto de objetalidade aos objetos sem abrigo, ele não pode ser ao mesmo tempo descartado quando se trata dos componentes desses mesmos constituintes. Com efeito, a questão é a seguinte: como pode haver componentes da proposição — tais como "quadrado redondo" — sem que haja a possibilidade de formar constituintes como "redondo" e "não ser redondo"? É essa possibilidade que instala a contradição no cerne da teoria de Meinong porque acabamos por afirmar: "o quadrado redondo é redondo e não é redondo."

---

5. Esse princípio diz que o sentido de uma proposição depende do sentido de seus componentes.

Russell detecta, portanto, não tanto uma contradição relativa à existência, mas uma incoerência na aplicação do princípio de composicionalidade. Assim, ele acabará por reconhecer que a resolução do problema suscitado por proposições, tais como "a montanha de ouro não existe", funda-se na dissolução pela análise de expressões que Meinong havia julgado serem constituintes autênticos: as descrições definidas, do tipo "o atual rei da França...", não são constituintes da expressão verbal das proposições.

Em vez de atribuir um estatuto ontológico ou objetal aos elementos indicados pelas descrições definidas, Russell desloca a análise para o reconhecimento da forma lógica de tais expressões: trata-se de expressões predicativas, de símbolos incompletos.

Esse deslocamento significa que, para descrições definidas, deixa de ser exigida a referência a objetos, sejam eles de que natureza forem. Em sua obra PM, Russell indica com precisão o que é um símbolo incompleto:

> Por símbolo incompleto, entendemos um símbolo que se presume ser destituído de qualquer sentido isoladamente e é definido apenas em determinados contextos. (PM, cap. III; tr. fr., p. 309)

Na Conferência VI de PLA, ele mostra em que aspecto as descrições são símbolos incompletos:

> Essas coisas — tais como "o autor de Waverley" — às quais atribuo o qualificativo de símbolos incompletos são absolutamente privadas de sentido, consideradas de maneira isolada, e adquirem sentido apenas ao serem abordadas em determinado contexto. [...]
> A expressão "o autor de Waverley" não é um nome e, por si mesma, não significa absolutamente nada; com efeito, ao ser utilizada de maneira correta nas proposições,

estas não contêm nenhum constituinte que lhe corresponda. (PLA, VI, p. 253; tr. fr., pp. 413-414)

A resolução desse problema por proposições que contenham expressões, tais como "o quadrado redondo" ou "o atual rei da França", consiste em substituir o princípio de *composicionalidade* do sentido — que nos intima a atribuir sentido a uma proposição apenas se todas as suas partes constitutivas tiverem um sentido — pelo princípio de *contextualidade* que, pelo contrário, nos diz que uma expressão só adquire sentido no âmago da expressão verbal da proposição. No primeiro caso, as expressões isoladas possuem um sentido para que o conjunto da frase em que elas têm uma ocorrência possa ter um; no outro caso, a frase é a unidade de sentido a partir da qual as expressões que compõem a frase podem ter um sentido, que é de alguma maneira derivado daí. Esse princípio de contextualidade, tal como ele é adaptado aqui, permite que, do domínio dos sujeitos lógicos, desapareçam todas as expressões do tipo *the so and so* que se traduz por "o fulano de tal..." ou "isto ou aquilo".

## 2. Sentido ou denotação: de que é que se fala?

Quando Russell enuncia o que designamos como o princípio de contextualidade, todos os leitores de Frege estariam prontos para equipará-lo com o segundo princípio estabelecido por *Die Grundlagen der Arithmetik*:

Deve-se pesquisar o que as palavras querem dizer não isoladamente, mas em seu contexto. (FREGE, 1988, p. 10; tr. fr., p. 122)

Simplesmente, esse princípio é aplicável, para Frege, tanto às expressões completas quanto aos símbolos incompletos. Ora, Russell restringe tal princípio aos símbolos incompletos; essa restrição é acompanhada por uma revisão da distinção fregeana entre expressões completas e incompletas. Assim, o que Frege considerava como dotado do estatuto de nomes próprios — a saber, expressões, tais como "o preceptor de Alexandre Magno" — perde esse estatuto para se tornar, em Russell, descrições definidas, ou seja, símbolos incompletos.

Já afirmamos que Russell, em seu artigo OND, estava em diálogo com Meinong e Frege: o primeiro é criticado por admitir uma ontologia demasiado fecunda; o segundo, por sua vez, é contestado por não ter dado um tratamento satisfatório para as proposições, tais como "o rei da França é calvo".

Analisemos mais detalhadamente tal postura. No Apêndice A de PoM (1903a), Russell observa que a distinção fregeana entre *sentido* (*Sinn*) e *significação* (*Bedeutung*) — que, para ele, se exprime como se tratasse de uma distinção entre *sentido* e *indicação* (*Meaning and Indication*) — é "quase equivalente, ainda que não totalmente, à minha distinção entre um conceito, enquanto tal, e o que um conceito denota" (PoM, § 476, p. 502; tr. fr., p. 160). Ele acrescenta então que a teoria de Frege é demasiado radical pelo fato de admitir que os nomes próprios, além de valor de indicação, têm um sentido. Ora, o sentido deve ser reconhecido apenas às expressões que tornam a identidade fecunda, ou seja, às expressões que contêm o artigo definido "o/a", tais como "a estrela da manhã é a estrela da tarde", e não às expressões do tipo "Aristóteles é Aristóteles":

> Parece-me que nomes próprios como aqueles que são derivados de conceitos mediante o/a são os únicos a respeito dos quais se pode dizer que têm um sentido; por sua vez, palavras, tais como John, limitam-se a indicar sem ter sentido nenhum. (Ibidem; tr. fr. p. 161)

No texto OND, dois anos após a publicação de PoM, Russell continua reconhecendo a vantagem da distinção entre *sentido* e *significação* para o tratamento das identidades fecundas; no entanto, ele apresenta duas novas objeções contra Frege.

A primeira refere-se ao fato de que seu interlocutor não viu o parentesco de forma lógica entre a frase "o rei da Inglaterra é calvo" — dotada, na acepção de Frege, de um sentido e de uma significação — e a frase "o rei da França é calvo", a qual é destituída, nessa mesma acepção, de significação (*Bedeutung*). Russell pretende atribuir uma denotação (*significação* na linguagem de Frege) também no caso "em que ela esteja, à primeira vista, ausente" e, para isso, deduzindo a forma *lógica* das expressões denotativas.

A segunda objeção alimenta-se da formulação por Russell da distinção entre *sentido* e *significação*. Para ele, desde o momento em que a significação, a saber, a *Bedeutung*, é aquilo de que se trata em uma proposição, é efetivamente a seu respeito que falamos e não do sentido. Assim, na frase "encontrei um homem", só pode tratar-se de um homem real e não do conceito *homem*; desse modo, o conceito *homem* é o sentido e o homem realmente encontrado é o que esse conceito denota.

Isso não corresponde, de modo algum, à postura fregeana quando, afinal, Russell indica em 1905, no texto OND[6], que a sua distinção entre sentido e denotação coincidia, em 1903, com a de Frege entre sentido e significação. Para este autor, "a denotação", mais bem qualificada como "significação", não pode ser — no caso da segunda parte da proposição "encontrei um homem" — um

---

6. Ao falar de PoM, Russell escreve: "Defendo aí uma teoria que é, mais ou menos, semelhante à de Frege e totalmente diferente daquela que será apresentada nas páginas seguintes." (OND, in LK, p. 42, nota (a); tr. fr., p. 204)

homem real, mas necessariamente o conceito *homem*, ao passo que, para Russell, "se desejarmos falar do conceito, devemos indicá-lo por meio de itálico ou aspas".[7] Essa reformulação é retomada no artigo OND para sublinhar que a dificuldade se encontra nesse ponto. Ao falarmos de maneira habitual, falamos da denotação; ora, se desejarmos falar do sentido, encontramo-nos em situação difícil em relação ao intuito da proposição que se limita a falar da denotação:

> A dificuldade para falar do sentido de um complexo denotativo pode ser formulada do seguinte modo: desde o momento em que colocamos o complexo em uma proposição, esta incide sobre a denotação; e se temos uma proposição na qual o sujeito é "o sentido de C", então o sujeito é o sentido (se houver um) da denotação, o que não corresponde ao que era visado. (OND, in LK, p. 49; tr. fr., p. 211)

Sair da dificuldade é evitar o mistério da relação entre "C" e C ou, dito de outro modo, é evitar o confinamento em uma questão linguística; mas então, no plano lógico, "não podemos preservar o vínculo entre o sentido e a significação, e simultaneamente impedi-los de ser uma só e mesma coisa" (ibidem).

Assim, acabamos por pressupor que a frase "o rei da França é calvo" deve "ser desprovida de sentido" simplesmente pelo fato de ser destituída de significação. Desse modo, para manter a distinção entre sentido e significação — ou, em linguagem russelliana, entre sentido e indicação ou denotação, distinção útil para abordar as identidades em que figuram um artigo definido do tipo

---

7. PoM, cap. V — "A denotação", § 56, p. 53; tr. fr., p. 87.

"o autor de Waverley é Scott" —, convém deixar de falar *do* sentido de *C*.

O "*C*" entre aspas é apenas uma *expressão* e nada que possa ser designado como o *sentido*.[8] A expressão *per se* não tem sentido; com efeito, em qualquer proposição em que ela tenha uma ocorrência, a proposição, uma vez plenamente explicitada, não contém a expressão que foi removida. (OND, in LK, p. 51; tr. fr., p. 213)

Ou, dito por outras palavras, falar consiste sempre em falar da denotação, daquilo de que se trata, e não do sentido; este não poderia ser substantivado ou hipostasiado.

Assim, alcançamos um resultado semelhante àquele obtido no caso da discussão com Meinong: as descrições definidas são dissolvidas na análise, não correspondendo a entidades fora do ser nem a um sentido substantivado quando, afinal, elas são denotativas em virtude unicamente de sua forma lógica. Desse modo, ao fazermos uso da frase "o atual rei da França é calvo", não pensamos em um objeto inexistente nem tentamos, *via* sentido, conduzir-nos para uma denotação.

Convém observar que a reformulação da noção fregeana de sentido em termos de conceito, que deve ser colocada entre aspas, não faz absolutamente justiça à análise de Frege. Como indicou Church[9], as dificuldades que Russell pretende encontrar na concepção fregeana "referem-se simplesmente à confusão entre uso e menção das expressões; ora, Frege conseguiu evitar tal confusão pelo uso das aspas. Russell utiliza esse sinal gráfico para distinguir entre o sentido de uma expressão e a sua denotação, mas não

---

8. Grifos do próprio Russell.
9. Alonzo Church (1903-1995), filósofo e matemático norte-americano, célebre por seus trabalhos na área da lógica matemática e da calculabilidade.

dispõe de nenhuma notação para a própria expressão" (CHURCH, 1943, p. 302). Se a solução consiste em introduzir aspas suplementares, então a própria objeção de Russell contra a noção de sentido cai por terra.

Tal postura de Church é de grande importância pelo fato de elucidar o caráter ontologicamente problemático de numerosas noções do Russell de 1903-1905.

A crítica de Russell contra Frege consiste em considerar que o sentido é um caminho para a denotação. "O mestre de Platão" denota Sócrates, segundo Frege; mas tão logo formulamos a proposição "o mestre de Platão denota Sócrates", deparamo-nos com dificuldades inextricáveis. Na realidade, em linguagem russelliana, temos o seguinte: um conceito denotativo "o mestre de Platão", uma relação de denotação e o indivíduo Sócrates. No entanto, desde o momento em que, na nossa proposição, aparece o conceito denotativo, a proposição já não diz respeito a esse conceito, mas ao que ele denota, a saber, o indivíduo Sócrates. Assim, é impossível para nós falarmos de um conceito denotativo: com efeito, desde que ele aparece em uma proposição, esta incide sobre o objeto denotado.

O abandono, em 1905, dos "conceitos denotativos" em benefício das "expressões denotativas" significa, portanto, que deixa de convir a relação entre sentido e significação, preconizada por Frege.

## 3. Acabar com o privilégio da denominação

A relação fregeana entre sentido e significação não convém radicalmente pelo fato de que, para ela, o modelo da referência é o nome próprio e baseia-se assim totalmente no privilégio da denominação. Ao abordar as descrições definidas como nomes próprios, ela não dispõe de recursos para falar segundo os valores de verdade de proposições

que contenham pseudoconstituintes, tais como "o atual rei da França".
A força da análise de Russell emerge do abandono do privilégio da denominação. Este obrigava Frege a atribuir às próprias proposições um estatuto de nome próprio: elas nomeiam o verdadeiro e o falso que são objetos; por conseguinte, se são objetos, as expressões que se referem a eles são nomes próprios. Ao enfatizar os símbolos incompletos, Russell nos fornece o meio de ter proposições verdadeiras ou falsas que não adotam como modelo o nome próprio, visto que elas podem estar desprovidas de constituintes autênticos, tais como o nome próprio, sem por isso deixar de ser verdadeiras ou falsas.

Frege tinha sublinhado que proposições — por exemplo, "Ulisses foi deixado no solo de Ítaca em sono profundo" — não eram verdadeiras nem falsas porque o nome próprio "Ulisses", nome próprio de ficção, não tinha denotação. Para Russell, pelo contrário, Ulisses será tratado como uma descrição definida do tipo "o herói da Odisseia" ou "o marido de Penélope"; desse modo, a proposição em que tal descrição tem uma ocorrência será verdadeira ou falsa.

Assim, é possível atribuir um valor de verdade a proposições cuja forma lógica revele que elas não contêm sujeito lógico, ou seja, nome próprio. A complexidade da forma lógica das proposições contendo uma descrição definida não é sinal da complexidade dos objetos aparentemente nomeados pelos símbolos que figuram aí, visto que acontece que tais objetos não existam absolutamente, sem que a proposição perca algum interesse lógico, ou seja, sem que ela esteja fora do verdadeiro e do falso. Pelo fato de ser um símbolo incompleto, uma descrição definida não tem sentido de maneira isolada, embora ela contribua para o sentido de uma frase em que se verifique a sua ocorrência.

Em relação ao artigo OND, algo foi adquirido no plano ontológico e objetal: descrever não é nomear; assim, deixa de haver o face a face com o objeto, seja este real ou suposto. Entre 1903, data da publicação de PoM, e 1905, ano em que veio a lume OND, Russell reformula o problema meinongiano dos objetos fora do ser e obtém esse primeiro ganho ontológico.

No texto de 1903, a palavra "termo" é atribuída a "tudo o que pode ser objeto de pensamento, ou o que pode ter uma ocorrência em uma proposição verdadeira ou falsa, ou ainda o que pode ser contado como um" (PoM, § 46, p. 43). Além disso, não apenas os termos, mas também os conceitos e as proposições são levados em conta como se fossem entidades ou, dito de outro modo: em vez de símbolos, eles são aquilo mesmo que é simbolizado.

Sem assumir a tarefa explícita da redução da ontologia de PoM, o texto OND reformula, na semântica das "expressões denotativas", questões tradicionalmente ontológicas, cujo efeito consiste em diminuir o número das entidades consideradas. Será preciso esperar a publicação de PLA (1918-1919) para que uma teoria do simbolismo seja plenamente assumida como um método de redução das entidades supérfluas e para que a noção de sentido seja reconhecida sem as dificuldades técnicas que Russell julga encontrar na concepção fregeana.

Assim, em 1919, na Conferência VI de PLA, Russell reconhece às descrições definidas, mas não aos nomes, um sentido gramatical a partir de uma teoria do simbolismo:

> O nome é um símbolo simples (ou seja, um símbolo do qual nenhuma parte é um símbolo) utilizado para designar determinado particular. (PLA, VI; tr. fr., p. 404)

Enquanto símbolo simples, ele não tem sentido, sendo unicamente uma indicação ou uma denotação; ele aplica-se a um particular e, às vezes, por extensão, ao que é considerado como tal — "por exemplo, uma pessoa". Uma descrição definida é "um símbolo complexo" que contém partes que são símbolos simples; a sua complexidade de símbolo é que nos impede de considerar a descrição como um nome. Essa complexidade, uma vez analisada, mostra que, nas palavras que compõem a descrição, encontra-se "fixado um sentido"; no entanto, só pode tratar-se de um sentido gramatical e não de um sentido lógico. Assim, "se você sabe francês, vai compreender o sentido da expressão *l'auteur de Waverley*, mesmo que nunca a tivesse ouvido" (ibidem, p. 405); a expressão *l'auteur de Waverley* é composta de quatro palavras, cujo sentido é determinado pela língua francesa.

Aqui, Russell transpõe para o nível da gramática da linguagem comum o que Frege afirmava a respeito do sentido:

> O sentido é dado a todo aquele que conhece suficientemente a língua. (FREGE, 1892; tr. fr., p. 104)

Aqui, a questão das aspas deixou de estar em jogo: Russell reencontra o sentido tal como se faz uso dele e não tal como se faz menção dele. O essencial da reflexão incide agora sobre a simplicidade e a complexidade dos símbolos em uso.

Vamos recapitular. Um símbolo simples é utilizado "para designar determinado particular" (PLA; tr. fr. p. 404). Pode acontecer que se faça uma extensão dele e que seja nomeado assim um objeto que é, "erroneamente, considerado como um particular, por exemplo, uma pessoa" (ibidem). Em que se baseia tal extensão? O que leva a considerar "Sócrates" um nome próprio? Isso vem da maneira como Sócrates é dado a si mesmo.

Para explicar o fato de que, na maior parte dos casos, estamos tratando aqui muito mais de uma função proposicional do que de uma proposição, Russell analisa a frase "Sócrates é um homem" da seguinte forma:

> Consideremos, por exemplo, "Sócrates é um homem". Para o próprio Sócrates, a palavra "Sócrates" designava, sem dúvida alguma, um objeto do qual ele tinha um conhecimento imediato, e o juízo "Sócrates é um homem" não continha nenhuma variável aparente. No entanto, para nós, que só conhecemos Sócrates por ouvir dizer, a palavra "Sócrates" significa algo diferente do que ela significava para o próprio Sócrates, ou seja, de preferência, "a pessoa que tem estas e aquelas capacidades", digamos, "o filósofo ateniense que bebeu a cicuta."[10]

Em tais proposições há uma variável aparente, visto que a expressão delas é, de preferência, "o $x$ que é fulano de tal". Assim, poucas coisas são verdadeiramente particulares e, por conseguinte, suscetíveis de serem explicitadas por verdadeiros nomes próprios:

> Um nome, no sentido lógico preciso de uma palavra cujo sentido é um particular, pode ser aplicado apenas a um particular que o locutor conheça diretamente, porque só é possível nomear o que se conhece diretamente. Todo mundo se lembra de que, quando Adão deu um nome aos animais, estes vieram à sua frente, um a um; assim, ele pôde conhecê-los diretamente e atribuir-lhes um nome. Como não conhecemos diretamente Sócrates, por conseguinte não podemos nomeá-lo. (PLA; tr. fr., pp. 359-360)

Contentemo-nos, portanto, em saber que Sócrates pode ser descrito como *o mestre de Platão*, *o filósofo que bebeu*

---

10. Russell (1910c) in Heinzmann (1986, p. 281).

a cicuta ou "a pessoa que, de acordo com a afirmação dos especialistas da lógica, é mortal" (ibidem).

Com a teoria das descrições definidas, temos uma nova elucidação sobre o papel da análise em Russell: além de ser um procedimento que permite reconhecer os simples irredutíveis — tais como os particulares de que acabamos de falar — e de nos apresentar os verdadeiros constituintes a serem objeto de estudo, ela é um método de eliminação dos constituintes aparentes ou pseudoconstituintes. Assim, as descrições definidas — que poderiam ser consideradas, por um idealismo, como referências a entidades, mais ou menos reais, ou que poderiam ser abordadas, por um realismo do sentido (Frege), como expressões sem denotação, tendo o estatuto de pseudonomes próprios, em uso nas ficções — são suscetíveis de uma análise que as dissolve. O simbolismo lógico permite dar conta dessa dissolução.

Em primeiro lugar, esse simbolismo possibilita aplicar às descrições definidas os materiais em uso nas funções proposicionais: uma descrição definida, como é indicado por seu nome, descreve; desse modo, trata-se de uma propriedade. Assim, utilizar a expressão "o pai de Carlos II" equivale a dizer "$x$ é o pai de Carlos II". Ou, em outras palavras, é possível formar um predicado da descrição definida, mas deve-se acrescentar que esse predicado só é satisfeito por um objeto e apenas um:

> Ao dizermos "x era o pai de Carlos II", estamos afirmando não só que x tinha certa relação com Carlos II, mas igualmente que ninguém, exceto x, tinha essa relação. (OND; tr. fr., p. 206)

Trata-se, portanto, de explicar tanto a existência quanto a unicidade, sem perder de vista que a expressão denotativa "o pai de Carlos II" não é um sujeito lógico, mas uma descrição. Ao utilizar a propriedade de procriação e um critério de identidade, é possível traduzir a expressão denotativa "o pai de Carlos II" da seguinte maneira: ∃x (($x$ gerou Carlos II) ∧ ∀ y ((y gerou Carlos II) → (y=x)).[11] Por esse meio simbólico, constata-se o total desaparecimento da expressão denotativa:

> Reduzimos assim qualquer expressão denotativa a formas em que não há nenhuma dessas expressões. (Ibidem, p. 207)

Se quisermos agora expor uma verdadeira proposição em que apareça uma descrição definida, vamos utilizar as propriedades reconhecidas às funções proposicionais para acabar com a ilusão que nos leva a acreditar que temos, com as descrições, proposições elementares ou atômicas.

Assim, para exprimir "o autor de Waverley era humano", podemos representar as coisas desta maneira: "('$x$ escreveu Waverley' é equivalente a '$x$ é $c$' seja qual for $x$, e $c$ é humano) é possível para $c$" (PLA; tr. fr., p. 411). O $c$ desempenha o papel de uma constante, enquanto $x$ o de uma variável, e o possível é aqui uma maneira de traduzir a propriedade de existência de uma função proposicional, ou seja, uma maneira de dizer que ela é, às vezes, verdadeira.[12]

Desse modo, o simbolismo lógico nos fornece o meio de dizer que uma descrição definida não é um verdadeiro sujeito, contrariamente ao que Meinong havia pensado.

---

11. Leia-se: existe x tal que x gerou Carlos II e se, seja qual for y, y engendrou Carlos II, então y é igual a x.

12. "Pode-se dizer que uma função proposicional é necessária quando ela é sempre verdadeira; possível, quando é verdadeira em determinadas circunstâncias; impossível, quando nunca é verdadeira." (PLA; tr. fr., p. 391)

Meio século mais tarde, Russell afirma a mesma posição. Ao falar da teoria das descrições definidas, ele diz o seguinte:

> O ponto essencial da teoria é que, embora "a montanha de ouro" possa ser gramaticalmente sujeito de uma proposição dotada de sentido, se esta for analisada corretamente, deixará de ter esse sujeito". (MPD; tr. fr., p. 105)

## 4. Existência e negação

A teoria das descrições definidas pode também ser considerada uma teoria que limita o compromisso ontológico de natureza objetal às entidades que possam ser nomeadas. Daí a importante distinção estabelecida por Russell entre nomear e descrever, além de sua insistência sobre o reconhecimento de descrições truncadas ou dissimuladas: numerosos nomes próprios — tais como "Pégaso" — não passam efetivamente de descrições dissimuladas, a que convém aplicar a análise lógica que dissolve as descrições.

Assim, a proposição "Pégaso não existe" é completamente admissível pela lógica, no sentido em que se pode dizer que ela é verdadeira, contrariamente, portanto, ao que tinha pensado G. Frege, para quem essa proposição não é verdadeira nem falsa, visto que ela contém um nome próprio que é destituído de qualquer referência. Ora, na opinião de Russell, "Pégaso" não é um nome próprio, mas uma descrição definida dissimulada, a saber: "o cavalo alado capturado por Belerofonte". Nesse caso, a negação da existência não esbarra na dificuldade de dizer a respeito de um indivíduo que este não existe;

trata-se, de preferência, da negação de uma generalização existencial do tipo ~ (∃x f(x)).[13] Com a negação, aparece mais claramente, na análise, o fato de que a descrição definida não é um constituinte da proposição, visto que não se pode negar um constituinte autêntico. Do mesmo modo, esse exemplo mostra efetivamente que a identificação de um nome próprio com uma descrição definida está *sob condição*: convém assegurar-se de que o nome próprio se aplica exatamente a um indivíduo.

O exemplo da frase "Pégaso não existe" é, portanto, de uma espécie semelhante ao da frase "o atual rei da França não é calvo". Nos dois casos, temos descrições definidas que são "expressões denotativas que nada denotam" (OND; tr. fr., p. 215); nos dois casos, temos proposições verdadeiras e evitamos resolver o enigma pela admissão de que há objetos inexistentes (Pégaso) ou pelo recurso a uma peruca (o atual rei da França é calvo).

Nos dois casos, a descrição definida consegue fazer com que enunciados, considerados por Frege fora da verdade e da falsidade, tornem-se referenciais. Entretanto, no segundo exemplo, convém precaver-se em relação ao uso da negação. Apesar de sua ligação do ponto de vista linguístico ao predicado "ser calvo", a negação incide na realidade sobre a frase inteira, de maneira a evitar a afirmação de que "há uma entidade que é atualmente rei da França e não é calvo", e encontrar-se na presença de duas negações: a primeira que se refere ao predicado, enquanto a outra incide sobre o conjunto da frase; a primeira que afirma a existência de um rei da França, mas nega simplesmente que ele seja calvo, enquanto a outra diz que nada há que seja "atual rei da França" e "calvo".

---

13. Leia-se: não (existe x, (x tem a propriedade f)).

Se, como sublinha Aristóteles, a uma afirmação una deve corresponder uma negação una, convém não dispor de duas negações para uma só afirmação: está em causa o respeito pelo princípio do terceiro excluído. Assim, Russell propõe distinguir, nas expressões denotativas, entre uma ocorrência *primária* e uma ocorrência *secundária*. Desse modo, na frase "há uma entidade que é atualmente rei da França e não é calvo", a ocorrência da expressão denotativa é primária: em primeiro lugar, garante-se a existência do rei da França antes de dizer se ele é calvo ou não. Na frase "é falso que haja uma entidade que seja atualmente rei da França e calvo", a ocorrência da expressão denotativa é secundária porque se começa por aplicar a negação, antes de falar de uma entidade qualquer. Nesse caso, a expressão adequada da ocorrência secundária da descrição definida consiste em notar a negação no início, tal como na seguinte frase: "não (o atual rei da França é calvo)".

Assim, a proposição "o atual rei da França é calvo" tem como contraditório "o atual rei da França não é calvo", em que a ocorrência da descrição definida é secundária. A ambiguidade que resultava da presença de duas maneiras de negar a proposição desaparece graças à distinção entre os dois tipos de ocorrência: a ocorrência primária não preserva a lei do terceiro excluído e, por isso, a proposição negativa na qual ela figura não é a verdadeira negação da proposição afirmativa "o atual rei da França é calvo".

O desafio a enfrentar por essa diferença entre as duas ocorrências aparece melhor ainda na análise da seguinte proposição negativa existencial: "o atual rei da França não existe". Essa é uma proposição verdadeira. A sua ambiguidade vem do fato de que posso compreender, mediante tal frase, seja "não há um único atual rei da França", conferindo à descrição definida uma ocorrência secundária, seja "há um único atual rei da França que não existe", em que a descrição definida tem uma ocorrência primária. Constata-se, com base em uma univocidade do conceito de existência, ou seja, com base na sinonímia entre "há" e "existe", que essa proposição é contraditória e não satisfaz a lei do terceiro excluído. Eis o que nunca acontece com uma proposição em que apareça uma descrição definida que nada descreve e tem uma ocorrência primária por ser verdadeira: tanto "o atual rei da França é calvo" quanto "o atual rei da França não é calvo" são ambas falsas, no caso em que a ocorrência pretendida da descrição definida seja primária. Assim, pode-se exprimir a mesma ideia positivamente e dizer que, a cada vez que uma ocorrência primária é pretendida, "o objeto descrito existe" (PLA; tr. fr., p. 411).

Vimos que a distinção entre ocorrência primária e ocorrência secundária respeita o princípio do terceiro excluído. Ela permite que se continue a dizer que uma afirmação *una* corresponde a uma negação *una*, segundo o preceito aristotélico[14], mas ela tem como consequência o fato de limitar o princípio da substituibilidade dos idênticos: nos contextos ditos opacos ou oblíquos, nos quais intervém uma modalidade, tal como a crença, o nome que se aplica ao objeto descrito pela descrição definida não pode substituí-lo *salva veritate*.

Assim, se é verdade que "Jorge IV queria saber se Scott era o autor de Waverley", ele decerto não pretendia saber se Scott era Scott; "às vezes, acontece que haja mudança da verdade ou da falsidade de uma proposição quando a descrição de um objeto é substituída pelo nome que lhe é atribuído" (PLA; tr. fr., p. 408). Na frase "Jorge IV queria saber se Scott era o autor de Waverley", a descrição definida

---

14. "É una a afirmação ou a negação que exprime um só atributo de um só sujeito, seja este universal e considerado universalmente, ou não." (ARISTÓTELES, 2013, 18a12-14)

tem uma ocorrência secundária; esse qualificativo lhe é atribuído em relação à expressão do desejo, tal como era secundária a ocorrência do "atual rei da França" em relação à negação no exemplo analisado mais acima. Tal exemplo mostra que a descrição definida não é um verdadeiro constituinte da proposição: ela não pode ser substituída por Scott porque aí nada há para substituir.

## 5. Existência e pressuposição

Além de contestar, como fez D. Atlas (1977), a tese de Russell segundo a qual a proposição "o atual rei da França é calvo" é ambígua, pode-se sublinhar que ela compreende não duas negações possíveis, mas dois usos possíveis dependendo do fato de termos, ou não, uma compreensão de pressuposição de seu sujeito, ou seja, dependendo do fato de pressupormos, ou não, a existência do atual rei da França. Com efeito, essa proposição seria não específica, suscetível de vários usos. Em vez de ocorrer a mudança de sua significação segundo o uso, o que se modifica é a compreensão ligada ao uso que nós fazemos dela.

Essa crítica foi formulada também por Strawson[15]: uma proposição limita-se a fornecer, segundo esse autor, orientações gerais para seu uso; em si mesma, ela está aquém da verdade ou da falsidade, visto que o uso que fazemos a seu respeito é que pode ser dito verdadeiro ou falso. Assim, o uso de uma proposição, tal como "o atual rei da França", vai torná-la suficientemente explícita para que não haja nenhum equívoco relativamente à identificação da expressão "o atual rei da França". O uso permite reconduzir a

---

15. Strawson (1950). Peter F. Strawson (1919-2006), filósofo analítico inglês, autor de *Individuals: an Essay in Descriptive Metaphysics* (1959) e *The Bounds of Sense: an Essay on Kant's Critique of Pure Reason* (1966).

pressuposição que Russell procurava evitar mediante a sua escolha de proposições não específicas em que as descrições definidas eram referenciais, mas não necessariamente descritivas de objetos. Segundo Strawson, o uso de uma descrição definida indica se pressupomos, ou não, a sua referência a um objeto, ao passo que para Russell apenas uma asserção de existência ou de inexistência permite-nos saber se a descrição em questão remete, ou não, a um objeto.

No entanto, o interesse da crítica de Strawson é o de estabelecer efetivamente a dissociação entre a significação, não específica, e a denotação (*referring*) específica; o equívoco de Russell seria o de acreditar que a denotação deve ser a significação. Para Strawson, ao dizermos "a mesa é grande", pressupomos para o sujeito desse enunciado uma condição de existência e de unicidade; não se trata da asserção da existência da mesa, ou seja, não se diz com essa frase que há uma mesa. À semelhança de Frege, Strawson reconhece que o artigo definido "age como um sinal de que é feita uma referência única, um sinal e não uma asserção dissimulada". Segundo esse autor, a asserção de existência, longe de remover a ambiguidade das proposições em que aparece uma descrição definida, vai acentuá-la.

Com efeito, a asserção de existência é vista por Strawson como uma composição de duas asserções: "dizer que há um *w* equivale a dizer algo compatível com a afirmação: há vários *w*. Por outro lado, dizer que não há além de um *w* equivale a dizer algo compatível com a afirmação: não há nenhum *w*". Mesmo que aceitemos, como P. Geach, que a asserção de existência contendo uma descrição definida é adequada, ocorre que proposições, tais como "o atual rei da França é calvo", pressupõem uma resposta afirmativa para a seguinte pergunta: "Será que o atual rei da França existe?" Considerando que essa resposta afirmativa é falsa, isso significa dizer que o uso de "o rei da França" como sujeito lógico está fora de propósito. Aliás, como vimos, Russell não considera "o atual rei da França" um sujeito lógico.

O argumento de Geach é ainda mais relevante quando considerado por meio da distinção entre *implicação* e *asserção*. Para Russell, no momento em que uma descrição definida aparece como ocorrência primária em uma proposição, isso "implica a existência do objeto descrito" (PLA; tr. fr., p. 411); "se digo 'o atual rei da França é calvo', isso implica a existência do atual rei da França" (ibidem). Para Geach, por sua vez, tal existência é pressuposta na asserção "o atual rei da França é calvo". Ela não está implicada aí pela seguinte asserção:

> Se p implica q e q é falsa, então p é evidentemente falsa. No entanto, dizer que p pressupõe q equivale a dizer que p é uma resposta a uma pergunta que será formulada apenas se q for verdadeira. Se q é falsa, ou se q é uma resposta a uma pergunta que não tem lugar de ser formulada, a asserção de p não é falsa, mas simplesmente fora de propósito. (GEACH, 1950, p. 86)

As críticas de Geach e de Strawson têm o mérito de colocar em primeiro plano o uso das proposições. O que Russell ganha na teoria da referência das expressões, ele vai perdê-lo na teoria do uso das mesmas. A crítica de Geach permite sublinhar, além disso, a diferença entre o interesse tanto matemático quanto da linguagem comum, pela referência. Um exemplo tomado de empréstimo a Lewis Carroll ajudar-nos-á a avaliar tal distanciamento.

Na linguagem comum, a questão "Aceita mais um pouco de chá?" pressupõe que o interlocutor já tivesse sido servido; caso contrário, a pergunta não teria lugar de ser formulada. Eis o que Alice sublinha ao afirmar:

"Mas ainda não tomei nada; portanto, não posso tomar mais." Entretanto, o chapeleiro louco responde: "Você quer dizer que não pode tomar menos; é muito fácil tomar mais do que nada" (CARROLL, cap. 7). Nessa conversação, Alice raciocina de acordo com o costume, enquanto o chapeleiro doido procede em conformidade com os matemáticos que nos intimam a tratar "nada" e "zero" como respostas à pergunta "quanto?", as quais são consideradas em plano semelhante ao de qualquer outra resposta. Tal raciocínio suscita problema na linguagem comum, mas de modo algum na linguagem simbólica.

Sublinhemos, no entanto, o ganho teórico obtido com o artigo OND de 1905. O tratamento das descrições definidas, tais como "o atual rei da França", baseia-se na rejeição da ideia de que as descrições definidas possam ser sujeitos lógicos. Há certamente descrições sem que nenhum objeto lhes seja correspondente, mas não se trata de uma privação de denotação. Uma descrição definida é uma "expressão referencial" que "denota em virtude de sua forma" (OND, in LK, p. 41). Russell distingue assim entre o sujeito *gramatical* e o sujeito *lógico* de um enunciado; se o "atual rei da França" é um sujeito gramatical da proposição "o atual rei da França é calvo", nem por isso ele é um sujeito lógico, visto que a análise consegue dissolvê-lo. Essa proposição é de um tipo diferente da proposição "Walter Scott é um autor de língua inglesa", em que "Walter Scott" é, ao mesmo tempo, o sujeito gramatical e o sujeito lógico. Não se leva em conta aqui o fato de que "Walter Scott" é uma descrição dissimulada. Considera-se, por abuso de linguagem, que o nome próprio funciona aqui como um sujeito lógico, porque ele se apresenta, em sua forma, como um sujeito que nomeia e não como uma descrição que define.

A partir desse artigo, Russell passará a aplicar a navalha de Ockham com sistematicidade: há expressões às quais nada corresponde, que são simples símbolos e não constituintes reais da proposição. Nesse momento (1905), as proposições ainda têm *algo* do ser; no entanto, este deixa de existir em algumas expressões que as constituem. Aliás, as próprias classes não serão simples símbolos? Essa sugestão é feita pelo especialista da lógica norte-americano Douglas Lackey (1932-2016), ao editar pela primeira vez (RUSSELL, 1973) a carta enviada pelo matemático estadunidense Maxime Bôcher (1867-1918) para Russell, em 16 de junho de 1905 (cf. URQUHART, 1988, p. 87; MONK, 1996, p. 183). Em "The Study of Mathematics", artigo de 1902, Russell sublinha que os objetos abstratos dos matemáticos não existem, mas têm *algo* do ser.

A teoria das descrições pode servir de paradigma para abordar o problema dos símbolos de classe, permitindo evitar todas as dificuldades relativas à questão "o que é que não existe?". Os símbolos de classes são, à semelhança das descrições, símbolos incompletos que nos dispensam de enunciar os números — que são classes de classes — como entidades. A construção matemática de símbolos que tomam o lugar das entidades, assim como a teoria da descrição, são para Russell os meios de refutar Meinong:

> Prescindimos sem nenhuma dificuldade dos exemplos de objetos não existentes citados por Meinong pela teoria dos símbolos incompletos — o quadrado redondo e a montanha de ouro não são objetos (não quero dizer que se trata de objetos que não existem). A abordagem dos outros objetos é mais fácil. A diferença entre o vermelho e o verde, por exemplo, tem o gênero de subsistência apropriado aos objetos desse tipo; e as coisas futuras não estão presentes, embora possam ser conhecidas por descrição. (RUSSELL, 1984, p. 42; tr. fr., p. 59-60)

## II
# Números e classes

*Como já tinha sido observado havia muito tempo pelo filósofo chinês, uma vaca de pelo castanho e um cavalo baio são três coisas: cada qual é uma coisa e a reunião delas, outra; portanto, há três coisas.*

(PLA, 1918-1919)

A propósito das questões na área da matemática, convém lembrar a diferença de procedimento entre um matemático e um filósofo das diferentes disciplinas da matemática; à semelhança de qualquer cientista, o primeiro procede de maneira sintética ao avançar do simples para o complexo. Assim, por exemplo, veremos o matemático abordar de modo gradual a complexidade de seu objeto, incluindo tanto a complexidade das operações — da adição até a integração, passando pela multiplicação — quanto a complexidade dos objetos: "dos inteiros até as frações e os números reais; em seguida, até os números complexos" (IMP; tr. fr., p. 36). Mas há outra maneira — dessa vez, analítica — de efetuar esse procedimento, o qual consiste em avançar "em direção ao logicamente simples" (ibidem). Essa distinção de método não significa uma distinção de objeto: a partir dos elementos simples reconhecidos, é possível fazer uso deles nas deduções, além de reencontrar as diferentes disciplinas da matemática no sentido comum.

## 1. *O finito e o infinito*

Russell enaltece a genialidade matemática de Cantor, de Peano e de Frege a propósito da definição do número. O que se deve a Cantor é a sua definição do número infinito que nos liberta do método que consiste em obter um número por enumeração ou contagem.

Contar é um método falsamente simples: por um lado, ele é incapaz de alcançar os números infinitos e, por outro, está amplamente "despojado de sentido, enquanto os números atingidos pela operação não tiverem uma significação independente do processo mediante o qual eles são alcançados" (OKEW, p. 192; tr. fr. p. 194). Convém, portanto, encontrar outro método para os números infinitos.

De maneira mais geral, Cantor conseguiu mostrar a condição prévia para a compreensão do infinito: acabar com a suposta semelhança entre o finito e o infinito. O argumento cantoriano segundo o qual as propriedades dos números finitos não se reencontram nos números infinitos, longe de comprovar a inexistência do número infinito, indica apenas que a natureza dos números infinitos consiste precisamente em contradizer as propriedades dos números finitos. Assim, por exemplo, o fato de que o primeiro número infinito não tenha predecessor imediato, visto que não há número finito que lhe seja superior, indica uma propriedade do número infinito que, durante muito tempo, foi ignorada em razão de uma suposta semelhança entre todos os números.

Aqui é criticado efetivamente o argumento aristotélico contra o infinito atual: esse argumento diz que há apenas números finitos porque só é possível enumerar conjuntos finitos. Ora, é exatamente com base em uma divergência de propriedade, entre o finito e o infinito, que se deve abordar o infinito:

> Se a teoria dos números infinitos conheceu uma elaboração tão tardia, é porque em grande medida acreditava-se erroneamente que as propriedades indutivas — ou, pelo menos, algumas delas — faziam parte integrante de todos os números; e julgava-se que o fato de rejeitá-las era algo contraditório. (IMP; tr. fr., p. 162)

Uma dessas crenças baseada no caráter contraditório do infinito é relativa ao seguinte enunciado: "O todo é igual à parte." Ora, se "igual" significa "equivalente", é completamente possível dispor de uma coleção infinita que contenha uma parte equivalente a si mesma: basta estabelecer a correspondência entre o conjunto dos inteiros naturais e o conjunto dos inteiros naturais pares.

Além de ter conferido um real estatuto ao infinito, Cantor eliminou os pseudoinfinitos (*Uneigentlich-Unendliches*): o infinitamente pequeno não é um infinito propriamente dito, porque não é uma grandeza, mas um "modo de variabilidade".[1] Com efeito, determinar de maneira variável o comportamento de uma função não é fixar uma grandeza.

Desde Cauchy[2] e Weierstrass, os progressos da análise contribuíram para a sua aritmetização, o que se traduz por uma concepção mais esclarecida dos limites de uma função. As tentativas de Cohen[3] no sentido de repatriar a análise do cálculo infinitesimal para o domínio da teoria

---

1. Cantor, 1883, citado por Belna, 2011, p. 185.
2. Augustin-Louis Cauchy (1789-1857), matemático francês, célebre por seus trabalhos nas áreas da análise, da física matemática e da mecânica.
3. Hermann Cohen (1842-1918), fundador da Escola neokantiana de Marburgo, autor de *Kants Theorie der Erfahrung* (1871), *Das Prinzip*

do conhecimento a fim de estar em condições de explicar "grandezas intensivas", tais como os *minima* da sensação, são severamente criticadas tanto por Frege quanto por Russell. A aritmética, por si só, deve ser capaz de ter em conta a noção de limite, a começar por garantir que não se trata de determinada quantidade. Assim, a noção de vizinhança de uma função evita transformar o limite em uma quantidade:

> O que faz que o $aleph_0$ seja o limite dos números finitos é o fato de que ele vem imediatamente após todos eles; e esse é um fato de natureza ordinal que nada tem a ver com a quantidade. (IMP; tr. fr., p. 193)

Além disso, o infinitamente pequeno nos leva a acreditar que não há um verdadeiro infinito. Com efeito, dizer que há um infinitesimal é acreditar, por exemplo, que na divisão repetida de uma distância, no final, esta torna-se infinitesimal. Ora, nesse processo não há precisamente um fim:

> A fragmentação em metades pode, na teoria, prolongar-se indefinidamente, sem que nunca se alcance nenhum termo último. (OKEW; tr. fr., p. 147)

Por outro lado, essa fragmentação resulta sempre em números finitos determinados e não em algo como um infinitamente pequeno; portanto, não existe uma distância infinitesimal, ou seja, uma distância tal que uma fração finita qualquer lhe seja superior.

A refutação de grandezas intensivas ou de um infinitamente pequeno, por um lado, e o reconhecimento do caráter matematicamente operatório da noção de limite, por outro,

---

*der Infinitesimal-Methode und seine Geschichte* (1883) e *Kommentar zu Immanuel Kants Kritik der reinen Vernunft* (1907).

permitem ter uma teoria do contínuo que seja eficiente na análise do movimento espacial ou do fluxo do tempo. O que significa, de fato, um movimento contínuo? Simplesmente que "por mais vizinhas que sejam duas posições, por mais vizinhos que sejam dois instantes, há uma infinidade de posições ainda mais vizinhas, ocupadas em instantes que são igualmente ainda mais vizinhos" (ibidem, p. 148).

O que responder a Bergson em sua pretensão de que o movimento é indivisível? Quando se acredita ver o movimento contínuo, e de maneira imediata, não se tira a conclusão de que as diferenças entre as impressões sensíveis "*devam* também ser dados imediatos" (ibidem, p. 155). A decomposição analítica do movimento parece, portanto, compatível com uma prudência epistemológica.

## 2. A similaridade entre os números

Voltemos ao verdadeiro infinito, àquele que contém uma parte equivalente a si mesmo. Ao estabelecer que a quantidade de números pares é igual à quantidade de números, e ao estabelecer a correspondência biunívoca entre um conjunto e uma de suas partes, Cantor conseguiu dar conta do *número* infinito, ou, dito de outro modo, do número que é idêntico a uma parte de si mesmo, portanto, que tem assim uma propriedade de reflexividade.[4] Com certeza, "é impossível contar todos os números, um a um; com efeito, independentemente da quantidade daqueles que fôssemos capazes de enumerar, essa contagem irá continuar indefinidamente" (RUSSELL, 1901b, in ML, p. 86). Além disso, a operação de contar nos fornece, na

---

4. "Uma classe reflexiva é uma classe que é semelhante a uma parte de si mesma." (IMP, p. 80)

melhor das hipóteses, apenas números ordinais, aqueles que pressupõem uma disposição em termos de ordem ou de sequência; ora, "os números fundamentais infinitos não são ordinais, mas aqueles a que se atribui o qualificativo de cardinais. A sua obtenção não se faz ao colocar nossos termos em determinada ordem e ao contá-los, mas por um método totalmente diferente que nos diz para começar por saber se duas coleções têm o mesmo número de termos" (ibidem, p. 87).

Portanto, Russell substitui a questão "o que é um número?" pelo aspecto da similaridade entre dois conjuntos de números. Essa noção de similaridade é "pressuposta logicamente na operação de contar e é logicamente mais simples do que ela, embora menos familiar" (IMP, cap. II, p. 17). Assim, a possibilidade de estabelecer a correspondência biunívoca entre dois números, ou, em outras palavras, a noção de "número idêntico a" é logicamente anterior à de número.

Russell reencontra aí as aulas de Frege, embora as influências não tenham sido diretas; conforme já foi observado, ele leu os trabalhos fregeanos bastante tardiamente. No Apêndice A de PoM, Russell reconhece que, em relação às concepções psicologista, fisicalista e formalista do número, ele faz críticas semelhantes às de Frege: o número não é um material mental, produto de um processo da mente, nem um agregado, tampouco um símbolo sem significação. A postura tanto crítica quanto positiva de Russell coincide com a de Frege: os dois estão convencidos de que a noção de número depende da noção de similaridade.

Com efeito, Frege tinha mostrado como a noção de correspondência biunívoca dispensava-nos da atividade de contar:

Se um garçom quiser assegurar-se de que, na mesa, o número de facas é igual ao de pratos, não tem necessidade de contar, um a um, os dois itens, desde que coloque uma faca à direita de cada prato, de modo que cada faca esteja na mesa, à direita de um prato. Os pratos e as facas encontram-se em uma correspondência biunívoca por estarem todos ligados entre si pela mesma relação de posição. (FREGE, 1884, § 70, p. 78; tr. fr., pp. 195-196)

Russell chega a servir-se do exemplo dos esposos monogâmicos: também nesse caso, em vez de contar o número de pessoas casadas, basta estabelecer a correspondência entre os homens e as mulheres unidos pelo casamento.

Graças a essa noção de similaridade entre números, é possível dar conta das coleções infinitas. Ao limitar-se à operação de contar, nossa definição do número só estará em condições de explicar os números finitos. Em compensação, ao utilizar a noção de correspondência biunívoca, Russell — na esteira de Cantor e Frege — pode proceder à análise de todos os números, sejam eles finitos ou infinitos: "O número de uma classe é a classe de todas as classes que lhe são similares" (IMP, cap. II, p. 18). Assim, por exemplo, o número 2 será definido como "a classe de todos os pares".

Russell reconhece que foi efetivamente Frege — aliás, retomado por ele próprio e por Whitehead em PM — quem elaborou a definição do número a partir da relação ancestral que pode ser resumida na expressão corrente "e assim por diante":

Em 1879, Frege expôs, pela primeira vez, a noção de relação ancestral, mas os seus trabalhos passaram despercebidos até o dia em que Whitehead e eu próprio viemos a explicitá-la. (MPD; tr. fr., p. 117)

Vejamos o que Frege diz a esse respeito. Nosso intuito consiste em apresentar as etapas da definição do número cardinal finito, tais como elas são encontradas nos § 72-81 de *Die Grundlagen der Arithmetik* (1884), passagens em que o autor aplica a relação ancestral, definida em *Begriffsschrift* (1879), ao caso da sequência natural dos números.

### 3. A definição do número cardinal finito por G. Frege

A primeira etapa consiste, no § 72, em uma definição da equinumericidade: o conceito F é equinumérico ao conceito G se, e somente se, "existir uma relação que estabeleça a correspondência, de maneira biunívoca, entre os objetos que caem sob o conceito F e os objetos que caem sob o conceito G". O número cardinal, que pertence ao conceito F, é a extensão do conceito "equinumérico ao conceito F". A segunda etapa comprova o princípio enunciado por D. Hume no primeiro livro de *A Treatise of Human Nature*:

> Quando se verifica a correspondência entre dois números de tal maneira que uma unidade de um responde sempre à unidade do outro, afirmamos a igualdade deles. (HUME, 1739, Livro 1: *Do Entendimento*, 3, 1)

Ou, dito por outras palavras, o número que pertence ao conceito F é idêntico àquele que pertence ao conceito G se, e somente se, F for equinumérico a G. Com essa base, o § 74 define o zero como o número que pertence ao conceito "não idêntico a si mesmo" e o § 75 define a equinumericidade de dois conceitos sob os quais nada cai. O § 76, por sua vez, é crucial: ele permite definir a vizinhança imediata de dois números em uma sequência, ou, dito de outro modo, a sucessão a partir unicamente das noções de identidade, de negação e de subsunção de um elemento sob um conceito.

Nesse sentido é que Frege e Russell são logicistas, visto que uma noção matemática, tal como a sucessão de dois números, encontra-se definida a partir de noções puramente lógicas: por exemplo, a identidade, a negação e a subsunção. Assim, dizer que "n segue m na sequência natural dos números" equivale a dizer que "existe um conceito F e um objeto x que cai sob esse conceito de forma que o número cardinal que pertence a esse conceito é n e que o número cardinal que pertence ao conceito 'que cai sob F, mas não é idêntico a x' é m" (FREGE, 1894; tr. fr. § 76, p. 202).

O § 77 define o número 1 como o número cardinal que pertence ao conceito "idêntico a 0" e o § 78 fornece algumas propriedades: por exemplo, o fato de que o número que segue imediatamente 0 é 1 ou o fato de que a relação "sucessor" é biunívoca. É somente no § 79 que se encontra definida a *relação ancestral*[5] em uma cadeia sucessiva ou sequência. Essa relação tinha sido definida pela fórmula 76 de *Begriffsschrift*, a qual permite dizer que, para qualquer número cardinal, existe outro que ele segue imediatamente ou que o segue imediatamente na sequência dos números; é também ela que permite (§ 80) a redução "às leis lógicas gerais" (ibidem, p. 206) do modo de inferência (*Schlussweise*) de *n* a *n+1*. No § 81, Frege aplica a relação

---

5. Eis a definição dada por Frege de "*y* segue *x* na f-sequência": "Se qualquer objeto com o qual *x* tem a relação F cai sob o conceito F e se, quando *d* cai sob o conceito F, segue-se que, seja qual for *d*, qualquer objeto com o qual *d* tenha a relação F cai sob o conceito F, então *y* cai sob o conceito F, seja este qual for." (1894; tr. fr., pp. 204-205)

ancestral, válida para qualquer cadeia sucessiva, ao caso da sequência natural dos números.

## 4. *Axiomas e definições*

Russell reconhece ser tributário não só de Frege e Cantor, mas também de Peano; este matemático havia implementado os cinco axiomas que permitem definir o conjunto N dos inteiros naturais, a partir de três noções primitivas que são *zero*, número e *sucessor*.[6] Graças a esses axiomas de Peano, é possível definir a propriedade de indutividade dos números finitos: um número é indutivo se tiver um sucessor diferente de si mesmo, se *n* é um número finito, *n* é diferente de *n+1*. Em compensação, acrescentar o número 1 ao infinito dá sempre o infinito.

> Definimos os "números indutivos" como aqueles que, entre os cardinais, pertencem à posteridade de 0, tendo em conta a relação de *n* a *n+1*. (IMP, cap. VIII, p. 78)

Mas o número dos números indutivos é infinito e não tem, portanto, a propriedade indutiva: acrescentar 1 ou subtrair 1 desse número dá sempre o mesmo número. O número dos números indutivos é, portanto, reflexivo e não indutivo:

> O fato de não haver mudança pela adição de 1 é utilizado por Cantor para a definição do que ele designa como os números cardinais "transfinitos". (Ibidem, p. 79)

---

6. Os cinco axiomas de Peano são os seguintes: 1) 0 é um número; 2) se x é um número, o seu sucessor é um número; 3) 0 não é o sucessor de um número; 4) se dois números dados forem diferentes, os seus sucessores serão diferentes; 5) se uma propriedade pertence a 0 e se, pertencente a um número x qualquer, ela pertence a seu sucessor, então ela pertence a qualquer número.

No entanto, a axiomática de Peano suscita em Russell um problema lógico e epistemológico. Ela apoia-se em três noções indeterminadas — que são *zero*, *número* e *sucessor* — ou seja, três noções cuja caracterização é dada unicamente por meio dos cinco axiomas. Ora, segundo Russell, essa maneira de fazer é demasiado formalista: seria preferível definir as noções implicadas antes de fornecer as suas propriedades *via* os axiomas; ou, em outras palavras, deveria ser limitado o espectro das interpretações deixadas abertas pela indeterminação e pelo caráter primitivo das noções que servem de ponto de partida.

Desse modo, duas objeções são formuladas contra Peano: 1) Nada nos garante a existência de objetos passíveis de verificar propriedades. Do mesmo modo que, a partir das propriedades de onipotência e de onisciência de A, não é possível tirar a conclusão a respeito da existência de A, assim também é impossível, a partir da verificação de determinadas propriedades pelo número, deduzir a existência deste. 2) Exige-se aos números que, além de satisfazerem simplesmente propriedades formais, "se apliquem como é sua obrigação aos objetos comuns" (esta segunda objeção enfatiza a noção de aplicação contra a noção da verificação).

> Queremos efetivamente ter dez dedos, dois olhos e um nariz. Um sistema em que "1" designa 100, "2" designa 101, e assim por diante, pode convir perfeitamente às diferentes disciplinas da matemática pura, mas não é adaptado à vida cotidiana. Desejamos que "0", "número" e "sucessor" tenham uma significação tal que asseguremos a nossa conta de dedos, os nossos dois olhos e o nosso nariz. (Ibidem, p. 47)

O número não pode permanecer indeterminado, simples representante de um objeto qualquer: convém defini-lo.

Assim, Russell apresentará uma definição do número e, portanto, não se contentará com o caráter primitivo do termo "número", à semelhança do que ocorre com a matemática de Peano. Em que base se apoia a sua definição? No axioma V da axiomática de Peano, porém, reelaborado:

> Havíamos começado por apresentá-lo como um princípio, agora vamos dar-lhe uma definição. (Ibidem, p. 70)

Essa definição é apresentada da seguinte maneira: os "números naturais" são a posteridade de 0 com respeito à relação "predecessor imediato" (a relação inversa de "sucessor"). Uma das três noções primitivas de Peano acaba, portanto, sendo definida com a ajuda das outras duas. Daí resulta que duas das proposições primitivas de Peano se tornaram inúteis pelo fato de decorrer da definição: aquela que diz que 0 é um número e aquela que afirma o princípio de indução matemática (ibidem, p. 72).

O trabalho elaborado aqui por Russell consiste em incrementar as definições à custa das concepções: em vez de apreender noções pelo pensamento, elas são articuladas em definições e, por essa fixação de sentido, salvaguarda-se a aplicabilidade dos números aos objetos da vida comum.

A propósito dos números indutivos, ou seja, dos números finitos, obtidos pela relação "sucessor", Russell teve de responder a numerosas objeções provenientes de Poincaré sobre a maneira de conceber o princípio de indução matemática. Poincaré rejeita a conversão russelliana do princípio de indução em definição. Segundo ele, Russell se confundiu entre a maneira de obter um número por recorrência e o fato de que seja possível raciocinar por recorrência sobre um número. O princípio de indução matemática — que pode ser formulado da seguinte maneira: "Se uma propriedade do número 1 é verdadeira, e se for estabelecido que ela é verdadeira para *n+1*, com a condição de que o seja para *n*, ela será verdadeira para todos os números inteiros" — não significa, portanto, que se possa obter os números por adições sucessivas. Ou, dito de outro modo, ele não funciona como uma "definição dissimulada" do número, mas fornece-nos, de preferência, uma condição: *se* o número é obtido por adição sucessiva, *então* é possível demonstrar uma propriedade qualquer a seu respeito por via de recorrência.

Um número pode ser definido por recorrência; e, sobre esse número, é possível raciocinar por recorrência; trata-se de duas proposições distintas. Em vez de nos indicar que a primeira é verdadeira, o princípio de indução nos fornece a informação de que a primeira implica a segunda. Essa foi a confusão feita pelo sr. Russell e que explica como ele conseguiu, sem se aperceber disso, dar uma definição que ele foi incapaz de justificar mediante a demonstração de que ela estava isenta de contradição. (POINCARÉ, 1986, p. 34)

Para Russell, porém, Poincaré só considera o caráter primordial da indução matemática por causa de sua recusa do infinito; em suma, por ter julgado que todos os números deveriam ser finitos. Ao valorizar o princípio da indução matemática, Poincaré expõe perfeitamente a sucessão dos números, mas não o salto necessário no infinito, o qual é permitido unicamente pelo axioma do infinito.

Entre esses números, alguns são maiores que outros; assim, o número dos números reais ($2^{aleph0}$) é maior do que o número dos números inteiros ($aleph_0$). O desafio a enfrentar pelo conjunto dos números reais consiste em permitir que levemos em consideração "a continuidade" que é a propriedade dos instantes no tempo e dos pontos no espaço.

## 5. Classes e funções proposicionais

Mas o que são precisamente essas classes que entram na definição do número? Russell vai considerá-las, à semelhança das descrições, como símbolos incompletos. Enquanto as descrições definidas pertencem à forma "o autor de Waverley", as classes fazem parte da forma "os habitantes de Londres". Nesse caso, utilizamos o artigo definido no plural. Evidentemente, a classe dos habitantes de Londres não é em si mesma um habitante de Londres. As classes não são indivíduos, tampouco são agregados pela simples razão de que se fala também da classe nula, aquela que não contém nenhum elemento, e da classe com um membro que não é identificável com esse membro.

Considerando que uma função proposicional pertence à forma "$x$ é uma árvore", ou seja, que ela consiste em uma expressão predicativa com uma variável, parece possível à primeira vista definir uma classe como "uma função proposicional que é verdadeira em relação aos membros da classe e falsa em relação aos outros" (IMP, p. 183). Entretanto, convém reconhecer que numerosas funções proposicionais podem ser formalmente equivalentes como, por exemplo, as seguintes funções: "$x$ é um homem", "$x$ é um bípede sem plumas", "$x$ é um animal racional". É evidente que essas funções não são equivalentes do ponto de vista material porque "a função proposicional — por exemplo, '$x$ é um homem' — é uma função proposicional que tem relação com o conceito de humanidade. O que não é verdadeiro de '$x$ é um bípede sem plumas'" (PLA, VII, p. 265; tr. fr., p. 426).

Em compensação, de um ponto de vista puramente extensional, é possível substituir uma função proposicional por outra que é verdadeira em relação às mesmas coisas; essa possibilidade é que nos permite derivar a definição da noção de classe a partir da equivalência formal de duas funções proposicionais, à maneira como se deriva o número a partir da correspondência biunívoca entre os elementos de uma classe.

Para ser capaz de definir os números como classes de classes, é necessário dispor para as próprias classes de uma definição conforme àquela da classe de classe. Uma vez obtida a classe a partir da equivalência formal de duas funções proposicionais, chegamos, por exemplo, a falar *da* classe dos homens. No entanto, à semelhança do que ocorre com as descrições definidas, convém reconhecer que existe aí somente um símbolo incompleto ao qual não corresponde uma realidade. Nesse caso, a análise nos diz que "há uma função proposicional equivalente a '$x$ é humano', que é verdadeira em relação a estes e aqueles valores de $x$" (ibidem, p. 266; tr. fr., p. 426). Ora, em tal expressão, a noção de classe desapareceu para dar lugar a uma generalização existencial que incide sobre as funções proposicionais:

> Dessa maneira, você apercebe-se de que as propriedades formais que espera encontrar nas classes, todos os usos formais que elas têm na matemática, podem ser obtidos sem a menor suposição de que haja coisas como as classes, ou seja, sem supor que uma proposição na qual aparece simbolicamente uma classe contenha de fato um constituinte correspondente a esse símbolo.
> (Ibidem)

Em 1902, no Apêndice dedicado às teorias lógicas e aritméticas de Frege, Russell falava ainda das classes como se elas tivessem sido entidades. Mesmo pretendendo reconhecer, como Frege, a classe nula e a classe com um membro, distinta desse membro, ele pronuncia-se em favor de uma concepção mais extensional da noção de classe, mas não pode conservar a solução apresentada, mais tarde, em PLA ou em IMP, a saber, a definição da classe a partir da equivalência formal das funções proposicionais porque, considerando então a classe como uma entidade, a definição proposta é circular:

> Podemos, se quisermos, definir a classe da seguinte maneira: uma classe é um objeto determinado de maneira única por uma função proposicional, além de ser determinada de maneira igual por qualquer função proposicional equivalente.
>
> Ora, não podemos considerar tal objeto como a classe das funções proposicionais equivalentes a determinada função proposicional (como ocorre nos outros casos de relações transitivas simétricas), a menos que já tenhamos a noção de classe. (PoM, Apêndice A, § 489, p. 515; tr. fr., p. 180)

O fato de ter deixado de falar de "objeto determinado" ou de "entidade" permitirá que, mais tarde, ele já não considere como circular a definição da classe a partir das funções proposicionais.

Em compensação, as críticas dirigidas contra Frege a propósito da noção de percurso de valores (*Wertverlauf*) conservam a sua pertinência, visto que são eles que colocam em evidência a contradição que atinge a obra lógica de Frege. Ao caracterizar a extensão de um conceito como percurso de valores de uma função cujo valor, para cada argumento, é um valor de verdade, Frege não se preocupou em estabelecer a dissociação entre o domínio dos objetos suscetíveis de satisfazer uma função e o percurso de valores desta. Daí o paradoxo que será abordado em seguida. Russell afastar-se-á de Frege ao considerar "o percurso, em hipótese alguma, como um termo, mas como um objeto de um tipo lógico diferente, no sentido em que uma função proposicional j($x$) — em que $x$ pode ser qualquer termo — está em geral desprovida de sentido se substituirmos $x$ por um percurso" (ibidem, § 491, p. 517; tr. fr., p. 183).

## 6. Paradoxos e teoria dos tipos

Tanto em PM quanto em PLA, Russell enumera as contradições, antigas e novas, que "atacaram a lógica matemática" (PM; tr. fr., p. 301), com o objetivo de contestar a opinião de Poincaré segundo a qual é a lógica em sua forma logicista que engendra paradoxos. De fato, o paradoxo *do mentiroso* é bastante antigo. Contra o matemático francês, ele afirma que "esses paradoxos não estão ligados exclusivamente às ideias de número e de quantidade" (ibidem); não se deve, portanto, seguir Poincaré quando ele faz a amálgama entre a aparição desses paradoxos (em particular os de Cantor e de Richard[7]) e a tese cantoriana de um infinito atual.

Entre essas contradições, encontra-se o paradoxo do maior número cardinal[8], colocado em evidência por

---

7. Jules Richard (1862-1956), professor de matemática no liceu de Dijon, autor de uma carta publicada na *Revue Générale des Sciences Pures et Appliquées* intitulada: "Les principes des mathématiques et le problème des ensembles" (1905).
8. Quando se tem $n$ termos, é sempre possível formar $2^n$ seleções desses termos; $2^n$ é maior do que n, seja n finito ou infinito. Se há o pressuposto de que n é o maior número cardinal, mostra-se pelas $2^n$ seleções que $n$ não é o maior número cardinal.

Cantor; o paradoxo de Burali-Forti[9] sobre o maior número ordinal; o paradoxo de Epimênides de Creta que afirma (após um prolongado sono) que todos os cretenses são mentirosos; e o paradoxo descoberto pelo próprio Russell sobre as classes que não são membros de si mesmas.[10]

Observemos que a primeira forma desse paradoxo não é relativa às classes, mas aos predicados. Na primavera de 1901, Russell escreve a Frege para dizer-lhe que, se for levado em consideração o predicado "não ser predicável de si mesmo", então chega-se a uma contradição ao ser formulada a questão de saber se esse predicado é ou não predicável dele mesmo.

Trata-se de uma lista que está longe de ser exaustiva.[11] Esses diferentes paradoxos, cuja característica comum é a autorreferência ou a reflexividade, terão todos a mesma natureza? Russell começou por julgar que todos eles eram de natureza lógico-matemática, mas na sequência das críticas dirigidas por Ramsey[12], ele reconheceu que era necessário distinguir entre o grupo dos paradoxos matemáticos e o grupo dos paradoxos linguísticos:

---

9.  "'A cada ordinal, posso associar um ordinal sucessor; ora, esse ordinal sucessor pertence à classe de todos os ordinais e é, no entanto, maior' — daí o paradoxo." Cesare Burali-Forti (1861-1931), matemático italiano, assistente de Peano na Universidade de Turim, conhecido por seus trabalhos na área da geometria diferencial.

10. Uma classe não é, em geral, membro de si mesma: por exemplo, a classe dos homens não é um homem. Ou então a classe de todas as classes que não são membros de si mesmas: questionar-se para saber se essa classe é, ou não, membro de si mesma redunda em uma contradição.

11. Há ainda o paradoxo de Richard; o da relação T que une duas relações R e S sempre que R não tem a relação R a S; o paradoxo do menor ordinal indefinível; o paradoxo de Berry (bibliotecário da Universidade de Oxford nos anos 1920) do menor inteiro que não pode ser nomeado em menos de dezenove sílabas, etc.

12. Frank P. Ramsey (1903-1930), matemático inglês, autor de "The Foundations of Mathematics" (1925) e de "Mathematical Logic" (1926).

As contradições lógicas e matemáticas, como seria de esperar, não podem ser verdadeiramente diferenciadas umas das outras; no entanto, as do grupo linguístico, segundo Ramsey, podem ser resolvidas por aquilo que se designa, no sentido amplo do termo, como considerações linguísticas. Elas distinguem-se daquelas do grupo lógico pelo fato de introduzir noções empíricas, tais como aquilo que alguém afirma ou pretende dizer. (PoM, Prefácio da 2ª ed., p. 19)

A distinção de Ramsey ocorre entre os paradoxos lógicos e os paradoxos semânticos: os primeiros referem-se a funções, enquanto os segundos têm a ver com os nomes das funções. Os paradoxos lógicos "compreendem unicamente a ideia de classe, de relação e de número, além de poder ser colocados sob a forma de um simbolismo lógico" (RAMSEY, 1978, p. 227), ao passo que os paradoxos semânticos "compreendem algum termo psicológico, tal como significar, definir, nomear ou fazer uma asserção. Eles não ocorrem na área da matemática, mas ao pensar na matemática; assim, é possível que eles não venham de uma lógica equivocada ou da matemática, mas de uma ambiguidade relativa às noções psicológicas ou epistemológicas de significação ou de asserção" (ibidem, p. 228).

Do segundo tipo, paradoxos semânticos são aqueles do gênero da proposição "esse juízo é falso", em que "esse" se refere à proposição na qual há uma ocorrência; entre eles, Ramsey inclui também o paradoxo do "mentiroso" que, em vez de se basear em uma ideia falsa da lógica ou da matemática, tem a ver de preferência com "ideias falsas em relação ao pensamento ou à linguagem" (ibidem, p. 172). (Esta segunda espécie de paradoxo é que torna necessária a introdução de uma teoria ramificada dos tipos.)

À primeira espécie, paradoxos lógicos, pertence aquele das classes ou aquele do maior número cardinal. Para esta última espécie, basta a teoria simples dos tipos: distingue-se entre indivíduos e classes, além de se evitar que uma classe seja membro de si mesma. Com efeito, a teoria dos tipos nos diz que uma classe é de um tipo superior a seu argumento; assim, as classes que se compreendem a si mesmas como argumento são destituídas de sentido (*meaningless*). Russell enfatiza, portanto, uma categoria essencial, a do *meaningless*, que permite lançar no sem-sentido as expressões — por exemplo, "as classes de classes que são membros de si mesmas" — que parecem ser aceitáveis na linguagem usual. Desse modo, "é insuficiente a divisão das expressões linguísticas em verdadeiras e falsas; uma terceira categoria deve ser introduzida, aquela que compreende expressões destituídas de sentido (*meaningless*)" (REICHENBACH, 1944, p. 37), entre as quais se encontram as "totalidades ilegítimas" (PoM, p. 271). Existe a possibilidade de evitá-las mediante o princípio do "círculo vicioso" que se enuncia da seguinte maneira:

> Tudo o que coloca em jogo o todo de uma coleção não deve ser um dos elementos desta. (Ibidem)

Assim, para que o princípio do terceiro excluído tenha um sentido e possa ser aplicado, convém que, na expressão "todas as proposições são verdadeiras ou falsas", haja um princípio de limitação sobre a totalidade em questão para que ela seja legítima.

Russell, no entanto, recorre ao axioma da redutibilidade para explicar não só determinadas proposições, tais como "Napoleão tinha *todas* as qualidades peculiares de um grande general", em que aparece a expressão "todas as qualidades", mas também o princípio de identidade segundo o qual "$x$ é idêntico a $y$ se *tudo* o que é verdadeiro em relação a x é verdadeiro em relação a y" — ainda aí aparece a expressão "*tudo* o que é verdadeiro". O axioma da redutibilidade baseia-se, como seu nome indica, em uma redução: ele afirma que é sempre possível reduzir uma função não elementar — por exemplo, $\forall$ x f(x) — em uma função elementar[13] f(a) $\land$ f(b) $\land$ f(c), etc.[14]

O axioma enuncia-se da seguinte maneira: "Considerando qualquer função j(x), há uma função predicativa formalmente equivalente, ou seja, há uma função predicativa que é verdadeira quando j(x) é verdadeira, e falsa quando j(x) é falsa" (PoM, p. 295); essa função predicativa é aquela cuja ordem é uma vez superior à ordem de seus argumentos. O exemplo dessa diferença de ordem é dado pela diferença entre "Napoleão" e "todas as suas qualidades".

Assim, com o axioma de redutibilidade introduz-se a noção de ordem, a qual é efetivamente distinta da noção de tipo. Com efeito, além de apresentar uma hierarquia dos tipos, Russell constrói uma teoria ramificada dos tipos segundo a qual cada tipo deve ser subdividido em funções de diferentes ordens.

O axioma de redutibilidade permite reduzir um predicado único em uma conjunção ou uma disjunção de predicados. Isso permite resolver o problema suscitado pelo princípio de identidade; com efeito, sem o axioma de redutibilidade, dois objetos podem ter em comum as suas propriedades elementares e não estarem de acordo relativamente às funções de ordem superior:

> Sem a ajuda de um axioma, não podemos pretender inversamente que — se todos os predicados de *x* pertencem

---

13. Uma proposição elementar é definida por Ramsey como uma função de verdade de proposições atômicas.
14. Sendo $\land$ a conjunção, o conjunto lê-se da seguinte maneira: a tem a propriedade f e b tem a propriedade f e c tem a propriedade f, etc.

a y — todas as propriedades de segunda ordem de *x* venham a pertencer, devam também pertencer a y. (Ibidem, p. 297)

A identidade dos indiscerníveis de Leibniz é uma forma desse axioma; ela apoia-se em uma "limitação das propriedades comuns necessárias à indiscernibilidade" (ibidem). À primeira vista, pode parecer contraditório construir uma teoria da hierarquia dos tipos e, ao mesmo tempo, recorrer a um axioma que reduz. Ramsey sublinha que essa contradição pode exprimir-se da seguinte maneira:

> O fato de fazer a asserção de que, para qualquer função não elementar há uma função elementar equivalente, pode parecer como algo que leva à perda do que havia sido ganho por essa distinção. (RAMSEY, p. 179)

Mas, se nos lembrarmos de que há efetivamente duas espécies de paradoxos, os lógicos e os semânticos, então podemos compreender que o axioma da redutibilidade diz respeito apenas aos paradoxos semânticos, aqueles para os quais "as funções equivalentes não são intercambiáveis" pelo fato de fazer intervir uma relação de significação. Assim, por exemplo, a equivalência entre uma proposição geral e uma conjunção de proposições elementares não anula a diferença entre o uso de uma variável na proposição geral e o uso de nomes das coisas nas proposições elementares.

## 7. *Hierarquia dos tipos e hierarquia das linguagens*

A teoria dos tipos pode ser ampliada para uma teoria dos níveis de linguagem em que se faz a distinção entre uma linguagem-objeto e uma metalinguagem. Assim, como mostra H. Reichenbach (op. cit., p. 39), Russell havia previsto, com grande antecedência, as proposições decorrentes dos trabalhos de Tarski.[15] Eis o que se constata na Introdução que o autor britânico redigiu no momento da publicação do *Tractatus logico-philosophicus* de Wittgenstein:

> Estas dificuldades levam-me a pensar em uma possibilidade como a seguinte: cada linguagem tem, como diz Wittgenstein, uma estrutura a respeito da qual, na linguagem, nada se pode dizer, mas que deve haver outra linguagem para lidar com a estrutura da primeira linguagem, e possuindo ela própria uma nova estrutura; além disso, em relação a essa hierarquia de linguagens, não deve existir nenhum limite. (WITTGENSTEIN, 1922; tr. fr., p. 32)

Haveria assim uma linguagem $L_0$, em que se pode falar de diversas coisas, uma $L_1$ em que se pode falar do que faz $L_0$, e assim por diante. Por essa distinção entre linguagens, é possível dar conta do paradoxo de Grelling[16] que incide sobre o predicado "heterológico". Afinal, de que se trata? Alguns adjetivos têm como significação os predicados da própria palavra adjetivo; assim, o vocábulo "curto" é curto, mas o vocábulo "longo" não é longo.

Vamos designar os adjetivos, cujas significações são os predicados deles mesmos, como "autológicos", enquanto

---

15. Alfred Teitelbaum, chamado Tarski (1902-1983), matemático e lógico polonês cujos trabalhos incidiram essencialmente sobre o conceito de consequência lógica e sobre a definição semântica da verdade; o seu nome está associado à teoria dos modelos.
16. Kurt Grelling (1886-1942), matemático e lógico alemão, autor de *Probleme der Wissenschaft* (2 vols., 1910; texto traduzido do italiano) e de "Philosophy of the Exact Sciences: Its Present Status in Germany" (1928).

atribuiremos aos outros o qualificativo de "heterológicos". Então, vamos nos questionar para saber se "heterológico" é heterológico: se ele é, a sua significação não é um predicado de si mesmo, ou, dito por outras palavras, ele não é heterológico; e se não é, a sua significação é um predicado de si mesmo e, portanto, ele é heterológico, visto que se trata precisamente desse predicado. De fato, essa palavra remete a determinada propriedade de palavras que não tem nome na linguagem em que está incluída; ou seja, "heterológico--em-L" não é heterológico em $L$. A solução do paradoxo consiste simplesmente em mostrar a não existência de alguns nomes em determinadas linguagens.

Se nos colocarmos agora do ponto de vista de uma língua natural, há uma indefinibilidade da verdade para uma língua nessa mesma língua, porque é necessário ser capaz de nomear a proposição verdadeira e, ao mesmo tempo, dizer que ela é verdadeira. Na mesma linguagem, essa dupla exigência culmina em uma antinomia semelhante àquela relativa ao mentiroso: "Qualquer linguagem à qual pertence, ao lado de qualquer uma de suas proposições, o nome dessa proposição" (TARSKI, 1972, vol. 1, cap. VIII, p. 170) é uma linguagem contraditória. Russell indica que, sem uma teoria do simbolismo, é impossível sair das contradições da linguagem; ele havia proposto uma hierarquia no uso dos símbolos. Tarski irá mais longe: convém hierarquizar as próprias linguagens. Nossa propensão a dar um nome a tudo só pode ser neutralizada por uma distinção de linguagens. Qual seria então o ponto de vista de Tarski a respeito da semântica?

> Por semântica, entendemos a totalidade das considerações relacionadas aos conceitos que, de modo genérico, exprimem certas conexões entre as expressões de determinada linguagem, assim como os objetos e os estados de coisas a que essas expressões se referem.

Como exemplos típicos de conceitos semânticos, podemos mencionar os conceitos de denotação, satisfação e definição [...]. Devemos igualmente incluir o conceito de verdade — o que nem sempre é reconhecido —, pelo menos, em sua interpretação clássica segundo a qual "verdadeiro" tem uma significação semelhante à de "correspondente à realidade".[17]

Para definir o conceito de verdade ou de satisfação de uma forma de enunciado, Tarski mostrará que é necessário dispor de duas linguagens. A enunciação de verdade deve ser efetivamente separada do próprio enunciado; caso contrário, a definição da verdade dá lugar a uma antinomia. Por exemplo, a linguagem-objeto pode ser o francês, enquanto a metalinguagem o inglês, ou então a mesma língua, mas dispondo em série os elementos que se encontram aí: na linguagem-objeto, serão colocadas todas as proposições que não contêm os conceitos semânticos, enquanto na outra ficarão os conceitos semânticos. Em relação à linguagem-objeto, pressupõe-se a coerência e a possibilidade de compreendê-la.

No entanto, mesmo que tenha sido removida a cláusula de universalidade, continua sendo difícil elaborar, no contexto das línguas naturais, uma definição semântica da verdade. Com efeito, não se pode engendrar por recursão as proposições da linguagem-objeto, tampouco é possível fornecer todos os termos primitivos:

> A lista tornar-se-á obsoleta sempre que um novo nome entra em uso. Sempre que uma criança é batizada e um manuscrito recebe um título, o inventário e, por

---

17. Tarski, 1956, p. 401, citado por F. Pataud no Prefácio de Dummett, 1991, p. 17.

conseguinte, a definição da verdade dependente desse inventário serão inexatos. O caráter "aberto" da linguagem natural, como se vê na composição flutuante de seu vocabulário, põe em xeque a tentativa de aplicar uma definição da verdade que se apoie na enumeração de simples instâncias. Essa tentativa é tão desesperada quanto aquela que consistisse em definir a noção de "nome" ao dar a lista de todos os nomes em uso. (BLACK, 1948, pp. 57-58)

Construir uma semântica da linguagem natural levaria a supor uma reforma dessa linguagem; "tarefa ingrata" que consiste em "definir a sua estrutura", "superar a ambiguidade" dos termos que figuram nela, "cindir a linguagem em séries de linguagens, cada vez mais extensas, em que cada uma estabelece uma relação com a seguinte semelhante àquela que existe entre uma linguagem formal e sua metalinguagem".[18] Eis como levar a linguagem natural a perder o seu caráter natural sem a garantia consolidada de conseguir satisfazer essas cláusulas.

Exceto a observação constante na Introdução do *Tractatus* (WITTGENSTEIN, 1922), não há em Russell uma tematização da semântica em termos de hierarquia de linguagens. A hierarquia dos tipos não é acompanhada, em sua obra, por uma hierarquia de linguagens; não há também algo como uma definição semântica da verdade, ou seja, uma definição que estabeleça uma nítida distinção entre as proposições e a enunciação da verdade destas. A teoria dos tipos acoplada à teoria de descrições definidas e das classes permitiu exatamente remover as ambiguidades relativas à questão da existência, mas não

---

18. A. Tarski, citado por D. Davidson, em "Verité e signification" (1993, p. 57).

produziu um trabalho equivalente no caso de uma teoria da verdade.

## 8. *Existência e identidade*

Será que Russell tem um conceito equivocado da existência? Alguns autores, tais como Jan Dejnoskza (1988, pp. 155-156), pretendem que há, pelo menos, três sentidos da existência, em Russell, no período de 1905-1919.

O primeiro seria um sentido parmenidiano: existir é deixar de ser nada. Esse sentido está presente em PoM, quando Russell diz que tudo o que é objeto de pensamento tem *algo* do ser:

> Ser é aquilo que pertence a qualquer termo concebível, a qualquer objeto possível de pensamento. Em suma, a qualquer coisa que possa ter uma ocorrência em uma proposição verdadeira ou falsa, e a todas essas mesmas proposições. [...]
> Os números, os deuses homéricos, as relações, as quimeras e os espaços de quatro dimensões têm todos eles o ser; com efeito, se eles não fossem entidades de uma espécie qualquer, não poderíamos formar proposições a respeito deles. (PoM, p. 449)

Ao rejeitar mais tarde esse sentido, Russell irá atribui-lo a Meinong quando, afinal, existe aí uma concepção antimeinongiana, considerando que Meinong situa fora do ser os centauros e os círculos quadrados. Esse sentido parmenidiano tem como corolário a distinção entre a noção de ser e a noção de existência. De 1901 a 1912, Russell irá manter tal distinção, antes de reconhecer, a partir de 1919, que a noção de ser no sentido de tudo o que é concebível pode ceder lugar a um simbolismo adequado. Faltará especificar o que é feito da noção de existência.

De 1901 a 1912, portanto, Russell insiste na distinção entre *ser* e *existência*. O ser é, como acabamos de ver, "aquilo que pertence a qualquer termo concebível, a qualquer objeto possível do pensamento" (RUSSELL, 1901c, p. 581). Nesse caso, o ser é atribuível a tudo o que é suscetível de ser mencionado. Em compensação, a existência "é uma prerrogativa peculiar apenas a determinados seres" (ibidem). Quais são os seres que possuem a existência e aqueles que não a possuem? Quem não possui a existência é, por exemplo, o *juízo*. É um equívoco basear-se na passagem dos *Analíticos anteriores* de Aristóteles[19] para afirmar que o juízo existe. Quando se diz que este enuncia as coisas como elas são realmente, não se pretende afirmar que o juízo estabelece a existência delas:

> Aqui constata-se a fraqueza da teoria existencial do juízo, a saber, da teoria segundo a qual qualquer proposição incide sobre algo que existe. Com efeito, mesmo que viéssemos a supor tal teoria, seria necessário admitir que a existência possui o ser e que a própria existência não existe. (RUSSELL, 1901c, p. 581)

De fato, há seres que não existem. Essa teoria existencial do juízo confunde, portanto, ser e existência. Quais são agora as coisas que, segundo se diz, existem? Em PoP (1912a), Russell fornece algumas indicações:

> Convém reservar o termo "existência" para as coisas que estão no tempo, ou seja, que são tais que podemos

---

19. "As expressões — 'isto pertence àquilo' e 'é verdadeiro dizer isto daquilo' — devem ser consideradas de tantas maneiras quanto são as diferentes categorias." (ARISTÓTELES, 2009, 49a6)

indicar um momento do tempo em que elas existem. (PoP; tr. fr., p. 123)

Assim, existir remete ao que se pode indicar pelos indexicais, que são o "eu", o "aqui" e o "agora": "Nesse sentido, os universais não existem; diremos que eles subsistem ou possuem o ser; 'o ser' é oposto à 'existência' enquanto intemporal" (ibidem).

O segundo sentido é um sentido fenomenalista berkeleyano[20], a saber, *esse est percipi* (ser é ser percebido): Russell fornece a sua caracterização no primeiro capítulo de PoP. Em uma filosofia do tipo daquela de Berkeley, a argumentação relativa a essa divisa segundo a qual "ser é ser percebido" é resumida da seguinte maneira:

> Qualquer objeto de pensamento possível é uma ideia na mente da pessoa que o pensa; portanto, as ideias na mente são os únicos objetos de pensamento possíveis; portanto, qualquer outra coisa é inconcebível, e o que é inconcebível não pode existir. (PoP, p. 36)

Em várias ocasiões, Russell indica que o raciocínio de Berkeley é dificilmente refutável; se, apesar de tudo, acreditamos em um mundo exterior distinto de nossos *sense-data* (impressões sensoriais), é em razão "de uma crença instintiva na realidade de objetos que correspondem aos *sense-data*" (ibidem; tr. fr., cap. 2, p. 46).

Se nos posicionarmos do ponto de vista da percepção, dizer a existência de um objeto de percepção é dizer algo das correlações dos *sense-data*. Nesse caso, pensamos comumente que as coisas têm mais ou menos existência ou realidade,

---

20. George Berkeley (1685-1753), arcebispo e filósofo irlandês, autor, entre outras obras, de *A Treatise Concerning the Principles of Human Knowledge* (1710).

dependendo de estarem suficientemente correlacionadas ou não. Se as correlações são frágeis, temos a propensão de pensar que é também frágil a existência das coisas que correspondem a essas correlações. De fato, abordar as imagens e os fantasmas como inexistentes não pressupõe dispor de um senso particular e enfraquecido da existência, mas, de preferência, deixar de dispor das correlações habituais que nos levam a dizer que existem os objetos maciços, tais como uma mesa ou escrivaninha, que estão à nossa frente. Tratar "com um respeito igual as coisas que não se enquadram ao mundo físico", tais como as imagens e os fantasmas, é precisamente recusar um senso enfraquecido da existência para essas coisas que não dispõem das correlações habituais ou gerais à disposição das coisas do mundo físico:

> Os fantasmas e as alucinações considerados em si mesmos estão exatamente — como expliquei nas conferências precedentes — em um nível semelhante ao dos *sense-data* comuns. Eles diferem destes apenas pelo fato de não dispor de correlações habituais com as outras coisas. (PLA; tr. fr., p. 434)

Se os fantasmas devem ser colocados em um nível semelhante ao dos *sense-data*, além de serem considerados como plenamente existentes — "o fantasma é em si mesmo, à semelhança do *sense-datum* normal, uma parte do mundo" (ibidem, pp. 418-419) —, então os elementos dos *sense-data* são também plenamente existentes.

Assim, a linguagem do Russell de 1919 descarta a tese de uma correspondência na realidade de objetos do *sense--datum* (1912), levando-se em conta que os próprios *sense--data* são agora objetos do mundo. Esses correspondentes na realidade são agora, em vez de existentes, ficções lógicas — escrivaninhas, mesas e cadeiras, além de pessoas e números:

Todos os objetos da vida cotidiana encontram-se dessa maneira excluídos do que há no mundo, e em seu lugar percebemos que há certo número de particulares efêmeros do gênero daqueles de que temos consciência imediatamente pelos sentidos. (Ibidem, p. 434)

O terceiro sentido fornece a estrutura lógica de qualquer asserção de existência ao indicar que "a existência é essencialmente uma propriedade de uma função proposicional" (ibidem, p. 274). Enquanto tal, ela requer um conceito de identidade no sentido em que não há identidade reconhecida se não há identidade. É o conceito mais geral da existência que alguns autores, tais como Panayot Butchvarov (1988, pp. 165-167), consideram ser o sentido autêntico da existência para Russell. Esse sentido lógico coincide com a concepção fregeana segundo a qual a existência é uma propriedade de conceito, considerando que a afirmação de existência é uma negação do número zero. Tal sentido é o mais estranho para Meinong, enquanto as outras duas acepções mantêm uma relação com a sua filosofia.

O segundo sentido depende de uma teoria da percepção e não apresenta a generalidade exigida por um conceito — em particular, ele pressupõe o tempo. Com efeito, as coisas percebidas, ou até mesmo alucinadas, estão *no* tempo, nem que seja de maneira breve:

> As coisas reais que conhecemos por experiência duram muito pouco tempo, um décimo ou uma metade de segundo, ou qualquer outra coisa. Os fantasmas e as alucinações fazem parte delas, são constituintes do mundo. (PLA; tr. fr., p. 435)

Ora, isso é restringir o conceito de existência, o qual deve ser capaz de incidir também sobre o que está fora do tempo: por exemplo, Deus.

O primeiro sentido, o sentido parmenidiano, foi explicitamente rejeitado por Russell na Introdução da 2ª edição de PoM e, ao mesmo tempo, em seu artigo OND. Não temos necessidade de compromisso ontológico se dispusermos de uma teoria apropriada do simbolismo e se substituirmos o pendor natural de questionar, de maneira isolada, o sentido das palavras por aquela propensão que nos fornece as significações contextualizadas.

Limitar-se ao sentido lógico, o terceiro daqueles que acabamos de mencionar, será reduzir o conceito de existência? Parece, de preferência, que reconhecer a univocidade ao conceito de existência não significa reduzir o seu sentido. Se descartarmos, como faz o próprio Russell, o sentido *um* com base na aplicação da navalha de Ockham, ocorre que o sentido *dois* está incluído no sentido *três*: ambos apoiam-se no preceito segundo o qual "não há entidade sem identidade". De fato, ligar ou fazer correlações entre os diferentes *sense-data* é construir uma classe de aparências associadas a esses *sense-data* à maneira como se faz uma construção de número tomando por base uma identidade entre duas classes.

A partir de 1919, o essencial para Russell não será afirmar a existência do número dois, mas dizer à maneira de Frege: como obtemos o número dois? Ora, a resposta a essa pergunta consiste em dizer que obtemos o número com base em uma correspondência biunívoca entre classes — por exemplo, a classe das facas e a dos pratos, se temos de pôr a mesa para duas pessoas —, *dois* será a classe das classes assim designadas e interligadas por uma correspondência, termo a termo. Ora, como as classes são símbolos e não seres ou existentes, não se pode sequer atribuir-lhes o estatuto de constituintes reais de uma proposição, e é em troca disso que se evita o paradoxo dos conjuntos:

Para que um enunciado incidindo sobre uma classe tenha uma significação e não seja um puro sem-sentido, é absolutamente necessário que ele seja capaz de ser traduzido sob uma forma em que não mencione, de modo algum, a classe. (PLA; tr. fr., p. 422)

No caso das pessoas, procedemos "exatamente de maneira semelhante àquela que utilizamos na definição dos números. Começamos por definir o que pretendemos dizer quando afirmamos que duas classes 'têm o mesmo número' e, em seguida, definimos o que é um número. A pessoa que tem determinada experiência $x$ será a classe de todas essas experiências que são 'as experiências da pessoa' que havia experimentado $x$" (ibidem, p. 437).

Ocorre que agora deve ser indicado com precisão esse conceito geral — ou, como diz Russell, "fundamental" — da existência:

Quando levamos em conta uma função proposicional qualquer e afirmamos que ela é possível e, às vezes, verdadeira, isso nos dá o sentido fundamental de "existência". (Ibidem, p. 392)

O uso feito aqui da palavra "possível" não é, de modo algum, modal, mas apenas estatístico. Dizer que é possível que chova amanhã é completamente diferente de dizer que uma função proposicional é possível: no primeiro caso, o uso é modal, enquanto no segundo, ele não se refere ao conteúdo proposicional, mas à justificação lógica de uma verdade. Na concepção estatística, "possível" significa o seguinte: "pelo menos, um; possivelmente, todos".

A função proposicional serve-se sempre da forma P(x) em que x é uma variável e P um predicado. Dizer que ela existe significa que há, pelo menos, um valor de x para o qual ela é verdadeira. Esta indicação é importante: a existência não é atribuída diretamente às coisas que simbolizamos mediante constantes, mas às funções que, segundo se diz, estão satisfeitas ou aos conceitos que, segundo se diz, não estão vazios. A analogia reconhecida por Frege entre os conceitos de existência e de número é o principal argumento para que a existência se torne uma propriedade de funções:

> Se $x$, $y$ e $z$ satisfazem uma função proposicional, podemos dizer que essa proposição é numerosa, mas isso não ocorre se $x$, $y$ e $z$ forem considerados individualmente. A mesma observação aplica-se exatamente à existência, ou seja, as coisas reais que existem no mundo não existem, e inclusive trata-se de uma formulação excessiva porque é um puro sem-sentido. É rigorosamente desprovido de sentido dizer que elas não existem, tanto quanto dizer que existem. (Ibidem, p. 393)

Assim, é totalmente um sem-sentido dizer que "Sócrates existe", não porque Sócrates já deixou de existir, considerando que o tempo não interfere de modo algum com o conceito geral da existência[21], mas porque se trata de um sem-sentido dizer "Sócrates é numeroso": assim, mesmo que Sócrates fosse deste mundo, dizer que ele existe é um sem-sentido porque a existência não se atribui às coisas individuais, mas refere-se adequadamente a um conceito, para empregar a terminologia de Frege, ou ainda a uma função proposicional.

---

21. "Quando levamos em conta os teoremas de existência — por exemplo, ao dizermos 'um número primo par existe' —, não pretendemos dizer que o número dois esteja no tempo, mas que podemos encontrar um número do qual é possível dizer: 'ele é par e primo'." (PLA, VII, p. 256; tr. fr., p. 417)

Diz-se, por exemplo, "os homens existem", significando com isso que o conceito "homem" não é vazio, ou que a função proposicional "x é um homem" pode ser satisfeita. Mas a existência não desce, se é que se pode dizer, ao nível dos indivíduos; caso contrário, a possibilidade de negá-la e, por conseguinte, de afirmá-la seria impossível.

Por essas precisões, descarta-se o sentido fenomenalista da existência tal como ele podia ser induzido das passagens em que Russell diz que tanto os fantasmas quanto as alucinações existem: "os fantasmas e as imagens existem, sem dúvida alguma, no sentido, seja ele qual for, em que os objetos comuns existem" (ibidem). Ou seja, os fantasmas são semelhantes a particulares e não a universais; trata-se desta ou daquela aparência, acompanhada desta ou daquela crença.

Teríamos aí um retorno ao sentido primeiro e parmenidiano segundo o qual todos os objetos existem, sejam eles quais forem? Parece que não. Munido do conceito lógico da existência, Russell reconhece agora que existem somente as funções proposicionais; assim, no sentido estrito, existe apenas a função proposicional "x é um fantasma", mesmo que por abuso de linguagem afirmemos que os fantasmas existem, aliás, o mesmo abuso de linguagem que nos leva a dizer também que "os objetos existem" ou "as coisas reais no mundo existem". Com a condição de nos limitarmos a uma linguagem lógica, "é muito difícil escapar do viés que [a linguagem comum] nos impõe" (ibidem, p. 394).

O sentido lógico da existência permite evitar assim as confusões linguísticas, tais como aquela que, durante muito tempo, orientou o argumento ontológico, ou seja, "a prova da existência de Deus".[22]

---

22. Argumento ontológico (ou prova lógica da existência de Deus), desenvolvido por santo Anselmo de Cantuária (1033-1109) no *Proslogion*

Essas confusões baseavam-se principalmente no fato de considerar "Deus", em "Deus existe", um nome próprio designativo de um ser. Ora, para que a proposição "Deus existe" tenha sentido, convém reconhecer que a palavra "Deus" não é um nome próprio, mas uma descrição definida. Esse sentido ocorre apenas se for possível tratar logicamente, de maneira simétrica, a afirmação e a negação da existência.

Ou, dito de outra forma, para que se possa lançar no debate uma proposição, tal como "Deus existe", convém não caracterizar "Deus" como um nome próprio:

> O fato de que possamos discutir a proposição "Deus existe" é uma prova de que "Deus", tal como ele é utilizado nessa proposição, é uma descrição e não um nome. Se "Deus" fosse um nome, nenhuma pergunta poderia surgir acerca de sua existência. (PLA, VI, p. 250; tr. fr., p. 410)

No parágrafo 49 de *Die Grundlagen der Arithmetik* (1884), Frege havia sublinhado esta característica do conceito de existência: a possibilidade de ser afirmado ou negado. Essa possibilidade está associada ao reconhecimento dos conceitos vazios, tais como "círculo quadrado", ou, na linguagem de Russell, das funções proposicionais, por exemplo, "x é um círculo quadrado". Esses conceitos (segundo Frege), essas funções (segundo Russell) permitem a própria atribuição da existência e, por conseguinte, a entrada desta no juízo e na proposição. Para que a existência possa ser dita, convém que ela possa, de maneira simétrica, ser afirmada ou negada. A presença dos conceitos vazios está

---

(1078): Deus é tal que nada maior pode ser pensado; ora, pensar tal ser e recusar-lhe a existência é contraditório, visto que seria possível conceber um ser ainda maior (um Deus existente); portanto, Deus existe.

aí para lembrar-nos dessa simetria e para sublinhar o quanto é indireta a própria atribuição da existência: "atribuir existência nada mais é que negar o número zero", escreve Frege no § 53 da obra citada.

Por meio dessa teorização lógica do conceito de existência, parece ser obsoleta a distinção entre ser e existência, tal como ela aparecia em 1901 ou em 1912. A existência, reconhecida a partir de 1919 como propriedade de função proposicional, deixa de ser absolutamente uma prerrogativa de alguns seres que têm o privilégio de seres temporais. Ela deve arrogar-se a possibilidade de ser atribuída igualmente àquilo que é intemporal:

> Sugere-se que, ao dizer que uma coisa existe, isso queira dizer que ela está no tempo, ou no espaço e no tempo, de qualquer modo, no tempo. Trata-se de uma sugestão deveras bastante corrente, mas não penso que se possa invocar muitos argumentos em seu favor. (Ibidem, p. 416)

Assim, a existência não se diz de maneira exata daquilo que é concebível (primeiro sentido) para o qual o simbolismo nos instrui que há termos, em sua maioria incompletos, que desaparecem na análise que fazemos deles desde o momento em que levamos em conta as proposições em que eles têm uma ocorrência: números, classes, descrições definidas são símbolos incompletos que não são constituintes do mundo nem das proposições.

Quanto aos constituintes do mundo que são os *sense--data* (segundo sentido) e seus vizinhos semânticos, ou seja, os fantasmas e as alucinações, a dependência deles em relação ao tempo, por um lado, e a sua particularidade que pode sempre isolá-los, por outro, impedem-nos de atribuir-lhes de verdade a existência.

Há ainda as funções proposicionais que têm a vantagem de não serem estritamente temporais nem isoláveis sob a forma de imagens ou de aparências. Falar da existência a seu respeito permite não somente dispor de um conceito geral da existência, mas também dar conta da particularidade e da generalidade de nossos juízos; além disso, com esse conceito, dispomos da possibilidade de explicar fatos, sejam eles particulares ou universais.

Ora, o que se impõe de imediato a nós é que existe não esta ou aquela entidade desta ou daquela natureza, mas fatos, além de podermos dispor de um material analítico para torná-los inteligíveis:

> O primeiro truísmo sobre o qual eu gostaria de chamar a atenção de vocês — e espero que me acompanhem ao considerar que essas coisas, designadas por mim como truísmos, são tão evidentes que é quase risível mencioná-las — é que o mundo contém fatos. (Ibidem, p. 341)

Assim, o robusto sentido russelliano da realidade é salvaguardado mediante a construção do mais abstrato dos conceitos à primeira vista, ou seja, o conceito de existência como propriedade de função proposicional.

Se o mundo contém fatos, estes são articulações de elementos constitutivos do mundo; tais elementos são os objetos, as propriedades e as relações. Russell destacou-se de numerosos filósofos — por exemplo, Leibniz — ao instalar as relações no âmago da realidade. As relações não são abstrações.

No capítulo seguinte, trabalharemos na análise de seu procedimento a esse respeito.

# III
# As relações

*Um mundo constituído de coisas
múltiplas e de relações.*
(MTT, 1907b)

James é, em companhia de Moore, o filósofo que permitiu a Russell romper com o neo-hegelianismo predominante em Cambridge no começo do século XX: o primeiro conseguiu convencê-lo de que o mundo era realmente plural, enquanto o outro, por seu realismo, suscitou-lhe a convicção de que havia uma dualidade do cognoscente e do conhecido. O ceticismo de Moore foi libertador: "Os problemas filosóficos foram-me sugeridos pelas coisas que os outros filósofos haviam dito sobre o mundo e as ciências"[1], não pelo mundo nem pelas próprias ciências. Graças a Moore, em 1898 é que Russell conseguiu encerrar o seu período idealista com a ajuda do artigo "The Nature of Judgment" (MOORE, 1899). Nesse texto, Moore refuta uma concepção de Bradley segundo a qual, "ao ter uma ideia de algo, este faz parte, por sua vez, do conteúdo de minha ideia" (ibidem; tr. fr., p. 48). De acordo com este filósofo, convém que esse conteúdo seja diferente de uma ideia,

---

1. Schilpp (1942, "Autobiography", p. 14).

exterior a ela; caso contrário, seria impossível sair do idealismo. Outro artigo de Moore — "The Refutation of Idealism" — também exercerá uma grande influência sobre Russell, ao chamar a sua atenção para o interesse da distinção entre sensação e objeto dessa sensação:

> Podemos e devemos conceber a existência do azul como algo totalmente distinto da existência da sensação. Podemos e devemos conceber que o azul poderia existir sem a existência da sensação de azul. Quanto a mim, além de ter tal concepção, concebo que isso é verdadeiro. (MOORE, 1903; tr. fr., p. 77)

Esse dualismo do objeto da sensação e sensação ou, de maneira mais geral, do objeto da experiência e da experiência, será defendido por Russell até à década de 1920, período em que tal concepção será amplamente abandonada, sendo substituída por uma forma atenuada de monismo neutro.[2]

A refutação do idealismo por Russell, mesmo que tenha sido inspirada em Moore, elabora-se em primeiro lugar mediante uma base lógica: o idealismo absoluto apoia-se na doutrina de relações internas segundo a qual "cada relação está fundada na natureza dos termos interligados" (MTT, in PE, p. 141), ou seja, os termos interligados implicam a sua própria natureza ao estabelecer tal relação. O idealismo baseia-se também no fato de que cada proposição tem um sujeito e um predicado, cuja consequência

---

2. O monismo neutro é uma tese segundo a qual as distinções entre a matéria e a mente dependem apenas de maneiras de dispor os conhecimentos: uma mesa pode ser relacionada ao conjunto das perspectivas a seu respeito, então é considerada *material*; mas ela pode ser posta em relação com o conjunto das perspectivas de um tema sobre ela, então é chamada *mental*, é a "ideia" de mesa. Ver, neste livro, "Introdução", p. 34, nota 26.

é a existência de uma só verdade completa e final — a saber, uma verdade que consiste em uma proposição cujo sujeito é o todo e que tem um só predicado, por exemplo, "o absoluto é". Ora, como dar conta das relações assimétricas?

Para responder a essa pergunta, torna-se necessário questionar a preeminência da relação sujeito-predicado, que vem de uma tradição imobilista, segundo a qual existe, por um lado, o que aparece e, por outro, o que é real:

> A rejeição da realidade de todas as coisas que aparecem como reais ao senso comum — uma rejeição altamente característica dos sistemas idealistas, desde Descartes — depende dos interesses da lógica escolástica não reexaminada em seus fundamentos por nenhum autor moderno, e é suscetível, se não me engano, de uma refutação simples e fácil. (RUSSELL, 1900b, in 1993, p. 232)

A crítica de Russell contra o monismo de Bradley e aquela dirigida contra a obra de Leibniz são totalmente alimentadas por suas leituras de James e de Moore.[3] Elas giram em torno essencialmente do estatuto das relações.

A valorização exclusiva da forma sujeito-predicado apoia-se, segundo Russell, em um profundo equívoco relativamente à natureza das relações; até mesmo alguém como Peirce, que havia participado da implementação de uma lógica das relações, continuou sendo tributário da

---

3. No § 27 de PoM, ao manifestar a sua insatisfação a propósito de uma análise elaborada por Peirce\* sobre as relações, Russell faz a seguinte afirmação: "Foi certamente a partir de uma opinião filosófica oposta e tomada de empréstimo a meu amigo G. E. Moore que fui levado a uma abordagem formal diferente das relações." (PoM; tr. fr., p. 48)

\* Charles S. Peirce (1839-1914), físico, filósofo e lógico norte-americano, fundador com W. James da corrente pragmatista na filosofia.

lógica das classes[4], a qual pressupõe a forma sujeito-predicado. Ao falar de Peirce (e de Schröder[5]), Russell observa o seguinte:

> O método deles é deficiente do ponto de vista técnico [...] pelo fato de considerarem uma relação essencialmente como uma classe de pares [...]. Essa maneira de ver é derivada, em minha opinião e provavelmente de maneira inconsciente, de um erro filosófico: sempre tivemos o costume de supor que as proposições relacionais eram menos fundamentais que as proposições de classes (ou que as proposições sujeito-predicado com as quais as proposições de classe são habitualmente confundidas). (PoM, § 27; tr. fr., p. 48)

Assim, sem deixar de reconhecer a sua importância na área da matemática, Peirce teria mantido a noção de relação no horizonte de uma lógica extensional das classes; esse autor considera que "qualquer fato é uma relação"[6], mas conserva o paradigma do esquema monádico sujeito-predicado, o que não liberta plenamente a análise das relações. Frege[7], antes de Russell, havia dirigido as mesmas críticas

---

4. A lógica das classes é uma lógica de encaixamento dos conceitos: por exemplo, o fato de dizer que o conceito "homem" está subordinado ao, e incluído no, conceito "animal". Uma classe, desse ponto de vista, é o conceito considerado a partir de sua extensão.
5. Ernst Schröder (1841-1902), lógico alemão, autor de importantes trabalhos na área da álgebra e da lógica matemática.
6. Peirce, *The Collected Papers*, vol. III, 1931-1935, pp. 416-417, citado por Chauviré, 1995, p. 198.
7. "Trata-se efetivamente de uma das diferenças mais significativas entre a minha concepção e a de Boole — e, eu acrescentaria, a de Aristóteles: baseio-me não em conceitos, mas em juízos." (FREGE, 1882-1883; tr. fr., p. 74)

contra a escola inteira de álgebra da lógica e, mais particularmente, contra Boole[8] e Schröder. Essa escola caracteriza-se pelo fato de abordar as fórmulas lógicas a partir dos conceitos e da comparação em extensão das classes que correspondem a esses conceitos, sem considerar tais fórmulas como conteúdos suscetíveis de julgamento. Teríamos assim a classe "homens" comparada com a classe "animal racional"; uma vez assumida a definição aristotélica do homem, essa comparação daria lugar ao reconhecimento de uma mesma extensão entre as duas classes. Ora, ao colocar em evidência os conteúdos suscetíveis de julgamento, de preferência aos conceitos, obtém-se a possibilidade de decompor tais conteúdos sob a forma relacional, portanto, não apenas conceitual.[9] Os conteúdos suscetíveis de julgamento — tais como "Sócrates é homem" e "Sócrates é o mestre de Platão" — indicam o seguinte: o primeiro, uma decomposição conceitual possível sob a forma "x é homem", enquanto o outro, uma decomposição relacional possível sob a forma "x é mestre de y". Os conceitos e as relações são assim extraídos dos conteúdos suscetíveis de julgamento e não fornecem um ponto de partida arbitrário.

## 1. A realidade das relações

Ao falar das relações, Russell aplica efetivamente um método *analítico* à filosofia:

---

8. George Boole (1815-1864), especialista da lógica britânico, autor de *The Mathematical Analysis of Logic* (1847) e de *An Investigation of the Laws of Thought* (1854).

9. Sobre a crítica fregeana da álgebra da lógica, remeto à primeira parte de meu livro: *Gottlob Frege: logicien philosophe* (BENMAKHLOUF, 1997).

A questão das relações é uma das mais importantes da filosofia, visto que numerosas escolhas dependem dela, no caso: monismo ou pluralismo; a questão de saber se algo é inteiramente verdadeiro com exceção da verdade como um todo, ou inteiramente real com exceção da realidade como um todo; idealismo ou realismo em determinadas de suas formas, talvez a própria existência da filosofia como um assunto distinto da ciência e possuindo um método próprio. (RUSSELL, 1924, in LK, p. 333)

Russell aborda esse método pelo viés da realidade das relações, mais precisamente pela irredutibilidade das relações às classes. As relações são, com efeito, irredutíveis às classes pela impossibilidade de traduzir a proposição "Paulo é maior do que Pedro" em termos de lógica das classes. A relação "ser maior" é irredutível a uma propriedade suscetível de dar lugar a uma classe. Russell considera que o reconhecimento da especificidade das relações passa pela análise da forma da expressão das mesmas. Essa forma, inspirada nas diferentes disciplinas da matemática, é plural: há a forma das relações simétricas, a forma das relações assimétricas e a forma das relações com vários termos. Todas essas formas são irredutíveis à forma sujeito-predicado. O teste dessa irredutibilidade é empreendido a partir das relações assimétricas. Russell visa o reconhecimento não apenas da forma dessas relações, mas também da plena realidade delas fundada em uma "imediata diversidade" dos termos colocados em relação, ou seja, uma pluralidade dos termos que não é derivada, mas primitiva. O monadismo de Leibniz e, de forma ainda mais radical, o monismo de Bradley são criticados por não terem reservado um lugar, na filosofia deles, à realidade das relações.

Russell cita Leibniz[10] para indicar a maneira como este foi levado a reconhecer apenas o caráter ideal das relações e não a realidade das mesmas:

> A razão ou a proporção entre duas linhas L e M pode ser concebida de três maneiras diferentes: como uma razão do maior L ao menor M; como uma razão do menor M ao maior L; e, enfim, como algo abstrato dos dois, ou seja, como uma razão entre L e M, sem considerar qual é o antecedente, nem qual é o consequente, nem qual é o sujeito, nem qual é o objeto. (CEPL, pp. 12-13)

Assim, a relação é considerada apenas como algo abstrato ou ideal por não levar em conta os termos colocados em relação em uma perspectiva diferente daquela que é permitida pela forma sujeito-predicado. A ordem dos termos não chega, portanto, a encontrar a sua expressão, visto que "antecedente" e "consequente" não são considerados na distinção entre eles.

Russell restabelece essa ordem ao atribuir o nome de "referente" ao termo que tem a relação $R$ a outro termo, e o de *relatum* ao termo com o qual um termo qualquer tem a relação $R$. Assim, "se $R$ é a [relação de] paternidade, os referentes serão os pais e os *relata* serão os filhos" (PoM, § 28; tr. fr., p. 49). A relação $R$ sob a forma de $xRy$ é, então, primitiva, ou seja, indecomponível. Na perspectiva monadista de Leibniz, a relação $R$, indicada pela proposição $aRb$, é analisada em "duas proposições que se pode designar como $ar_1$ e $br_2$, que fornecem a $a$ e a $b$, respectivamente, adjetivos que, supostamente, são em conjunto equivalentes a $R$" (ibidem, § 211, p. 221). Essa análise reduz, portanto, uma proposição relacional a duas proposições predicativas,

---

10. O mesmo trecho é citado tanto em seu livro sobre Leibniz (ver o § 10 de CEPL, pp. 12-13) quanto em PoM.

o que permite reencontrar um sujeito do qual se afirma esta ou aquela propriedade. Trata-se, no entanto de uma análise defeituosa por duas razões.

1) A primeira indica uma tensão na obra de Leibniz. Por um lado, esse filósofo afirma a existência de uma pluralidade de mônadas[11]; ou seja, uma proposição do tipo "há numerosas mônadas" é induzida por sua filosofia. Por outro, a preeminência exclusiva da forma sujeito--predicado não permite a expressão dessa proposição, visto que o juízo existencial — "há numerosas mônadas" (HWP, "Leibniz", p. 575) — não adota a forma sujeito--predicado.

Com efeito, o juízo existencial faz aparecer um número na proposição correspondente a esse juízo; ora, esse número, digamos o número três, desaparece quando a proposição é reduzida à conjunção de três proposições. Ao falar da forma sujeito-predicado, Russell observa que "o filósofo que acredita que as proposições devem ser dessa forma é forçosamente um monista, tal como Espinosa" (ibidem), ou seja, reconhece que há apenas uma substância no mundo, afetada de maneira diversa. Assim, passar do monadismo ao monismo seria uma coerência em Leibniz.

2) A segunda razão revela uma contradição. Se retomarmos a maneira como se faz a decomposição de uma proposição relacional na perspectiva leibniziana — segundo a análise proposta por Russell —, teremos, para aRb, ar1 e br2: por exemplo, em "L é maior do que M", temos, para ar1, "L é (maior do que M)". Analisemos esse caso de maneira mais detalhada: o que está entre parêntesis, presume-se que seja uma propriedade de L. Essa propriedade pressupõe determinada

---

11. A mônada é uma substância simples, "verdadeiro átomo da natureza" (cf. LEIBNIZ, *Princípios da filosofia ou a Monadologia*, § 1 e § 3).

referência a M; "mas a teoria deixa totalmente ininteligível o que pode ser significado por uma referência" (PoM, § 213, p. 222). Esse aspecto obscuro leva a uma contradição:

> Se L tem um adjetivo correspondente ao fato que ele é maior do que M, esse adjetivo é logicamente subsequente à, e é simplesmente derivado da, relação direta de L a M. Exceto M, nada aparece na análise de L para diferenciá-lo de M; e, no entanto, segundo a teoria das relações em questão, L deve diferir intrinsecamente de M.
> Devemos ser forçados, em todos os casos de relações assimétricas, a admitir uma diferença específica entre os termos interligados, embora nenhuma análise de um dos dois, considerados separadamente, possa revelar uma propriedade distintiva que um possui sem o outro. Para a teoria monadista das relações, isso constitui uma contradição. (Ibidem, § 214, pp. 222-223)

Isso pode ser explicitado de outro modo ao dizer que uma relação entre dois termos não está na base da distinção entre eles. É efetivamente necessário que haja "uma diversidade imediata" (ibidem, § 428, p. 452) entre dois termos, antes de dizer se há, ou não, uma relação entre eles. Além disso, a relação assimétrica impõe-se como uma relação externa no sentido em que a decomposição leibniziana de "L é maior do que M", sob a forma de "L é (maior do que M)" e de "M é (menor do que L)", implica que a propriedade de L faça referência a M e a de M a L.

A base do erro leibniziano, na análise das relações, apoia-se na ideia de que um sujeito é distinto de outro apenas pelas diferenças induzidas por seus predicados. Para Russell, ao contrário, "antes que dois sujeitos possam diferir em relação a seus predicados, eles devem já ser dois;

assim, *a diversidade imediata*[12] precede aquela que é obtida a partir da diversidade dos predicados" (PoM, § 428, p. 452). A idealidade das relações ameaça qualquer análise da noção de ordem. Restabelecer a plena realidade delas com as relações assimétricas fornece os meios de compreender as relações de ordem que são determinantes em qualquer teoria do espaço e do tempo. Ao criticar a concepção de Lotze[13] sobre as relações, Russell mostra que ele julga insuficientes os argumentos opostos por esse autor à filosofia leibniziana. Ele visa restabelecer a concepção de um espaço real e absoluto: um espaço que, diferentemente daquele de Leibniz, não é uma simples ordem uniforme em que cada ponto é idêntico a outro. Do mesmo modo que para Leibniz a *relação* é abstrata a partir dos dois termos colocados em relação, assim também a *posição* é abstrata a partir das relações entre as coisas. Para um monadista, o espaço é uma junção de relações (CEPL, § 65, p. 119), sendo portanto algo puramente ideal. Mas essa definição introduz tensões semelhantes àquelas que havíamos encontrado na análise das relações: por um lado, Leibniz admite um mundo exterior e, por outro, ele mantém um espaço subjetivo.

Com efeito, o espaço, após ter sido analisado, reduz-se a relações que, por sua vez, se reduzem aos termos colocados em relação, ou seja, às mônadas e às suas percepções; a subjetividade introduz-se desde o momento em que "as relações espaciais não têm lugar entre mônadas, mas entre os objetos simultaneamente percebidos de cada mônada" (ibidem, p. 122).

---

12. Grifo de Ali Benmakhlouf.
13. Rudolph Lotze (1817-1881), médico e filósofo alemão, conhecido por ter tentado a conciliação entre mecanismo e teleologia ao combinar as mônadas de Leibniz com a substância de Espinosa; autor de *Metaphysik* (1841) e *Logik* (1843).

Além disso, o mundo leibniziano é verdadeiramente um mundo exterior e objetivo porque as percepções das mônadas diferem segundo os pontos de vista:

> Ora, os pontos de vista são pontos matemáticos, e a junção dos pontos de vista possíveis é a junção das posições possíveis. (Ibidem)

O espaço subjetivo introduz a ideia de que a diversidade dos pontos só é concebível a partir da diversidade das relações que existem entre eles; ao passo que a variedade dos pontos matemáticos, ou seja, dos pontos de vista, introduz uma realidade objetiva e direta dos pontos. Lotze limita-se a conservar de Leibniz o primeiro aspecto: a subjetividade do espaço. Desse modo, ele tem uma concepção ideal do espaço e das relações que é passível das mesmas críticas que podem ser dirigidas contra a filosofia leibniziana.

## 2. A diversidade imediata das coisas interligadas

Há, no entanto, outra maneira de salvaguardar a teoria das relações ideais ou abstratas sem cair na contradição que, no monadismo, resultava da decomposição analítica de uma relação $aRb$ em $ar_1$ e $ar_2$; essa contradição procedia do fato de que a propriedade $r_1$ ou $r_2$ não era — como deveria ser — distintiva da relação entre $a$ e $b$. A essa contradição, Bradley, citado por Russell, confere a forma de uma regressão ao infinito:

> Acabamos sendo conduzidos inexoravelmente por um princípio de cisão. Cada qualidade em relação tem, por conseguinte, uma diversidade no âmago de sua própria natureza, e essa diversidade não pode ser imediatamente

asseverada da qualidade. Mas isso permite que os diversos aspectos permaneçam livres, porque uma coisa em relação deve ser também algo diferente. Essa diversidade é fatal para a unidade interna de cada coisa, exigindo uma nova relação, e isso sem limite.[14]

De que regressão se trata? Na linguagem russelliana, ela pode ser formulada da seguinte maneira: "uma relação que liga dois termos deve estar ligada a cada um deles" (PoM, § 99, p. 99; tr. fr., p. 146). Convém, no entanto, distinguir entre duas formas de regressão: a primeira que é "inofensiva", enquanto a outra é "inadmissível". A regressão ao infinito, que é inofensiva, está fundada no resultado cantoriano: o todo não é necessariamente maior que a parte; ele pode inclusive ser colocado em correspondência biunívoca com sua parte no caso do infinito. Esse é o caso aqui.

Se considerarmos uma proposição relacional *aRb* como um todo e uma "proposição implicada" por ela — a saber, aquela que nos diz que *R* está ligada a cada um dos dois termos — como sua parte, então temos uma regressão ao infinito sem perigo. No entanto, o que entendemos aqui por parte não é parte constituinte de sentido:

> A asserção de uma relação entre a relação e seus termos, embora implicada, não faz parte da proposição original. (Ibidem, p. 100; tr. fr. p. 146)

A segunda regressão, por sua vez, a que é inadmissível, provém do sentido da própria proposição. Para evitar essa segunda regressão, convém estabelecer a diferença entre o verbo, ao ser utilizado enquanto verbo em

---

14. PoM, § 214, p. 224. A referência mencionada por Russell é a de Bradley, 1893, p. 31.

uma proposição, e o verbo como termo ou forma nominal. Essa diferença preserva o caráter orgânico e primitivo de uma proposição relacional. Nenhuma análise é suscetível de reduzir essa primitividade:

> Uma proposição é, de fato, essencialmente uma unidade, e quando esta tiver sido destruída pela análise, nenhuma enumeração dos constituintes conseguirá restaurar a proposição. (Ibidem, § 54, p. 50; tr. fr., p. 82)

Uma proposição não é, portanto, a soma de seus constituintes. Por conseguinte, não podemos dizer que a proposição relacional $aRb$ seja redutível, quanto a seu sentido, a "referente $a$, relação $R$, *relatum* $b$"; "desse modo, deveríamos concluir que uma proposição relacional $aRb$ não inclui nenhuma relação de $a$ ou de $b$ com $R$" (ibidem, § 99, p. 100; tr. fr., p. 147). Essa é a ideia de que a proposição "Sócrates é maior do que Platão" não inclui a relação de grandeza entre Sócrates e Platão.

Assim, a regressão ao infinito detectada por Bradley não dá lugar a nenhuma contradição particular, desde o momento em que ela está limitada às proposições implicadas pela proposição relacional e não diz respeito à análise do sentido de tal proposição.

Essa não é, evidentemente, a solução visada por Bradley, para quem as dificuldades da regressão ao infinito não são absolutamente consideradas do ponto de vista da matemática do infinito de Cantor. Para Bradley, é possível evitar as dificuldades da teoria monadista pelo recurso a um monismo radical: quando se fala da relação entre dois termos $a$ e $b$, fala-se sempre de um todo e não das partes $a$ e $b$.

Russell propõe exprimir sob a forma de "$(ab)r$" a proposição que diz respeito ao todo composto por $a$ e $b$. Se empreendermos a análise a partir da relação assimétrica dada no exemplo seguinte — "*a* é maior do que *b*" —, teremos de compor o todo formado por (*ab*) e de falar de uma diferença de grandeza entre *a* e *b*. Isso, porém, leva a perder a ordem existente entre *a* e *b*; já não sabemos qual é o referente nem qual é o *relatum*. Com a perda da noção de ordem entre os dois termos, perdemos também a assimetria:

> (*ab*) é simétrico em relação a *a* e a *b*, assim a propriedade do todo será exatamente a mesma no caso em que *a* seja maior do que *b*, assim como no caso em que *b* seja maior do que *a*. (Ibidem, § 215, p. 225)

A noção de assimetria não é assim restituída pela relação do todo às suas partes, visto que "(*ab*) e (*ba*) consistem precisamente nas mesmas partes" (Ibidem). Além disso, a relação do todo com a parte é, por sua vez, assimétrica e exige uma explicação antes mesmo de ser requisitada para uma explicação. Se, nessa relação, o todo é suscetível de decomposição em suas partes, a contradição surge porque, "ao dizermos que '*a* é uma parte de *b*'", queremos realmente fazer a asserção — se a teoria monista está correta — de algo do todo composto de *a* e de *b* que não se deve confundir com *b*.

Se a proposição relativa a esse novo todo não é uma proposição do todo e da parte, não haverá juízos verdadeiros do todo e da parte; por conseguinte, seria falso dizer que uma relação entre as partes é realmente um adjetivo do todo. Se a nova proposição é uma proposição do todo e da parte, ela deve exigir outra para a sua significação, e assim por diante.

Se, em desespero de causa, o monista faz a asserção de que o todo composto de *a* e de *b* não é distinto de *b*, ele é impelido a admitir que o todo é a soma (no sentido da lógica simbólica) de suas partes, o que é não apenas um abandono completo de sua posição, mas torna também inevitável o fato de que o todo deva ser simétrico em relação a suas partes — uma maneira de ver que, conforme já demonstramos, é "fatal" (ibidem).

Ao monista, só resta decretar que o todo é indivisível e constitui um absoluto que não tem partes. Mas serão evitadas assim todas as dificuldades? Parece que não; de fato, se há apenas o absoluto, nenhuma proposição verdadeira pode ser formada a seu respeito. Com efeito, na teoria monista, qualquer proposição pressupõe um sujeito e um predicado; assim, qualquer proposição pressupõe, pelo menos, essa dualidade que é aqui uma relatividade. Russell fornece um argumento mais sutil contra a ideia segundo a qual há apenas um sujeito, a saber, o todo indivisível. Desde o momento em que pretendemos falar desse todo absoluto, esbarramos em contradições:

> Se o absoluto tem predicados, há portanto predicados; mas, a proposição "há predicados" não é uma proposição suscetível de ser admitida pela presente teoria. (Ibidem, § 426, p. 448)

Com efeito, essa proposição, que se apresenta como um juízo existencial, não adota a forma sujeito-predicado; assim, a teoria em questão requer, "como seu *prius* lógico, uma proposição sem um sujeito nem um predicado" (ibidem).

Em um artigo publicado em 1906, Russell havia retornado à teoria monista, analisando-a do ponto de vista da verdade (cf. MTT). Ele promovia então uma crítica do monismo como forma de idealismo que se apoia na noção de grau de verdade. Esse artigo apresenta-se como uma resenha da obra de H. Joachim, *The Nature of Truth*, resenha em que Russell procede à análise do monismo desse autor à luz da teoria das relações de Bradley; nesse momento, ele fala do "axioma das relações internas" segundo o qual, se dois objetos mantêm certa relação, isso implica que, na "natureza" respectiva desses objetos, haja algo em virtude do que eles mantêm a dita relação (ibidem; tr. fr., p. 195).

Russell evoca o argumento de regressão ao infinito de Bradley contra as relações externas e indica que, em tal concepção, chega-se ao fato de "que não há relação" (ibidem, p. 197). Ao radicalizar o argumento de Bradley, obtêm-se, em última análise, totalidades e não relações entre termos, no pressuposto de que qualquer diferença numérica entre termos nos reconduza à regressão ao infinito. Assim, "ao progredir dessa maneira de totalidades em totalidades, cada vez mais amplas, corrigimos por graus nossos primeiros juízos rudimentares e abstratos, aproximando-nos aos poucos da verdade única em relação ao todo" (ibidem, p. 198).

Contra essa teoria, Russell apresenta argumentos semelhantes aos que ele havia exposto em PoM: 1) as relações assimétricas indicam uma irredutibilidade da noção de relação a qualquer concepção qualitativa ou predicativa, independentemente do fato de estar fundada na redutibilidade monadista das relações às propriedades de termos, ou na redutibilidade monista das relações às totalidades; 2) há uma "diversidade imediata" das coisas colocadas em relação, de modo que se esvai o axioma das relações internas segundo o qual as coisas colocadas em relação seriam diferentes se elas não estivessem nessa relação; aliás, nenhuma relação modifica um de seus termos, "se ela ocorre entre A e B, é entre A e B que ela ocorre, e dizer que ela modifica A e B equivale a dizer que ela ocorre realmente entre termos diferentes C e D" (PoM, § 426, p. 448). Há uma "eterna identidade a si mesmos de todos os termos e de todos os conceitos lógicos" que os preserva de qualquer forma de modificação induzida pelas relações. As relações entre os termos são, portanto, externas.

## 3. *Idealismo e holismo*[15]

Assim, a rejeição por Russell do monadismo, bem como do monismo, efetua-se com base em uma filosofia pluralista que reserva um lugar de predileção às relações externas; aquelas que pressupõem a imediata diversidade dos termos colocados em relação. No entanto, como já vimos, ao rejeitar a teoria seja de Leibniz ou de Bradley, ele não utiliza o mesmo critério. O monadismo de Leibniz teria obtido toda a simpatia de Russell se tivesse permitido a expressão de uma proposição — aliás, induzida por ele —, tal como "há várias mônadas"; em compensação, o monismo de Bradley parece ser descartado de maneira mais radical. Mas, ao levar em conta as obras ulteriores de Russell — aquelas publicadas após o artigo "Logical Atomism" (1924) —, é possível atenuar as críticas dirigidas por ele contra a teoria monista de Bradley destes dois modos:

1) Em primeiro lugar, ele não tem certeza de que seja necessário atribuir a Bradley uma teoria das "relações ideais". Tal teoria está presente, de preferência, em Leibniz, o qual fala explicitamente de "ideal" a propósito do exemplo de diferença de grandeza entre as duas linhas L e M; esse filósofo sublinha que, fora dos dois casos em que L e M são sujeitos (L é maior do que M, M é menor do que L), há uma terceira maneira de considerar a relação que faz com que esta "não seja uma substância nem um acidente,

---

15. Eis, em resumo, a diferença entre idealismo e holismo: ou afirma-se que a relação é abstrata a partir dos termos cuja ligação é estabelecida por ela (idealismo) ou, então, afirma-se que ela se destaca tendo como pano de fundo uma realidade mais ampla (holismo).

mas deva ser uma simples coisa ideal que, no entanto, é considerada útil."[16]

Na obra de Bradley, porém, essa idealidade da relação não está presente, prevalecendo muito mais o holismo das relações, em vez de sua idealidade — "holismo das relações" significa aqui a consideração da totalidade, servindo de pano de fundo em que se destacam os elementos colocados em relação. Entretanto, na medida em que Russell considera que o princípio de razão suficiente[17] é induzido pelo axioma das relações internas, por conseguinte a teoria leibniziana das relações ideais é atribuída igualmente por ele a Bradley.

No entanto, uma coisa é dizer que a relação é algo abstrato a partir dos dois termos colocados em relação, e outra coisa que uma relação pressupõe uma razão de ser. O primeiro caso dá lugar a uma concepção ideal das relações, enquanto o segundo exige um princípio de inteligibilidade da relação, mas é totalmente compatível com um realismo das relações. Russell cita esta passagem do livro de Bradley *Appearance and Reality* (1893), em que o autor estabelece a associação entre axioma das relações internas e princípio de inteligibilidade:

> Se dois termos não estão em relação pelo fato de sua própria natureza interior, então, no que lhes diz respeito, eles parecem estar em relação sem nenhuma razão e, nesse caso, a relação parece ser arbitrária. (MTT; tr. fr., p. 199, nota 1)

---

16. Citado por Russell no § 10 de CEPL. Cf. *supra*, p. 119, nota 10.
17. O princípio de razão suficiente é apresentado por Russell a partir do axioma das relações internas: "Se A e B estão ligados de certa maneira, deve-se admitir que, se não estivessem nessa relação, eles seriam diferentes do que são, de tal modo que deve haver algo necessário no fato de estarem em relação como eles estão" (MTT; tr. fr., pp. 199-200).

Não se trata, aqui, de idealidade. A propósito das relações, Bradley procura explicar como é que — por exemplo, para as relações com dois termos — duas coisas distintas pertencem em conjunto ao mesmo mundo. A resposta consiste em dizer que, se esses termos pertencem em conjunto ao mesmo mundo, é porque eles não são realmente distintos, mas, de fato, simples aspectos de uma totalidade mais ampla, de modo que a totalidade derradeira é o mundo considerado em seu conjunto. Falar da relação entre duas coisas é então adotar um ponto de vista que oscila entre o fato de pensar essas duas coisas como distintas e o de pensá-las como aspectos de uma totalidade. Pensar um termo em si mesmo e pensar um termo no âmago de uma totalidade não dá lugar ao mesmo conhecimento desse termo; esse é o motivo pelo qual a relação é vista como uma modificação.

Além disso, na perspectiva de Bradley, é absurda a ideia de que possa haver uma relação entre dois termos sem que seja suposta uma totalidade na qual esses dois termos colocados em relação figurem como elementos. Assim, distinguir entre monismo e monadismo não conduz simplesmente a levar em conta o argumento da regressão ao infinito arvorado por Bradley contra o monadismo, mas também a estabelecer a diferença entre uma posição holística peculiar a Bradley e uma posição mais classicamente idealista como aquela que se pode encontrar em certas passagens de Leibniz.

2) Com base nesse holismo de Bradley, é possível encontrar análises análogas nas últimas obras de Russell, tais como *Inquiry into Meaning and Truth* (IMT) e *Human Knowledge, its Scope and its Limits* (HKSL). A filosofia do atomismo lógico (PLA) tinha-nos acostumado a um mundo no qual era possível elaborar um inventário a partir da enumeração dos particulares, das qualidades e das relações. Assim, falar de uma "diversidade imediata" e

primitiva dos termos colocados em relação tinha sentido desde o momento em que esses termos fossem símbolos no lugar de particulares; no entanto, se a noção de particular é questionada, torna-se difícil fazer abstração de certas totalidades.

Em IMT, Russell escreve o seguinte: "Proponho a abolição do que se designa habitualmente como os termos 'particulares'" (IMT; tr. fr., p. 109); com efeito, "aquilo que haveria de se chamar comumente de 'coisa' nada é além de um feixe de qualidades coexistentes" (ibidem, p. 111). O holismo não está na substituição dos particulares pelas qualidades, mas é induzido pela noção de "feixe", ou seja, de grupo estruturado de qualidades consideradas em conjunto. Em HKSL, esse holismo manifesta-se no caráter estrutural da experiência, a qual incide, antes de mais nada, sobre as relações de "copresença, contiguidade e sucessão" (HKSL, p. 97).

A teoria do monismo neutro de James realiza esse trabalho de transição entre o atomismo lógico e o holismo. Com efeito, o monismo neutro — neutro em relação à dualidade mente/matéria — insiste sobre uma concepção unitária da experiência em que desaparece a dualidade entre a experiência e aquilo de que se tem experiência. Em 1919, Russell sente-se inclinado, apesar de sua enorme perplexidade a esse respeito, a dar crédito à teoria do monismo neutro. É verdade que, conforme já sublinhamos, ele esteve próximo de Moore, o qual havia mostrado que o idealismo identifica o ser com o ser percebido na base da não distinção entre a experiência e o seu objeto. Para Russell, o desafio consistirá em continuar refutando o idealismo sem deixar de aceitar o monismo neutro.

Em 1920, ele ainda julga que os particulares fazem parte do inventário do mundo, tendo sido abstraída a experiência que temos dele; ele apresenta as suas próprias resistências ao credo unitário do monismo neutro. Por um lado, este lhe parece ser demasiado behaviorista, nomeadamente em sua concepção da crença como uma relação a um objeto ou a um comportamento e, "por outro, há o argumento dos particulares, tais como 'isto' e 'aqui', além das palavras desse gênero que não são demasiado fáceis de conciliar, em minha opinião, com a ausência de distinção entre um particular e a experiência de um particular" (PLA; tr. fr., p. 440). No manuscrito de *Theory of Knowledge*, de 1913, já se encontrava esse mesmo argumento:

> Os particulares de insistência — tais como "isto", "eu", "agora" — seriam impossíveis se não tivessem sido selecionados pela mente. Tiro a conclusão, portanto, de que a consideração dos particulares de insistência dá lugar a uma nova refutação e, dessa vez, mais conclusiva, do monismo neutro. (RUSSELL, 1913c, p. 41)

## 4. *O simples e o complexo*

Essas perplexidades hão de reservar espaço, após os anos 1920, a uma concepção redutora dos particulares a um feixe de qualidades, como já indicamos. Essa redução, contrariamente àquela realizada por Russell na época do atomismo lógico (1919), não é um avanço em direção ao simples. Trata-se agora de atingir uma maior complexidade porque o "feixe de qualidades" é decerto mais complexo que o particular comumente concebido, o qual havia fornecido uma base para a sua análise; esta deixa de ser uma redução da complexidade a elementos constituintes para se tornar, de preferência, o reconhecimento de uma complexidade irredutível.

Bradley parece ter percebido as dificuldades associadas à noção de "complexidade" em Russell muito antes que este tivesse dissolvido os particulares em um feixe complexo de qualidades e de relações. Bradley sublinha uma tensão entre o pluralismo de Russell e a sua visão do que é complexo:

> A posição principal do sr. Russell continua sendo incompreensível para mim. Por um lado, sou levado a pensar que ele defende um pluralismo estrito, para o qual nada é admissível fora dos termos simples e das relações externas; por outro, o sr. Russell parece fazer semelhante asserção de maneira insistente e, em seguida, utilizar ideias que devem certamente ser rejeitadas por semelhante pluralismo. [Russell] detém-se em unidades que são complexas e não podem ser analisadas em relações nem em termos. Essas duas posturas são, em minha opinião, irreconciliáveis, visto que a segunda, tal como eu a compreendo, contradiz a primeira. (Citado por RUSSELL, 1924, p. 336)

A resposta de Russell consistirá em atenuar a sua visão ontológica do período de PoM (1903): os termos vistos como simples eram entidades. Daí em diante, em 1924, ele defende uma visão mais lógica do simples:

> Trata-se daquilo que é conhecido apenas de maneira inferencial como o limite da análise. É efetivamente possível que, por uma maior habilidade lógica, a necessidade de assumi-los [os simples] possa ser evitada. (Ibidem, p. 337)

A sua defesa organiza-se também a partir de um maior crédito atribuído ao poder do simbolismo:

> Uma linguagem lógica não induzirá ao erro se os seus símbolos simples (aqueles cujas partes não são símbolos, ou não têm uma estrutura significante) são tidos como

objetos do mesmo tipo, mesmo que esses objetos não sejam simples. (Ibidem)

Essas duas respostas mostram que a noção de complexidade presente em Russell pode ser explicitada por símbolos simples, o que permite continuar falando de "termos" colocados em relação de maneira externa. A única coisa que se evita agora é proceder, de modo ontológico, a uma análise dos termos; com efeito, se tal análise fosse permitida, perder-se-ia a distinção entre os termos e as relações desde o momento em que a complexidade dos termos fosse, por sua vez, relacional. Há, por conseguinte, lugar para uma complexidade irredutível desde o momento em que essa complexidade é simbolizada por "símbolos simples".

Existe, portanto, efetivamente um holismo de Russell compatível com o seu realismo e o seu pluralismo. A rejeição do monismo de Bradley é atenuada por certa adesão ao monismo neutro e a uma concepção estruturalista da experiência. Vimos que W. James familiarizou Russell com a ideia de uma pluralidade, não apenas sob a forma de uma pluralidade em nosso mundo, mas de pluralidade de mundos. Esse pluralismo é totalmente compatível com o monismo neutro que significa, antes de mais nada — como já observamos —, uma neutralidade em relação à dualidade entre o "mental" e o físico. A mesma coisa pode aparecer seja como física ou como mental, segundo o modo de organização das aparências dessa coisa. Daí temos o seguinte:

> Se levarmos em conta qualquer uma dessas cadeiras, somos capazes de observá-la, e ela apresenta uma experiência diferente para cada um de nós. Se as considerarmos todas em conjunto, se tomarmos todas as aparências que essa cadeira apresenta para todos nós neste momento, obteremos algo que tem a ver com a física. [...]

Por outro lado, se, em vez de levar em conta todas as aparências que essa cadeira apresenta para todos nós neste momento, eu vier a considerar todas as aparências que as diferentes cadeiras desta sala apresentam para mim neste momento, obtenho um grupo de particulares totalmente diferente. Todas as aparências diferentes que as diferentes cadeiras me apresentam agora hão de fornecer algo que pertence à psicologia porque isso será a expressão de minhas experiências do momento. (PLA; tr. fr., pp. 438-439)

A possibilidade de colocar aparências em relação não implica que essas aparências se destaquem a partir do pano de fundo de uma realidade ininteligível em si. Se há um holismo de Russell, ele limita-se a pressupor uma forma de contextualidade das aparências unificadas e não uma dualidade da aparência e da realidade. A adesão ao monismo neutro não rompe com "o sentido robusto da realidade", mas acaba por reforçá-lo graças à implementação de um dispositivo lógico construtivo que toma o nome de "ficção lógica". Aliás, o holismo que se pode encontrar em Russell não implica a renúncia à sua doutrina das relações externas.

Essa doutrina diz, antes de mais nada, que uma "proposição relacional não é logicamente equivalente a uma ou a várias proposições sujeito-predicado" (RUSSELL, 1924, p. 335); eis o que mostramos precisamente ao indicar que uma proposição relacional é primitiva, irredutível às proposições da forma "S é P". Esse ponto continua, portanto, estabelecendo a efetiva separação entre o monismo lógico de Bradley e o monismo neutro ao qual Russell está pronto a aderir. Ademais, a doutrina dos tipos, ao enfatizar a diferença de tipo entre uma relação e os seus termos, consolida a exterioridade das relações; com efeito, uma relação diádica não é um terceiro termo acoplado aos dois termos colocados em relação. Nos escritos posteriores a 1940, assiste-se à elaboração da substituição dos particulares pelo feixe de qualidades ou relações, assim como à diluição da distinção de tipo entre dois feixes relacionais e a relação existente entre esses feixes; por conseguinte, o holismo de Russell tornar--se-á, em parte, compatível com uma doutrina das relações internas.

Ocorre que, durante os vinte anos iniciais do século XX, é efetivamente a ferramenta lógica mediante a qual se constitui a doutrina das relações externas que foi plenamente reivindicada por Russell; além disso, tal ferramenta devia servir-lhe para instalar em melhores condições uma teoria do conhecimento.

A relação de *familiaridade* com as coisas, objeto de nossa análise no capítulo seguinte, é um exemplo paradigmático dessa doutrina.

# IV
# Compreender e justificar

*A oposição instinto-razão é puramente ilusória. Instinto, intuição ou visão interior é aquilo que, em primeiro lugar, nos leva às crenças e que, em seguida, é confirmado ou invalidado pela razão.*

(OKEW, 1914b)

De que ordem é o nosso conhecimento quando o que é conhecido limita-se a ser descrito?

Essa questão é formulada no cap. X de *Mysticism and Logic* (ML) — em um artigo publicado, inicialmente, em *Proceedings of Aristotelian Society*, 1910-1911 — e pressupõe a distinção entre conhecimento por *familiaridade* (*acquaintance*) e conhecimento por *descrição* (*description*). O primeiro termo dessa distinção remete a uma relação de conhecimento direto, quando a atenção incide sobre um objeto sem que haja nenhum juízo; trata-se de um conhecimento não inferencial, independente das verdades que podem ser enunciadas a respeito desse objeto.

O conhecimento por familiaridade pressupõe, em 1911, um dualismo acentuado do sujeito e do objeto, posicionando Russell a uma equidistância do idealismo e do materialismo. Trata-se de assumir plenamente o realismo de Moore, além de se opor à teoria do monismo neutro tanto de W. James quanto de E. Mach, que não permite compreender como selecionamos uma experiência nem atribuir um estatuto aos particulares de insistência, tais como "eu", "agora" ou "isto". Enfim, a teoria idealista que introduz, entre o sujeito e o objeto, um conteúdo, cujo papel consistiria em ser uma mediação permitindo ao sujeito apreender um objeto, é, por sua vez, rejeitada; ela é criticada nomeadamente por obscurecer a noção de objeto pela noção de *conteúdo*.

Na perspectiva idealista combatida por Russell, o valor exclusivamente psíquico da noção de conteúdo permitiria pensar "as modificações subjetivas" às quais submetemos os objetos. Tal teoria apoia-se em um princípio subjetivista que retrograda os objetos dos *sense-data* ao nível subjetivo, forja a noção de *ilusão dos sentidos* e confere o estatuto de objeto apenas ao que é exterior às nossas impressões sensíveis. No entanto, se utilizarmos o exemplo do sol — à semelhança de Russell —, diríamos que, "de fato, o objeto físico abordado pelo astrônomo é uma inferência, e a mancha de luz que vemos, a despeito de sua variabilidade, é pensada como ilusória apenas na base de argumentos especiosos" (RUSSELL, 1914a, in LK, p. 172).

O sujeito de uma relação de familiaridade não é a mente: esta perdura, enquanto o sujeito de uma familiaridade não tem duração. Nada diz de maneira evidente que o sujeito que tem tal experiência seja semelhante àquele que tem outra experiência. Trata-se de outra forma de sublinhar o axioma das relações externas a respeito das quais já falamos. Do mesmo modo que o sujeito não é a mente, também o ego não é o "eu", mas "uma característica geral" (ibidem, p. 163) que não se relaciona com determinada pessoa de maneira preferencial a outra; isso é o que faz com que um de nós se designe como "eu", mas não é o "eu". O ego é, portanto, um universal, enquanto o "eu" é, de preferência, "um nome próprio ambíguo" (ibidem, p. 164), perdendo a sua ambiguidade pelo uso, e é efetivamente esse "eu" que deve ser considerado o sujeito da relação de familiaridade: tal relação acaba por apresentá-lo como uma exigência gramatical, e nada mais. Basta considerá-lo como o referente de uma relação, sem se pronunciar sobre a sua natureza intrínseca. Russell defende a tese segundo a qual não temos familiaridade com o sujeito, no sentido de uma consciência direta deste.

Do mesmo modo, nada do sujeito está implicado de maneira intrínseca quando ele está em relação com um objeto; caso contrário, seria necessário renunciar à teoria das relações externas. Em vez de dizer que há estados mentais diferentes sempre que um objeto diferente é dado, basta sublinhar que qualquer diferença é reabsorvida na diferença dos objetos. Caso contrário, se, a determinado objeto corresponde determinado estado mental, deparamo-nos de novo com a teoria das relações internas:

> Do fato de que o complexo — "minha atenção prestada a *A*" — é diferente de "minha atenção prestada a *B*", não se segue que, ao estar atento a *A*, eu tenha certa qualidade intrínseca que não se encontra quando estou atento a *B*, mas não a *A*. (Ibidem, p. 172)

Além disso, o objeto dessa relação não é um objeto exterior, mas, de preferência, o objeto dado em uma impressão sensível (*sense-datum*). Trata-se de um objeto complexo, cuja análise fornecerá os constituintes e, não deixando de ser complexo, ele é simplesmente dado e, em nenhum caso, é definido ou descrito:

> Para estar em familiaridade com um objeto, não tenho necessidade de refletir sobre a minha experiência ou de observar que o objeto tem a propriedade de pertencer à minha experiência; pelo contrário, o próprio objeto é de meu conhecimento sem que eu tenha necessidade de

nenhuma reflexão sobre as suas propriedades ou relações. (Ibidem, p. 167)

Com essa indicação, cai a caracterização idealista clássica que nos leva a afirmar que ter uma experiência é saber que se tem uma experiência. A reflexão sobre a experiência é substituída pela imposição de um nome próprio designativo do objeto, mas esse nome próprio não é, de modo algum, indicativo de nenhuma propriedade do objeto, nem sequer da propriedade segundo a qual o objeto é dado; ele está no mesmo nível, independentemente de ser objeto dos sentidos externos, tais como a visão ou a audição, ou da introspecção. Neste último caso, já não se trata propriamente falando de *sense-data*. Russell fala de "extensão para além da esfera dos *sense-data*" (PoP; trad. fr., p. 71), e isso diz respeito tanto à memória quanto à introspecção.

O que significa aqui "extensão"? Parece que a introspecção nos coloca em relação não propriamente com particulares, como é o caso para a sensação, mas com fatos, o que a torna muito mais semelhante a uma percepção. A introspecção será o meio de nos dar a conhecer o sujeito? Russell defende a tese de que o sujeito nunca é dado. Se a introspecção amplia o espectro de meus *sense-data* e se ela diz respeito a fatos percebidos, de preferência, a objetos dados na sensação, então, por analogia com a introspecção, o que percebemos é o fato ser, em vez de um sujeito dado, à maneira como um objeto nos é dado, "um sujeito comum a duas instâncias de familiaridade com dois objetos, por exemplo, O e O'" (RUSSELL, 1914a, in LK, p. 165).

De maneira geral, "todas as relações cognitivas, tais como a atenção, a sensação, a memória, a imaginação, a crença ou a não crença, pressupõem a familiaridade" (ibidem, p. 126). De todas essas relações, a atenção é a mais emblemática do conhecimento por familiaridade; com efeito, além de "pressupor" a familiaridade, ela é um esquema interpretativo desta.

Trata-se de uma "relação", ou seja, da atenção enquanto ela é dirigida para este ou aquele objeto e não da atenção em si. É sempre fácil conhecer o objeto que é o alvo de minha atenção, mesmo que eu não saiba definir de forma precisa tal noção. O essencial na familiaridade reside em saber se aquilo a que a minha atenção se refere é um objeto designado por um nome próprio no sentido lógico desse termo:

> Em cada momento dado, há determinada coleção de objetos aos quais eu poderia, se essa fosse minha escolha, dar nomes próprios; trata-se de objetos de minha "atenção", de objetos "diante de minha mente" ou de objetos que estão no âmago de minha "experiência" presente. (Ibidem, p. 130)

A consequência inexorável tirada desse argumento consiste em dizer que todas as coisas que menciono sem me servir de uma descrição devem pertencer à minha experiência presente e direta, a qual não está situada no tempo presente, ocorrendo no momento em que o "eu" a faz: pode tratar-se de algo de que o "eu" se lembra e, portanto, não está no tempo presente.

Quando A faz a experiência de O, nenhuma outra experiência é logicamente exigida, o que é "experimentado em tal momento não é conhecido como se fosse a soma total das coisas no mundo" (ibidem, p. 161). Restrita dessa maneira, a experiência é equivalente à familiaridade. Por considerar o termo "experiência" demasiado ambíguo, Russell prefere familiaridade. O termo experiência é ambíguo porque começou, na filosofia, a significar o que conhecemos pelos sentidos por oposição ao conhecimento *a priori*, e a ver gradualmente o seu alcance ampliar-se até assumir uma significação idealista: a experiência acabou evocando, de fato, a doutrina segundo a qual "nada pode produzir-se com exceção da 'experiência' de alguma mente" (ibidem, p. 128).

Mas tanto os objetos físicos quanto as mentes das outras pessoas são irredutíveis a impressões sensíveis, e o conhecimento que se tem deles só pode ser descritivo. Ele é veiculado seja por uma descrição definida do tipo "o fulano de tal" — por exemplo, "o presidente da República" —, seja por uma descrição indefinida do tipo "fulano e sicrano" — por exemplo, "um político". O interesse das descrições definidas é o de nos permitir saber que "fulano de tal" existe apesar de não termos nenhuma familiaridade com ele. Basta saber que a descrição definida possui uma ocorrência primária em uma proposição: assim, sabemos que o autor de Waverley existe quando dizemos "o autor de Waverley escreveu numerosos livros".

## 1. O princípio epistemológico fundamental

Russell enuncia, pelo menos em duas oportunidades, "um princípio epistemológico fundamental na análise das proposições que contêm uma descrição". Trata-se do seguinte princípio de compreensão: "Qualquer proposição que podemos compreender deve ser composta inteiramente de constituintes com os quais temos uma familiaridade" (ML, cap. X, p. 209; e PoP, V, tr. fr., p. 80).

Esse princípio nos diz que o objeto de nossa consideração ou de nosso juízo está em uma relação de familiaridade com a nossa mente, uma relação da qual esta é um termo e o que é julgado ou considerado são os outros termos da relação, ou seja, os constituintes da proposição. O interesse de tal relação consiste em descartar plenamente o levar em conta as "ideias".

Com efeito, a relação posiciona a mente em uma relação direta com os outros termos, com o "objeto" de sua consideração ou de seu juízo sem que, entre a mente e o objeto, haja a intercalação de algo como uma ideia. Os termos que estão em relação com a mente são constituintes unicamente na medida em que temos uma familiaridade com eles. Como as descrições definidas descrevem objetos dos quais não temos conhecimento direto, convém reconhecer que o juízo a respeito de tal objeto descrito não compreende a descrição que o menciona como um constituinte. Assim, por exemplo, considerar ou julgar que "Júlio César foi assassinado" pressupõe uma reescrita para converter o nome próprio da língua comum "Júlio César" em uma descrição definida (primeira etapa) e essa mesma descrição definida em uma generalização existencial restrita a um objeto (segunda etapa). O que nos dá o seguinte:

1) "O homem cujo nome é *Júlio César* foi assassinado." Essa primeira etapa indica que estamos em familiaridade com dois conceitos: uma figura ou um ruído composto pelo nome "Júlio César", assim como o conceito de assassinato;

2) Por sua vez, a segunda etapa indica que não temos algo como um constituinte em "o homem cujo nome é Júlio César", visto que essa expressão é reescrita como segue: "um e um só homem foi nomeado Júlio César, e esse homem foi assassinado"; nesta expressão, não temos constituinte porque não temos nenhuma familiaridade com "um e um só homem"; esta expressão é uma generalização existencial restrita a um indivíduo.

Ao limitar o nome próprio a ser um simples ruído, Russell pretende evitar reconhecer-lhe um sentido. Um nome próprio serve apenas para designar, mas se lhe atribuirmos um sentido, isso significa que o consideramos, antes de mais nada, uma descrição definida. Na maior parte das vezes, esse é o caso quando enunciamos um conhecimento histórico em relação a pessoas, ou um conhecimento geográfico em relação a lugares; trata-se então de um conhecimento por descrição, o qual é falível e revisável.

Vê-se mais claramente, agora, o motivo que levou Russell a tornar o princípio enunciado mais acima em um princípio fundamental e o motivo pelo qual "a dualidade do sentido e da denotação, embora suscetível de uma verdadeira interpretação, é enganosa se for considerada como fundamental".[1] Com efeito, em cada hipótese e em cada juízo, somos levados a ter em conta todos os constituintes da proposição para compreendê-la. Ora, em raros casos a denotação é um constituinte autêntico: o caso em que temos verdadeiros nomes próprios. Assim, se temos de levar em conta todos os outros casos, convém evitar que a dualidade do sentido e da denotação seja considerada como fundamental por estas duas razões:

1) Ser capaz de emitir um juízo sobre o atual rei da França, sobre as montanhas de ouro ou sobre os círculos quadrados é poder falar de expressões não denotativas e, no entanto, compreender e julgar. Até mesmo em proposições, tais como "Scott é o autor de Waverley", a asserção não diz respeito à identidade das denotações das expressões utilizadas à direita e à esquerda da palavra "é", como se essas expressões fossem nomes atribuídos ao mesmo homem. Ela veicula, de preferência, uma informação, e como tal está conforme com a compreensão que buscamos.

2) O método analítico é fecundo no caso em que consideramos o nosso princípio de compreensão como fundamental e revela-se um caminho para uma regressão ao infinito se considerarmos a dualidade do sentido e da denotação determinante. Com efeito, se um juízo, tal como "Scott é o autor de Waverley", incidisse sobre a identidade

---

1. ML, p. 213. Para *sentido* e *denotação*, ver pp. 53-58.

das denotações, deveríamos dizer, em uma perspectiva fregeana, que a denotação do "autor de Waverley" é aquilo a que leva o sentido do "autor de Waverley". Se designássemos tal sentido por M, teríamos então uma proposição enunciada deste modo: "Scott é a denotação de M." Então, Russell observa o seguinte:

> Aqui, porém, estamos em via de explicar uma proposição por outra da mesma forma, e assim não progredimos para uma explicação autêntica. "A denotação de M" tem — como "o autor de Waverley" — um sentido e, ao mesmo tempo, uma denotação na teoria que estamos analisando. Assim, tendo fracassado a tentativa de considerar nossa proposição como se fizesse a asserção da identidade das denotações, torna-se imperativo encontrar outra análise. (ML, pp. 216-217)

Essa "outra análise" consiste em reescrever, em função proposicional, qualquer expressão descritiva para fazer aparecer um elemento indeterminado e, assim, descartar definitivamente a hipóstase de um sentido ou a pressuposição de uma denotação: nos dois casos, verificou-se a eliminação do elemento constituinte.

## 2. Denotação e descrição

Dessas duas razões, não se segue que as denotações sejam pouco importantes, tanto que estão implicadas em qualquer uma de nossas buscas da verdade:

> Enquanto homens práticos, manifestamos um maior interesse pela denotação do que pela descrição, visto que a denotação decide em relação à verdade ou à falsidade

de um número muito grande de enunciados nos quais se encontra a descrição. (Ibidem, p. 219)

Sempre que a verdade ou a falsidade é importante para nós, a denotação torna-se o nosso principal interesse. Contra Frege, Russell julga que não é o sentido que conduz à denotação, mas é efetivamente pela familiaridade ou pela descrição que buscamos alcançar a denotação. Tal busca, porém, não pode converter a denotação em constituinte da proposição: nada temos a ver com Júlio César pessoalmente quando se diz que ele é assassinado. Mantemos afinidade com ele por nossa descrição a seu respeito, descrição que nos fornece constituintes com os quais estamos familiarizados: assim, a nossa familiaridade não é com a denotação. Por imposição dos constituintes, levamos em conta a *forma proposicional* em que eles aparecem.

Em PoP, Russell insiste vigorosamente sobre esse elemento de verdade induzido pela consideração das denotações nas descrições. Nesse texto, ele sublinha não somente que o conhecimento dos objetos físicos deriva do conhecimento imediato obtido pela familiaridade, mas também que esse conhecimento derivado não é um conteúdo mental nem a colocação em presença do objeto físico considerado em si mesmo:

> Não existe estado mental que seja uma consciência direta da mesa em si; qualquer conhecimento que tenhamos dela é, na realidade, conhecimento de verdades e, propriamente falando, a mesa em si, a entidade real, não é de modo algum conhecida por nós. (PoP; tr. fr., pp. 70-71)

Tal conhecimento é descritivo.

A diferença entre conhecimento descritivo e conhecimento por familiaridade foi enunciada, na obra de Russell, por outras expressões. Em OKEW (1914), essa diferença toma a forma da dualidade entre o que é imediato e o que é inferido. Sabemos que o número dos elementos imediatamente dados é reduzido:

> O que é atualmente dado aos sentidos é muito mais restrito do que a maior parte das pessoas poderiam pressupor naturalmente. (OKEW; tr. fr., p. 84)

Além da evidência sensível dos fatos imediatamente percebidos e a certeza relativa dos fatos conhecidos por derivação a partir de tal evidência, há a evidência das verdades gerais da lógica, evidência que confere a essas verdades o estatuto de *hard facts* (fatos consolidados), do qual usufruem também os fatos imediatamente sensíveis: "Nesses dois casos, dúvidas reais seriam de origem mórbida" (ibidem; tr. fr., p. 87). As crenças psicologicamente primitivas têm o estatuto de premissas da teoria do conhecimento e, na medida em que elas se referem aos *sense-data*, variam de indivíduo para indivíduo: são "aquelas que nos parecem inegáveis — a nós, neste instante, tal como somos" (PLA, I; tr. fr., p. 341).

## 3. A justificação lógica das crenças

Se os fatos relativos às nossas próprias impressões sensíveis têm em paralelo com as verdades da lógica, ao mesmo tempo, um caráter primitivo e um caráter de *hard fact*, ocorre que determinados fatos são simplesmente prováveis sem deixarem, no entanto, de ser primitivos.

Russell estabelece a distinção entre o que é primitivo logicamente e o que é primitivo psicologicamente: numerosas crenças não procedem de nenhuma derivação lógica e, ao mesmo tempo, são psicologicamente derivadas. Dizer que elas são primitivas logicamente equivale a dizer que, em sua base, não se encontra nenhuma outra crença lógica. No entanto, elementos extralógicos podem fornecer tal base e, nesse caso, a crença é psicologicamente derivada: dizer que vemos alguém irritado com base em um franzir da sobrancelha é uma crença que não tem nenhum fundamento lógico; ela é primitiva logicamente sem deixar de ser derivada psicologicamente.

Formula-se então a questão referente à justificação lógica de tal crença desde o momento em que detectamos aí uma derivação. Por exemplo, a dúvida relativa à crença na existência de outras mentes não é "mórbida" na medida em que se trata de uma crença "psicologicamente derivada de nossa percepção dos corpos" (OKEW; tr. fr., p. 89); ela o seria se viesse a incidir sobre as nossas impressões sensíveis. Há efetivamente lugar para "uma dúvida metódica", aquela que poderia referir-se ao que é psicologicamente derivado, e não ao que é primitivo. Assim, a dúvida pode incidir sobre qualquer proposição relativa a coisas chamadas materiais, mas de modo algum sobre as impressões que temos dessas mesmas coisas.

Vejamos um exemplo dessa dúvida metódica: ela fornece-nos a informação de que não temos nenhuma experiência direta da qualidade intrínseca das coisas; nunca podemos atribuir, com certeza, determinada cor a um objeto, embora possamos falar, com certeza, das diferentes manchas de cor que se sucedem nos nossos *sense-data*. Em vez de dizer que um objeto troca de cor, deveríamos ser capazes de dizer que percebemos diferentes figuras que se sucedem. O que solapa a dúvida metódica aqui é "a hipótese de que os objetos físicos sejam desta ou daquela cor" (PoP, III; tr. fr., p. 57); ora, tal hipótese é "gratuita e sem fundamento".

Uma crença psicologicamente derivada e submetida à dúvida exige, portanto, uma justificação lógica, a qual pressupõe resposta a duas questões: 1) Será que os objetos dos sentidos existem quando não os percebemos?; 2) Seremos capazes de saber se existem outros objetos deduzidos dos objetos dos sentidos?

Observemos, em primeiro lugar, que se trata de questões relativas a crenças e não a conhecimentos. Se Russell prefere falar de crenças, é para integrar à sua análise fenômenos fisiológicos constituídos de reflexos, de expectativas e de hábitos que estão aquém tanto da verdade proposicional que poderia referir-se a eles quanto de qualquer conhecimento elaborado. O princípio de indução tem, por exemplo, uma origem fisiológica que nos leva a falar de "crenças *a priori*" quando, afinal, nem sabemos se temos conhecimentos *a priori*:

> Independentemente de haver, ou não, conhecimentos *a priori*, há, sem dúvida, em certo sentido, crenças *a priori*.
> (RUSSELL, 1927b; tr. fr., p. 142)

Sublinhemos, em seguida, que essas duas questões evitam diligentemente qualquer problema relativo ao conhecimento do que seria independente de si, em razão da indeterminação extrema em que se encontram as noções de "independência" e do "eu"; a independência pode significar tanto a independência lógica quanto a independência causal, e o eu remete não só a quem pensa, mas também ao "conjunto das coisas que cessariam de existir se deixássemos de viver" (OKEW; tr. fr., p. 90).

A independência lógica significa que o eu não é uma parte do mundo que ele é convocado a conhecer. Nesse caso, a questão formulada em 1911 — "Seremos capazes de conhecer algo independente de si?" — encontra uma resposta positiva e, portanto, deixa de ser formulada. Se considerarmos, porém, que o sujeito faz parte do mundo, estaremos inclinados a adotar uma teoria das relações internas entre o sujeito e a dita realidade exterior. Nos dois casos, independência e dependência, temos portanto um problema: 1) no caso da independência, devemos isolar algo como o "eu" e propor uma definição a seu respeito em termos mentalistas; e 2) no caso da dependência, encontramo-nos de novo na vizinhança das teorias idealistas.

O fato de considerar favoravelmente o monismo neutro permite evitar esse duplo obstáculo; Russell substituirá o caráter relacional da familiaridade, da sensação e da atenção pela sensação-ocorrência. No entanto, com respeito à questão da justificação lógica das crenças psicologicamente derivadas, não é pertinente o fato de saber se a distinção entre sensação e objeto da sensação é válida ou não. A mudança de ponto de vista de Russell sobre a sensação (relação ou ocorrência) não afeta a sua teoria da justificação de nossas crenças.

## 4. Inferência e construção

Em 1914, Russell modifica, portanto, a sua maneira de abordar os problemas relativos ao conhecimento. Em PoP (1912a), ele falava ainda de "matéria" e de "objetos"; dois anos mais tarde, por influência de Whitehead e da teoria da relatividade, essas noções cedem o lugar às de "acontecimento". Não se trata, porém, de voltar atrás e de afirmar a existência totalmente exterior dos pontos e dos instantes, como estabelecia claramente a conferência pronunciada em Paris, em 1900:

> Houve um tempo em que os meus apetrechos de conhecimento não inferido incluíam mesas, cadeiras, livros, pessoas, o sol, a lua e as estrelas; cheguei inclusive a

considerar essas coisas como inferências. (RUSSELL, 1927b; tr. fr., p. 147)

Daí em diante, o "sujeito" aparece, de preferência, como uma construção lógica e não como um dado imediato dos sentidos. Em 1912, Russell dizia que era "imprudente pronunciar--se dogmaticamente" (PoP; tr. fr., p. 73) acerca da questão de saber se temos experiência do eu puro; no texto publicado em 1914, ele afirma que, "se existe o sujeito puro, este é produto de uma inferência e não faz parte de nossos dados" (OKEW; tr. fr., p. 90); em 1919, já não se trata sequer de inferência, mas de construção. Ao retornar à teoria realista, partilhada com Moore, segundo a qual há o "ato" de crença e o "objeto" de crença, Russell reconhece que ela deixou de lhe dar satisfação:

> Devo confessar que a teoria que analisa uma apresentação em ato e em objeto deixou de ser satisfatória para mim. O ato, ou o sujeito, é esquematicamente cômodo, mas não é aprofundado do ponto de vista empírico. Ele responde a um objetivo semelhante àquele a que respondem os pontos e os instantes, os números e os particulares, assim como o resto do aparelho matemático. Todas essas coisas devem ser construídas e não postuladas; elas não fazem parte do material do mundo, mas são composições que, por comodidade, são designadas como se tivessem sido coisas únicas. (RUSSELL, 1919a, p. 305)

A partir de 1914, Russell irá enfatizar as construções hipotéticas para mostrar que somente uma relação causal nos permite dar conta do que designamos como "a persistência dos objetos sensíveis" e que seria preferível ser nomeada como a persistência dos efeitos deles. Tal persistência, por sua vez, remete na realidade a regularidades nas conexões que fazemos entre nossas impressões sensíveis. Em várias oportunidades, Russell presta homenagem a Berkeley não só por ter conseguido mostrar o quanto o senso comum, que acredita na persistência de corpos bem rígidos, dispõe "de uma audaciosa teoria metafísica" (OKEW, IV; tr. fr., p. 114), mas também por ter consumado o divórcio entre percepção e mundo exterior.

Em vez de tal metafísica, Russell propõe uma construção hipotética que nos permitirá justificar, do ponto de vista lógico, a nossa crença em algo diferente de nossas impressões sensíveis. Tal construção só pode estar apoiada no que é seguro: as impressões sensíveis. Estas, uma vez correlacionadas entre si, produzem em nós uma expectativa, aquela de vê-las verificarem-se de novo, ou então de nunca serem desmentidas: eis o que fornece uma sólida probabilidade à indução que nos leva a estabelecer correlações comuns que, no entanto, não poderiam ser correlações invariáveis. É assim que chegamos ao reconhecimento de uma regularidade e de uma conformidade com uma lei.

Essa expectativa das mesmas correlações leva-nos a imaginar que há um objeto real duradouro, mas esse suposto objeto real é apenas uma possibilidade de uma impressão sensível futura. Contudo, isso não reduz, de maneira alguma, a legitimidade da crença em algo diferente de nós mesmos. Se temos de justificar as crenças psicologicamente derivadas, essa justificação consiste precisamente em mostrar como é impossível evitar determinadas crenças: não se pode deixar de acreditar que o nosso amigo, "cujo pé foi atingido por um objeto pesado", não sinta dor; mas devemos reconhecer que a legitimidade de tal crença não poderia eximir-nos de encontrar para isso uma justificação lógica do tipo daquela que buscamos quando falamos do objeto "lua" e de suas propriedades.

Russell defende que temos uma "crença instintiva" (PoP; tr. fr., p. 45) na existência de coisas irredutíveis às nossas percepções e, ao mesmo tempo, que não há nenhuma impossibilidade lógica no fato de que o mundo se reduza a ser apenas um fluxo de acontecimentos percebidos. Assim, "o gênio maligno de Descartes"[2] seria "logicamente possível" (RUSSELL, 1927b; tr. fr., p. 165), e podemos logicamente defender uma posição *fenomenalista* segundo a qual há somente percepções. Não há logicamente motivo decisivo para acreditar que haja coisas que existem e não são percebidas; nesse aspecto é que a crença no mundo exterior só pode ser logicamente primitiva.

A questão do logicamente primitivo e do psicologicamente derivado mostra que Russell não está assim tão interessado pela aquisição de conhecimentos, mas pela justificação destes. Ela mostra também um Russell defensor de uma teoria coerentista da justificação, o que é bem distinto de uma teoria coerentista da verdade.[3] De fato, em vez de dizer que as verdades não são objeto de uma asserção unicamente porque elas formam um todo coerente, trata-se efetivamente de dizer que as "crenças instintivas" compõem "um sistema harmonioso" (PoP; tr. fr., p. 46), cabendo à filosofia a tarefa de estabelecer a respectiva hierarquia.

A segunda questão relativa à dedução da existência de algo a partir de nossas impressões sensíveis incentiva-nos, portanto, a levar em conta as "perspectivas", ou seja, os pontos de vista de cada um sobre o percebido e o não percebido. Nesse caso, a reconstrução hipotética não atinge apenas a correlação que podemos fazer entre as nossas

---

2. "Vou supor, portanto, que em vez de um verdadeiro Deus, que é a soberana fonte da verdade, há certo gênio maligno, tão astuto e enganador quanto poderoso, que empregou toda a sua genialidade para me enganar." (DESCARTES, 1983, p. 5)
3. Essa diferença é enfatizada por Peter Hylton no livro intitulado *Russell, Idealism and the Emergence of Analytic Philosophy* (2ª ed., 2000, pp. 380-384).

impressões de visão e de tato, por exemplo, mas põe em jogo a semelhança entre diferentes perspectivas. É assim que chegaremos a definir o que o senso comum entende por "coisa":

> A semelhança das perspectivas vizinhas permite estabelecer uma correlação entre numerosos objetos de uma delas e numerosos objetos da outra, nomeadamente entre os objetos semelhantes. Considerando um objeto em determinada perspectiva, constitui-se o sistema de todos os objetos em correlação com ele em todas as perspectivas; esse sistema pode ser identificado com a "coisa" momentânea do senso comum. (OKEW; tr. fr., p. 104)

Trata-se efetivamente de uma ficção lógica. O interesse dessa construção lógica consiste em ser capaz de servir de interpretação para os fatos da física e da fisiologia. Desde então, é possível exprimir negativamente a justificação lógica à qual chegamos: acreditar na existência de algo fora de si não entra em conflito com nenhuma verdade lógica. Com essa base é que podemos reconhecer a existência dos outros, assim como o testemunho deles. O ganho de tal reconhecimento é preciso: trata-se nada menos de estender nossos conhecimentos para além da esfera de nossas impressões particulares.

É fácil ter crenças ingênuas e naturais do tipo daquelas do senso comum a propósito da permanência das coisas; o que se torna difícil é justificá-las. Do mesmo modo, quando os físicos falam da conservação da massa, é a presença de um simples preconceito que acaba obscurecendo o fato de que a atribuição do qualificativo "conservação" é apenas uma função matemática simbolizada por uma lei causal e não uma coisa permanente. A conservação incide sobre o invariante matemático, sem ter nenhum valor ontológico.

Assim, Russell irá enfatizar o requisito dessas leis, entendidas como leis "que estabelecem conexões entre acontecimentos em momentos diferentes contanto que a conexão não seja logicamente demonstrável" (ibidem; tr. fr., pp. 121-122). Os conhecimentos físicos são logicamente justificados na medida em que as hipóteses nas quais eles se baseiam permitem "introduzir o cálculo nos dados sensíveis" (ibidem), sem entrar em contradição com eles. Como exemplo dessas hipóteses, temos a construção hipotética da noção de instante como um "grupo de acontecimentos simultâneos" (ibidem, p. 130) e da noção de ponto como uma "classe de objetos espaciais" (ibidem, p. 127), evitando assim torná-las entidades independentes e respeitando o princípio de Ockham segundo o qual não se deve multiplicar as entidades se isso não for necessário. A noção de acontecimento substitui a de objeto; essa é uma das consequências filosóficas da teoria da relatividade:

> Os acontecimentos é que constituem o material da física relativista. Entre dois acontecimentos suficientemente próximos, existe, na relatividade tanto restrita quanto geral, uma relação mensurável chamada "intervalo", que constitui o autêntico dado material. (RUSSELL, 1925a; tr. fr., p. 180)

Essa construção deve permitir "lançar uma ponte por cima do fosso que separa o mundo físico do mundo sensível" (ibidem, p. 113). Para Russell, o desenvolvimento analítico das sensações, segundo E. Mach, assim como a teoria da relatividade, é meio que contribui para estabelecer tal vínculo.

Física e psicologia nos fornecem o recurso para nos distanciarmos das necessidades da vida cotidiana: nunca deixamos de procurar semelhanças entre as nossas observações; em compensação, essas ciências têm a função de "acentuar os pontos em que as percepções de dois indivíduos são diferentes quando se produz determinado acontecimento" (ibidem, p. 20). Está fora de questão, evidentemente, negar as semelhanças: sem a mediação destas, sem as correlações que fazemos entre as nossas diferentes observações, o que designamos como a natureza seria apenas um "sonho coletivo". As leis causais exigem semelhanças; no entanto, uma consideração exclusiva destas, além de nos confinar no que é prático e cotidiano, acaba por afastar-nos do conhecimento científico.

Assim, por exemplo, as semelhanças entre as percepções das diferentes pessoas é que efetivamente nos levam a acreditar que há algo como um tempo cósmico universal, ao passo que a teoria da relatividade nos ensina que cada um de nós possui um tempo próprio, do mesmo modo que um espaço próprio é uma prerrogativa não só de cada um, mas também de cada órgão sensorial. Convém reconhecer que essa subjetividade pode deixar de ser humana: uma fotografia ou uma gravação de som têm o mesmo estatuto subjetivo exigido pelo "observador".

Física e psicologia são, portanto, duas ciências que Russell toma como exemplo do vínculo entre o mundo sensível e o mundo exterior. Comecemos, então, por abordar a psicologia.

## 5. *As correlações costumeiras*

Em 1921, sete anos após a publicação de OKEW, Russell reconhece ter subestimado a força do monismo neutro de Mach e, daí em diante, dá testemunho de sua simpatia por essa hipótese filosófica. Ele livra-se então de seu dualismo — o ato de sensação e o objeto da sensação —, herança longínqua de Brentano[4], dualismo que até então lhe havia servido de resguardo perante o monismo lógico do idealismo hegeliano, tendo avaliado com o decorrer do tempo o custo exorbitante da manutenção de tal hipótese:

> A razão que me tinha levado a admitir anteriormente a maneira de ver de Brentano sobre esse ponto não podia ser mais simples. Quando vejo uma mancha de cor, dizia eu, a cor é psíquica e não física. E daí tirei a conclusão de que a cor era algo diferente de minha visão da cor. Esse argumento, que tinha para mim um valor histórico, era dirigido contra o idealismo: estava fadado a ressaltar a natureza física, e não psíquica, da cor. (RUSSELL, 1921; tr. fr., p. 142)

Em outro lugar (MPD; tr. fr., p. 67), Russell refere-se a Moore[5] para associá-lo a essa refutação do idealismo que deu lugar, em seu tempo, à afirmação do dualismo entre a sensação (ato) e o objeto da sensação, particularmente em PoP (1912a), texto em que temos, por um lado, o objeto físico com as suas propriedades intrínsecas e, por outro, os *sense-data* que são nossas impressões sensíveis que lhe dizem respeito. O abandono desse dualismo será acompanhado pela rejeição da tese segundo a qual um objeto é a causa de impressões sensíveis; sob o efeito da navalha de Ockham, o objeto já não é a coisa exteriormente

---

4. Franz Brentano (1838-1917), psicólogo e filósofo, tematizou a noção de *intencionalidade* (específica dos fenômenos mentais), que há de tornar-se uma noção central da fenomenologia de Husserl (o qual havia sido, à semelhança de Meinong, aluno de Brentano).

5. "Em suma, sugiro que, se o idealista assegura que objeto e sujeito estão necessariamente ligados, é porque a distinção entre um e outro, o fato de serem dois, escapa-lhe completamente. Ao pensar no 'amarelo' e, em seguida, na 'sensação de amarelo', ele não vê que há algo na segunda que não existe no primeiro." (MOORE, 1903; tr. fr., p. 74)

dada, mas uma construção resultante do confronto entre sensações.

Vamos empenhar-nos em mostrar que essa reviravolta de Russell e a sua reconsideração progressiva do monismo neutro lhe permitem desenvolver uma teoria realista do conhecimento de si e do mundo exterior, que se apoia em construções lógicas, tal como a definição do número, e em um envolvimento empirista cujos vínculos com o de Mach nos pareceram interessantes em serem sublinhados. No entanto, se a filosofia de Mach recebe a simpatia de Russell no sentido em que este deixa de considerar como necessária a separação entre a sensação e o seu objeto, não há de sua parte uma adesão incondicional a essa hipótese monista, a qual está demasiado próxima do behaviorismo na interpretação que ela propõe para os fenômenos de crença e, ao mesmo tempo, não dá suficientemente crédito às "imagens" mentais, como já foi observado mais acima.

Assim, o confronto entre Mach e Russell, ao qual vamos nos dedicar, acaba sendo limitado em seu alcance: trata-se de verificar em que aspecto o empirismo de Mach tem necessidade, segundo Russell, de uma construção lógica para dar realmente lugar a uma teoria coerente do conhecimento. Referimo-nos, sobretudo, às conferências proferidas por Russell em 1918 e publicadas sob o título *The Philosophy of Logical Atomism* (PLA), conferências em que ele, antes de seu texto de 1921, *The Analysis of Mind*, aceita trabalhar com a hipótese do monismo neutro.

Se partirmos sempre do aspecto difuso de nossas sensações, tal imprecisão nos põe em contato com o que consideramos, em primeiro lugar, como objetos: por exemplo, essa escrivaninha. A análise leva-nos a nos questionarmos para saber se aparências sucessivas e numerosas são aparências do mesmo objeto. Será que, a partir da semelhança das sensações, é possível tirar a conclusão a respeito da identidade dos objetos? Russell mostra que temos de lidar com uma série de aparências interligadas que designo como *escrivaninha* e, enquanto série, trata-se de uma ficção lógica. A escrivaninha é uma ficção lógica e, como tal, não pode fazer parte do inventário do mundo:

> Todos os objetos da vida cotidiana encontram-se excluídos daquilo que há no mundo e, em lugar deles, apercebemo-nos de que há certo número de particulares efêmeros do gênero daqueles de que temos consciência imediata pelos sentidos. (PLA; tr. fr., p. 434)

Há, portanto, uma "não realidade das coisas que pensamos que são reais" (ibidem): essa escrivaninha é uma série e não um objeto, uma série de aparências e não determinado objeto; ora, uma série não faz parte do inventário do mundo, é pura construção lógica. Além disso, há "uma realidade das coisas que pensamos que são irreais, tais como os fantasmas e as alucinações" (ibidem). Isso é consequência do realismo direto ou natural de Russell: temos sensações, essas sensações não são representações, cada uma é uma ocorrência do mundo, nada a distingue desta ou daquela aparência passageira. Cada qual é uma realidade na medida em que é um átomo que é sentido. Não temos sensação relativa às séries de coisas, tais como as mesas ou as cadeiras: umas e outras não são, portanto, reais. A seu respeito, temos aparências sucessivas que ligamos entre si ao formar séries.

Ocorre também que os fantasmas, ao coincidirem com essa aparência passageira, são portanto plenamente reais: em vez de classes, são átomos. Negamos-lhes a realidade apenas ao sucumbirmos ao preconceito que avalia o real pelo permanente. "As coisas verdadeiramente reais duram um momento bastante curto" (ibidem). Temos o costume de designar como ilusão os efeitos inabituais de nossas sensações.

E. Mach já criticava a expressão "ilusão dos sentidos" e observava que "a única coisa certa que se pode dizer dos órgãos dos sentidos é que, em circunstâncias diferentes, eles desencadeiam sensações e percepções diferentes" (MACH, 1996, p. 4). As ilusões dos sentidos têm a ver muito mais com as nossas expectativas frustradas e com a nossa desatenção às condições das sensações.

> Até mesmo o sonho mais louco é um fato, semelhante a qualquer outro. Se nossos sonhos fossem mais persistentes, coerentes e regulares, eles desempenhariam também para nós, no plano prático, um papel muito maior. (Ibidem, p. 15)

Russell retoma o mesmo argumento[6]: o que nos leva a tirar a conclusão de que as imagens sejam menos reais que os objetos físicos é unicamente o fato de que essas imagens carecem das relações habituais e regulares que percebemos no caso dos objetos físicos:

> Se fecharmos os olhos e imaginarmos uma cena visual, e se estendermos o braço para tocar o que é imaginado, não teremos uma sensação tátil [...].
> As correlações gerais de nossas imagens são totalmente diferentes das correlações que optamos por designar como objetos "reais". Mas isso não equivale a dizer que as imagens sejam irreais. (PLA, VII; tr. fr., p. 437)

Só podemos levar a sério as aparências se nos libertarmos da "espécie de terror" imposta pela "crença no mundo

---

6. "Não há esse gênero de coisas, tais como 'as ilusões dos sentidos'. Os objetos dos sentidos, até mesmo os que intervêm nos sonhos, são os objetos mais indubitavelmente reais que conhecemos. O que será que os torna irreais nos sonhos? Simplesmente a natureza inabitual das conexões com os outros objetos dos sentidos." (OKEW, 2ª ed., pp. 92-93)

físico" (ibidem). O desenvolvimento da física quântica que promove a desrealização da matéria, por um lado, e a ferramenta lógica da teoria dos tipos e dos predicados com várias funções, por outro, reconciliam-nos com todas as nossas aparências e sensações.

As sensações não são distintas no tocante a seu grau de realidade; a única mudança ocorre na conexão entre elas. Trata-se de conexões costumeiras que servem de alicerce a nosso sentimento comum da realidade. A ausência de tais conexões é que nos leva a dizer que os fantasmas não existem. A semelhança das aparências é o material que nos auxilia a fazermos as nossas conexões e fortalecermos o nosso sentimento da realidade. A tais conexões, Russell atribui o qualificativo de "correlações": o que nos faz falta, no sonho, são "as correlações habituais da visão e do tato" (ibidem, p. 417).

No entanto, a via que conduz à semelhança das aparências não é a da abstração. Um pensamento da conexão e da correlação permite romper claramente com um pensamento da abstração, o qual abstrai os "componentes singulares de uma imagem", levando-nos a acreditar "que restaria algo" uma vez que tivéssemos abstraído "todos os componentes". Assim é que, diz Mach, "surge de maneira natural a ideia filosófica de uma coisa em si (tão incognoscível quanto distinta de seu fenômeno), ideia que de imediato é imposta a nós, mas se revela rapidamente ser uma monstruosidade" (MACH, op. cit., p. 11).

A abstração, ou *aipharesis*, da qual Aristóteles fala no texto *De anima*[7], tem duas características: ela apoia-se na homogeneidade do abstrato e do concreto por ser subtração e esta pressupõe quantidades da mesma espécie; e, em segundo lugar, ela refere-se a propriedades de indivíduos

---

7. "É nas formas sensíveis que os objetos entendíveis existem." (ARISTÓTELES, *De anima*, 432a 3-6; cf. *Sobre a alma*, 2010, p. 123)

e não a relações. O resultado é, evidentemente, uma valorização dos predicados unários, ou seja, predicados com uma função que exprimem a propriedade de um objeto ou de um indivíduo. Com Russell, a relação — e, em particular, a relação de semelhança — pressupõe uma homogeneidade entre os termos da relação, mas não entre os termos *e* a relação: não são átomos da mesma ordem. A teoria dos tipos descarta qualquer confusão entre o nível dos termos e o da relação que os liga. Há, portanto, uma heterogeneidade que permite escapar de qualquer tentativa mágica da abstração. Com efeito, a abstração, entendida como operação de subtração, pressupõe uma homogeneidade entre os termos que são submetidos à sua operação; ora, a teoria dos tipos insiste sobre a heterogeneidade entre tais termos. Abstrair sem levar em conta a diferença de tipos torna-se uma operação mágica.

## 6. *A estima pelas aparências*

O que nos é dado: as nossas sensações ou aparências. E nada distingue uma sensação de uma aparência. A única mudança refere-se ao ponto de vista: se este é psíquico, falamos de sensação; e se ele é físico, dizemos aparência. Em 1918, na última de suas conferências sobre o atomismo lógico, Russell assume — como já foi dito — as teses do monismo neutro de E. Mach e de W. James:

> Assim, no modo de pensamento habitual e estereotipado, não existiria um grande fosso entre investigação física e psicológica. Uma cor é um objeto físico, com a condição de levarmos em conta a sua dependência em relação à fonte luminosa que a ilumina [...].
> No entanto, se prestarmos atenção à dependência da cor em relação à retina [...], ela torna-se um objeto psicológico:

uma sensação. Em vez da matéria, é o escopo da pesquisa que difere nos dois casos. (MACH, op. cit., p. 21)

Russell aceita, com algumas correções, o monismo neutro como hipótese de trabalho: "Sinto-me cada vez mais inclinado a pensar que ele possa ser verdadeiro" (PLA; tr. fr., p. 440), de acordo com as suas palavras, mas a simples possibilidade não é ainda ser completamente verdadeiro. Russell reconhece um valor filosófico à hipótese segundo a qual o psíquico só difere do físico pela maneira de organizar os conhecimentos. Há dois tipos de dependência em que podemos inscrever as aparências: ou as aparências dessa cadeira estão presentes *para todos* neste momento, e tal dependência de aparências levar-nos-á a considerar o objeto como físico; ou, então, as aparências de várias cadeiras nesta sala presentes *para mim* neste momento. Nesse caso, a dependência entre as aparências leva-me a dizer que se trata aí de *minhas* experiências, e vou assim relacioná-las à psicologia.

O interesse dessa hipótese reside, em primeiro lugar, em sua implicação crítica: a refutação do dualismo realidade/aparência.

> No pensamento e no discurso comuns, estamos inclinados a estabelecer a oposição, termo a termo, entre aparência e realidade. Ao segurarmos no ar um lápis, vemos que ele está inteiro; mergulhado na água, vamos vê-lo quebrado. No último caso, dizemos que o lápis parece quebrado, mas que na realidade ele está inteiro. O que, porém, nos autoriza a declarar a respeito de um fato que este se opõe "na realidade" a *outro* e a reduzir este último à categoria de aparência? Nos dois casos, estamos diante de fatos que representam justamente, em condições diferentes, conexões em si mesmas diferenciadas entre os elementos. (MACH, op. cit., p. 15)

A ausência de uma relação de semelhança entre duas aparências (bastão quebrado, bastão inteiro) não nos permite tirar a conclusão de um desdobramento entre a aparência e o real com o objetivo de conservar *o mesmo* objeto. Em companhia de Mach, Russell partilha esse procedimento de realismo natural ou direto. Aliás, ele retoma o mesmo exemplo e fornece a mesma análise: temos aí *fatos* analisados por outros filósofos, que permaneceram aristotélicos, em termos de *substância*, de *atributo essencial* e *acidental*. Uma filosofia do fato afirma o pluralismo das impressões sensoriais, uma filosofia da substância é profundamente dualista: ela constrói uma distinção entre a realidade e a aparência sem decompor as impressões sensoriais, ou seja, sem referi-las às circunstâncias nem às correlações que as subentendem.

Ainda em companhia de Mach, Russell partilha a busca da precisão na análise das sensações, caracterizada pelos detratores de Mach como uma rapsódia que desfaz o mundo objetivo; com efeito, segundo este autor, é difícil contentar-se com esses blocos não analisados que são o tempo e o espaço da estética transcendental de Kant. "Kant descreve o espaço", diz-nos Russell, como "um todo infinito e dado", ao passo que a reflexão psicológica de um momento mostra o seguinte: "Um espaço que é infinito não é dado, enquanto um espaço que é dado não é infinito" (OKEW, p. 18).

Russell não reconhece aqui o mérito do conceito transcendental de Kant; com efeito, em vez de falar propriamente de um espaço infinito dado, ele refere-se a um espaço representado como uma grandeza infinita dada, justificando desse modo *uma forma* intuitiva do espaço que é irredutível a um dado intuitivo. Há, por um lado, "a representação originária de um único espaço infinito *subjetivamente dado*" e, por outro, "um espaço dado, do ponto de vista geométrico e objetivo, que é sempre *finito*" (KANT, 1997,

p. 10). Russell leva em conta apenas o segundo espaço para consolidar a sua crítica de Kant.

Ao utilizar como modelo os personagens de J. Swift (1667-1745) no livro *As viagens de Gulliver* (1726), Russell atribui a cada órgão dos sentidos a sua própria espacialidade e a sua própria temporalidade finitas e dadas; os espaços e os tempos são privados, enquanto são próprios não apenas a tal indivíduo, mas a cada um dos sentidos. O tempo e o espaço de que falamos comumente são construções a partir desses tempos e espaços privados.[8] O infinito começa com a construção abstrata: tudo o que não é abstração — ou, dito por outras palavras, os nossos espaços e os nossos tempos privados — tem "uma medida espaço-temporal finita" (RUSSELL, 1921, p. 120). Russell assume aqui os resultados da relatividade restrita ao questionar a permanência do espaço e a universalidade do "tempo cósmico". O atomismo lógico reconstrói[9] o espaço e o tempo a partir das impressões sensoriais e, ao proceder assim, "limita-se a impelir um pouco mais longe o procedimento da teoria da relatividade" (OKEW, p. 109).

Mas, antes de lançar a ponte[10] entre as impressões sensoriais e a física, convém reconhecer, em primeiro lugar, a diferença entre o espaço percebido e o espaço físico. Russell frequentemente presta homenagem a Leibniz por

---

8. "Um só e único tempo universal é uma construção teórica e artificial. Existem apenas tempos locais; cada um pode ser considerado como aquele no decorrer do qual se desenrola uma biografia." (RUSSELL, 1921; tr. fr., p. 127)

9. "Os diferentes órgãos dos sentidos têm diferentes espaços. O espaço visual é bastante diferente do espaço do tato. Somente pela experiência é que aprendemos a colocá-los em correlação... o espaço único, no qual se inserem simultaneamente esses dois gêneros de sensações, é uma construção intelectual e não um dado." (OKEW, p. 118)

10. "Por meio da história, do testemunho e das leis causais considerados em conjunto é que chegamos ao conhecimento físico que é muito mais exato do que tudo o que possa ser inferido das percepções do momento." (OKEW, p. 130)

ter feito sentir essa diferença ao estabelecer a distinção entre a imagem do mundo que cada mônada possui — o espaço percebido — e a junção dos pontos de vista, ou seja, o espaço físico. É com base nessa distinção que se deve chegar a construir a ponte entre as impressões sensoriais e a física. Russell estabelece uma correlação entre os dois espaços — espaço percebido e espaço físico — ao levá-la a depender de inferências efetuadas tanto a partir dos espaços privados de percepção quanto de leis causais. Daí certa ambiguidade na expressão "o lugar em que se encontra um particular": pode tratar-se do lugar em que ele está em sua perspectiva própria, visto que cada pedaço de matéria (*piece of matter*) tem a sua própria perspectiva que é definida por um espaço-tempo privado; ou, então, pode tratar-se do lugar que ele ocupa no sistema de um objeto físico do qual é membro como uma aparência desse objeto; ou, ainda, do lugar em que esse objeto físico se encontra no espaço-tempo público.

O interesse da referência a Leibniz consiste também no fato de que Russell toma de empréstimo a noção de ponto de vista: ele designa como "perspectiva" o conjunto das visões que temos do universo, percebido ou não percebido, e como "mundo privado" o subconjunto formado pelas visões que temos do universo enquanto percebido de fato. O que significa, a partir disso, ter uma similitude de perspectivas?

Para dois indivíduos distintos, perceber a mesma coisa significa que "é possível estabelecer uma correlação por similaridade entre um grande número de coisas de uma perspectiva e um grande número de coisas de outra perspectiva. No caso em que a similaridade é muito grande, diz-se que os pontos de vista de duas perspectivas estão próximos no espaço, mas esse espaço em que elas estão próximas em conjunto é totalmente diferente dos espaços internos às duas perspectivas. Trata-se de uma relação entre as duas perspectivas; ele não consiste em nenhuma das duas. Ninguém consegue percebê-lo; aliás, ele só é conhecido por inferência" (OKEW, p. 96). O conjunto de aparências colocadas em correlação pela relação de similaridade é o que o senso comum designa como uma coisa.

> Todos os aspectos de uma coisa são reais, ao passo que a coisa é apenas uma construção lógica. (Ibidem)

A realidade dos aspectos vem do fato de serem ocorrências sensitivas: durante um instante, eles coincidem com as nossas impressões sensoriais.

## 7. *O reconhecimento do outro*

A análise dos fenômenos do reconhecimento ("Ah, então é o John!") e da identidade são abordados por Russell a partir de um método matemático já experimentado na aritmética: o da correspondência biunívoca, bijeção entre duas classes de objetos.

Como é que Russell vai aplicar a definição do número ao problema da identidade pessoal? A analogia com o número fornece um critério de resposta:

> Diremos que duas experiências, ao terem a relação *R* uma com a outra, são consideradas como pertencentes à mesma pessoa. Nesse caso, procedemos exatamente de uma maneira semelhante àquela utilizada para definir o número. Começamos por definir o que pretendemos dizer ao afirmar que duas classes têm "o mesmo número" e, em seguida, definimos o que é o número. (PLA, VIII, p. 437)

O número, à semelhança da pessoa, são ficções lógicas, ou seja, construções que elaboramos a partir de relações de similitude entre experiências diversas ou de relações de equivalência entre classes. A identidade de uma pessoa ou o reconhecimento de um amigo são definidos a partir de dados empíricos que posso colocar em ligação biunívoca: basta-me, tal como no caso de uma mesa posta, ter uma classe de aparências ligadas a outra classe de aparências. Ao conseguir o reconhecimento da mesma relação *R* entre duas experiências, digo que essas experiências são copessoais, pertencentes à mesma pessoa, do mesmo modo que, ao reconhecer a mesma relação entre dois conceitos, digo que eles têm em comum o mesmo número.

O desafio a enfrentar por essa analogia, aqui, é o seguinte: em vez de relacionar cada uma das experiências a um suposto *ego* estável e duradouro, ela começa por efetuar a ligação entre experiências graças à relação de semelhança que elas mantêm entre si. A pessoa é resultado de tal construção e nada é além da classe das experiências interligadas ou, melhor ainda, uma "sequência", visto que se pretende saber qual é a experiência que "está no começo e a que está no fim da vida de um homem" (ibidem) — uma sequência que fornece, portanto, uma relação de ordem, o que uma classe não consegue fazer. Não sondei assim a entidade metafísica do *cogito* que não me é dada na experiência, nem um *ego* qualquer persistente por trás de uma série de experiências. A permanência do *ego* é, com a da substância, uma das maiores ilusões da metafísica clássica. "A aparente estabilidade do eu", dizia E. Mach, "reside principalmente na continuidade e na lentidão com as quais ele se transforma" (MACH, op. cit., p. 9). A relativa estabilidade do eu, ou das pessoas à nossa volta, leva-nos a tirar a conclusão de sua existência em si.

Chego à ideia de uma pessoa pela coleta das aparências que são dados empíricos.[11] A mesma relação se depreende entre essas aparências, dando lugar a correlações que me levam a concluir pelo reconhecimento de que é efetivamente tal amigo que se encontra à minha frente. No tocante a si mesmo, Russell diz que dispomos de um material ainda mais fecundo porque, além de nossas próprias aparências, temos os nossos pensamentos e as nossas lembranças:

> Quando se trata de si mesmo, o indivíduo dispõe de um número maior de coisas a levar em conta. Além daquilo com o que ele tem afinidade, existem os seus pensamentos, as suas lembranças e todas as suas sensações orgânicas. (PLA, VIII; tr. fr., p. 436)

No entanto, esse material, por mais fecundo que seja, não transforma as relações externas, as relações entre diferentes ocorrências de nossas sensações ou de nossas percepções, em relações internas, cujo fundamento se encontra na própria natureza dos termos em relação. Se esse fosse o caso, teríamos dificuldade não só para compreender os erros a respeito de nossa própria identidade nos casos de personalidade múltipla, mas também para deixar de afirmar uma forma de *cogito* permanente, ou seja, teríamos dificuldade para respeitar escrupulosamente o princípio de economia de Ockham.

Russell não desaprovaria o exemplo dado por E. Mach, em *A análise das sensações*, mostrando o quanto

---

11. A comparar com a seguinte afirmação de D. Dennett: "Um eu, segundo a minha teoria, não é um obsoleto ponto matemático, mas uma abstração definida pelas miríades de atribuições e de interpretação (incluindo as atribuições de si e as interpretações de si) que compuseram a biografia do corpo vivo do qual ele é o Centro de Gravidade Narrativa." (1993, p. 529)

dependemos, para a nossa própria identidade, das relações de similaridade entre as nossas aparências:

> Na minha juventude, um dia, vi na rua o perfil de um rosto que me pareceu extremamente desagradável e repulsivo. Qual não foi a minha admiração ao constatar que era o meu; tive tal percepção ao passar diante de uma vidraçaria, por um jogo de espelhos inclinados uns contra os outros. Em outra ocasião, eu estava subindo num ônibus, extenuado depois de uma noite cansativa passada no trem, e eis que, do outro lado, entra também um homem: "Quem será esse professor deplorável?", pensei eu. Era apenas o reflexo da minha imagem no grande espelho que se encontrava à minha frente. O *habitus* de classe era para mim, portanto, mais familiar que o meu *habitus* específico. (MACH, op. cit., p. 9)

Com efeito, essa relação só pode ser estabelecida entre aparências visuais dessa pessoa. Segundo Russell, a construção de uma identidade pessoal ou o reconhecimento de uma pessoa conhecida depende não tanto das relações que são constituintes do mundo, mas de "correlações", ou seja, de conexões costumeiras que estabelecemos entre diversos tipos de aparências e cuja função consiste em fornecer-nos um sentimento de realidade: por exemplo, uma série de aparências visuais conectadas com uma série de aparências auditivas.

Assim, uma relação de similitude entre várias aparências é insuficiente para reconhecer plenamente uma pessoa encontrada de improviso: nada nos garante que não estamos sonhando. Além de uma relação de similitude entre aparências, tem de haver uma conexão de diferentes séries de aparências. Se uma pessoa é, à semelhança do número, uma ficção lógica, convém especificar que não são as aparências de uma pessoa colocadas em relação que constituem o análogo de classes postas em correspondência, mas efetivamente as *séries* de aparências correlatas. Para salvaguardar a analogia entre uma pessoa e um número, é necessário, portanto, construir correlações.

As pessoas são empiricamente dadas somente por meio das experiências que se tem a seu respeito, mas o conhecimento e o reconhecimento delas pressupõem, além do fato de serem empiricamente dados, um elemento de construção lógica: a correlação. Somente esse elemento construtivo é que evita considerarmos as pessoas como entidades. A correlação faz parte dessa gramática filosófica que Russell implementa contra a metafísica substancialista.

John, a pessoa que vem em minha direção e estou reconhecendo, não é "constituído, como se acredita, por uma espécie de ego subjacente às suas aparências"; de preferência, deve "haver aí certas *correlações*, entre as aparências, que [me] levam a reuni-las e dizer que são aquelas de uma só pessoa" (PLA, VIII, p. 436). Se continuamos, no entanto, a falar de pessoas como se fossem sujeitos, isso só é possível por "convenções linguísticas e gramaticais" (RUSSELL, 1921; tr. fr., p. 141), mas não de verdade nem segundo a gramática do pensamento.

Agora estamos em condições de responder parcialmente à questão formulada no começo deste capítulo. Russell empenhou-se com afinco até conseguir demonstrar que o conhecimento por familiaridade limitava-se a presidir um domínio bastante reduzido. Para que o nosso conhecimento possa ser dito verdadeiro ou falso, além de ter a possibilidade de estender-se e aprofundar-se, convém reconhecer-lhe o estatuto de conhecimento descritivo.

Tal conhecimento exige ser justificado na medida exata em que se afasta do conhecimento por familiaridade: este é certamente uma base daquele. No entanto, o presente capítulo procurou mostrar o seguinte: essa base é muito estreita; além disso, aquilo que o hábito nos leva a considerar como evidências bem estabelecidas resulta, na realidade, de construções formais bastante elaboradas.

A aposta de Russell consiste efetivamente em dar conta das coisas mais comuns a partir de instrumentos lógicos que exigem uma longa aprendizagem matemática e, de maneira mais ampla, científica. Em nível semelhante ao domínio da verdade, o conhecimento descritivo suscita o difícil problema da natureza do juízo ao qual, muitas vezes, ele dá lugar. O próximo capítulo é dedicado a esse problema.

# V
# O juízo

> A natureza da verdade, no entanto, pertence aos princípios tanto da matemática quanto de outra coisa, seja ela qual for. Deixo, portanto, esse problema para os especialistas da lógica.
>
> (PoM, § 52)

## 1. Juízo e asserção

Em 1903, para Russell, o juízo é uma relação simples entre uma mente e uma proposição. Nesse momento, a proposição não é um conjunto de símbolos, mas uma unidade orgânica, uma entidade complexa cujo verbo, entendido como algo não linguístico, garante a coesão:

> Uma proposição é, de fato, essencialmente uma unidade, e quando esta tiver sido destruída pela análise, nenhuma enumeração dos constituintes conseguirá restaurar a proposição. O verbo, ao ser utilizado como verbo, materializa a unidade da proposição. (PoM, § 54; tr. fr., p. 82)

A consequência de tal concepção é que se torna muito difícil explicar a verdade de uma proposição: esta possui a verdade como uma propriedade intrínseca, como algo dado. A verdade é um elemento constitutivo da proposição e, portanto, não depende de um juízo de conhecimento emitido a seu respeito.

Assim, a proposição "César morreu" contém, "de uma maneira ou de outra, a sua própria verdade ou falsidade como elemento" (ibidem, § 52, p. 48; tr. fr., p. 80). Com efeito, considerando que a proposição é uma entidade, a asserção de sua verdade deve ser uma "noção derradeira" que se perde: 1) ao transformarmos o verbo, elemento orgânico da proposição, em forma nominal — "César morreu" não é equivalente à frase "a verdade da morte de César"; ou 2) ao consideramos a proposição como um sujeito lógico de alguma outra proposição. Ora, podemos fazer sempre isso desde o momento em que a proposição seja uma entidade: podemos sempre considerá-la um sujeito lógico. A dificuldade encontrada é então a de atribuir a verdade ou a falsidade à proposição como sujeito lógico, o que não tem sentido.

Um sujeito lógico não é verdadeiro ou falso. Ademais, ao considerar a proposição como sujeito lógico, acabo perdendo a propriedade de verdade que lhe é intrínseca: "Se digo '*César morreu* é uma proposição', não faço a asserção de que César está realmente morto, e assim desapareceu um elemento que estava presente em 'César morreu'" (ibidem, p. 48; tr. fr., p. 80). O desaparecimento desse elemento é o desaparecimento da verdade.

A solução para esse problema pode passar, segundo parece, por uma distinção entre a asserção no sentido psicológico e a asserção no sentido lógico. No primeiro sentido, a asserção seria algo como uma atitude mental interna adotada em relação a uma proposição: teríamos, por um lado, uma proposição considerada simplesmente e, por outro, uma asserção da proposição. No entanto, essa concepção psicológica da asserção à qual Wittgenstein irá reduzir a concepção russelliana não é satisfatória para

Russell, que pretende dar conta da asserção no sentido "autenticamente lógico". Ele quer precisamente mostrar a maneira como as proposições verdadeiras "têm uma qualidade que não pertence às falsas, uma qualidade que, em um sentido não psicológico, pode ser designada como *ser assertivo*". No entanto, o reconhecimento, por meio da asserção, dessa espécie singular de entidades que são as proposições verdadeiras suscita um duplo problema:

1) Ele não resiste ao teste do *modus ponens*. Com efeito, se uma proposição $p$ é verdadeira, e se isso significa "ser logicamente assertivo", como explicar a verdade de $p$ em $p \to q$ ($p$ implica $q$) em que $p$ não é assertiva? A proposição $p$ não perdeu, todavia, a sua verdade ao entrar na implicação.

2) Os juízos falsos só podem ser reconhecidos, por sua vez, com base na existência de entidades de uma espécie particular do tipo "César não morreu"; com efeito, se não há tais entidades, é impossível emitir um juízo falso.

Na filosofia da matemática de Russell, o primeiro problema baseia-se em uma confusão entre *inferência* e *implicação*: esta é uma relação entre duas proposições e, como tal, não autoriza nenhuma inferência. Fazer a asserção de que $p \to q$ não permite destacar $q$ como proposição verdadeira; a implicação só pode servir de princípio de dedução se for feita a asserção, ao mesmo tempo que a implicação, da proposição $p$. Uma proposição da lógica (como $p \to q$) e os axiomas (como $\neg\neg p \to p$)[1] não podem desempenhar o papel de regra de dedução. Ao observar que "a relação em virtude da qual é possível, para nós, inferir de maneira válida é aquela que designo como implicação material" (PoM, § 37, 1979, pp. 33-34), Russell acaba consolidando essa confusão entre inferência e implicação.

---

1. Leia-se: (não não p implica p).

## 2. O juízo: uma relação múltipla

Essas dificuldades relativas à teoria da asserção, por um lado, e do juízo falso, por outro, encontram um começo de solução na teoria do juízo como relação múltipla. Exposta pela primeira vez no artigo intitulado "On the Nature of Truth and Falsehood" (1910b), que fornece o cap. VII de *Essais philosophiques* (RUSSELL, 1997a), essa teoria descarta a ideia de que possa haver falsidades objetivas. Não há como acreditar, por várias razões, em algo como um objetivo falso.

Por um lado, esse objetivo falso deixaria pressupor que ele tem uma "significação completa que lhe permitiria denotar um objeto definido" quando, afinal, "temos o sentimento de que a expressão 'que isto e aquilo' é essencialmente incompleta e só adquire completamente sentido a partir do momento em que são acrescentadas as palavras que permitem exprimir um juízo" (RUSSELL, 1910b; tr. fr., p. 210). Assim, não há objetivo, mas simplesmente algo incompleto à espera de que o juízo venha completá-lo.

Por outro lado, falar de objetivos falsos deixa pressupor que há entidades no mundo que são independentes e, no entanto, falsas, quando "sentimos que o falso não existiria se não houvesse mentes para cometer erros" (ibidem).

Enfim, o último argumento contra os objetivos falsos é a ameaça em relação à teoria correspondentista da verdade. Ao julgarmos que algo é verdadeiro, pensamos que há uma entidade que corresponde a nosso juízo, e não estamos dispostos a pensar isso se nosso juízo é falso:

> É difícil abandonar a concepção segundo a qual, de certa maneira, a verdade ou a falsidade de um juízo depende da presença ou da ausência de uma entidade "correspondente" de determinada entidade. (Ibidem)

Desses três argumentos, segue-se que é necessário abandonar a teoria do juízo como relação de uma mente a um objetivo. Se há objetivo, não pode tratar-se de um objeto, mas existem necessariamente vários objetos. Russell toma consciência de que a proposição já não pode ser essa entidade que, de maneira binária, entra em relação com uma instância que emite juízos.

Assim, ao julgarmos que A ama B, "A ama B" não é uma proposição-entidade; temos efetivamente, de preferência, uma relação múltipla entre a mente que emite um juízo e os constituintes da proposição que se apresentam à mente. O juízo é então verdadeiro quando há um objeto complexo correspondente a A que ama B e, caso contrário, é falso. Essa relação, para não cair na objeção idealista e salvaguardar o aspecto correspondentista da teoria da verdade, não deve ser considerada como abstrata a partir de seus constituintes.

Se levarmos em conta, por exemplo, "A ama B", "a relação não deve apresentar-se de maneira abstrata à mente, mas como estabelecida, de preferência, de A para B e não de B para A". Convém, portanto, respeitar não só o sentido no qual a relação ocorre, mas também o tempo do amor entre A e B. O sentido da relação e a sua determinação temporal evocam o desafio das relações assimétricas, as quais permitem descartar o monismo e o monadismo, além de fornecer o "objeto complexo", a saber, o fato, que corresponde ao nosso juízo, tal como ele é na realidade.

Dessa teoria das relações múltiplas, decorre a teoria da verdade-correspondência. Se a mente julga acerca da relação tal como ela ocorre, o seu juízo é verdadeiro; caso contrário, ele é falso. Há uma correspondência entre o juízo, por um lado, e a relação entre os constituintes do fato, por outro; se o juízo enuncia a relação na ordem correta entre os termos como deve ser, ele é verdadeiro. Por exemplo, o juízo "A ama B":

O objeto complexo correspondente que é exigido para que o juízo se torne verdadeiro consiste em *A ligado a B* pela relação que se apresentava a nós no juízo.[2]

No entanto, a ênfase atribuída à instância que emite o juízo não significa que a verdade se constitua na mente:

> A verdade ou a falsidade de determinado juízo não depende, de maneira alguma, da pessoa que julga, mas somente dos fatos a respeito dos quais ela emite o seu juízo. Se julgo que Carlos I morreu em seu leito, o meu juízo é falso, não em razão de uma coisa que viesse a entrar em relação comigo, mas porque de fato ele não morreu em seu leito. (RUSSELL, 1910b, p. 208)

O verdadeiro constitui-se nas relações que estão objetivamente nos fatos e não como uma simples relação entre a minha mente e o fato.

Desse modo, deveria ser possível refutar o argumento tradicional contra a teoria da verdade-correspondência proveniente de Berkeley e segundo o qual uma ideia só pode assemelhar-se a outra ideia e não a uma realidade qualquer; com efeito, aqui a disparidade dos termos da relação não significa disparidade ou incoerência da própria relação.

A teoria do juízo — apresentada no manuscrito de 1913 — acrescenta um elemento importante: além dos constituintes do juízo, o ato do juízo, há a forma lógica do juízo. Ao introduzir essa forma, Russell pretende enfatizar a precedência da compreensão em relação ao juízo: para ele, compreender uma proposição é, em primeiro lugar, compreender a sua forma; esta não nos impõe explicar o sentido da relação julgada porque a forma encontra-se igualmente

---

2. Russell (1910b; tr. fr., p. 217. Grifo de Ali Benmakhlouf).

nas relações simétricas e nos juízos do tipo sujeito-predicado. O essencial consiste então, para Russell, em unificar ou sintetizar os termos colocados em relação; esse trabalho será empreendido pela forma lógica. Por exemplo, se quisermos compreender que "A e B são semelhantes", será importante que cheguemos a deduzir a seguinte forma lógica: "Algo tem certa relação com algo."

Por que haverá esse desinteresse em relação ao sentido direcional do que é julgado? Muito simplesmente porque a direção exige uma unidade do que está interligado; ora, esta faz falta. Impõe-se, portanto, encontrá-la. Esse é o papel da forma lógica que fornece a maneira como os constituintes são combinados, sem se reduzir a algo que seria a unidade do ato do juízo ou do fato: se os constituintes estão unificados no fato, não há nada a fazer; mas, se eles carecerem dessa unificação, o ato do juízo não dispõe do meio de promovê-la.

No entanto, a forma lógica do juízo não correrá o risco, por sua vez, de aparecer como se fosse outra proposição intercalar entre o juízo e o fato? Além disso, é possível também formular a seguinte questão: "Por que motivo somente o juízo, mas não o fato, requer como ingrediente suplementar, em relação aos objetos, 'essa maneira como eles são combinados'?" (CANDLISH, 1996, p. 124)

## 3. A crítica de Wittgenstein

O abandono dessa teoria do juízo — que, segundo Russell, só podia ser aceita "com a boa vontade de seu leitor" (RUSSELL, 1913c, p. 116) — ocorre rapidamente na sequência da crítica que lhe é dirigida por Wittgenstein. Este sublinha a perplexidade de Russell, o qual pretendia escapar a qualquer psicologismo pelo axioma das relações externas; na realidade, ele tinha acabado por reintroduzir uma dose de psicologia pela instância julgadora que reconhece a verdade. Essa instância funciona como um dispositivo de controle do que acontece quando, afinal, o que ocorre se exime de qualquer jurisdição. A teoria correspondentista de Russell, tributária das relações externas, introduz um terceiro termo — ou seja, a instância que emite o juízo — na relação pensamento-fato, uma instância "recognicional" que mantém a ilusão de que a verdade é da ordem de uma revelação a ser descoberta:

> Para mim, há apenas duas coisas implicadas no fato de que um pensamento é verdadeiro: o pensamento e o fato. Para Russell, pelo contrário, há três, a saber: o pensamento, o fato e um terceiro acontecimento que, ao produzir-se, é justamente o reconhecimento. Esse terceiro acontecimento similar à mitigação da fome (os outros dois são a fome e a ingestão de determinada quantidade de alimento) — esse terceiro termo poderia ser, por exemplo, a aparição de um sentimento de alegria. (WITTGENSTEIN, 1984, III, § 21-22, pp. 63-64)

De maneira notavelmente sintética, Russell retorna (1918-1919) à sua teoria do juízo como relação múltipla ao proceder ao balanço das duas questões em litígio: 1) o enigma das crenças falsas com o problema da suposta existência de um objetivo falso; e 2) a presença de uma forma lógica específica, ou seja, irredutível àquelas que já são reconhecidas.

Esses dois problemas são exemplificados no seguinte exemplo: "Otelo acredita que Desdêmona ama Cássio."

1) Trata-se de uma crença falsa; o enigma relativo a essa crença consiste em um "estranho estado de coisas", visto que o "verbo amar parece ligar Desdêmona a Cássio quando, de fato, não é esse o caso" (PLA; tr. fr., p. 384). Convém, portanto, levar em conta essa ausência de ligação

para que o juízo falso seja possível; o problema torna-se mais complicado porque esse verbo "é a representação da maneira como um verbo deve representar-se" (ibidem). Ou, dito de outra forma, trata-se não de um simples termo de um tipo semelhante ao dos outros termos que são Desdêmona e Cássio: deve-se, portanto, reconhecer ao verbo subordinado o seu aspecto funcional, ou seja, a impossibilidade de substituí-lo por um substantivo. Isso exige uma nova forma lógica distinta daquela que já havia sido reconhecida, a saber, "algo em relação com algo".

2) Essa forma lógica é uma nova "espécie", "um novo animal para o nosso zoológico", que compreende outras formas lógicas (nomeadamente, a forma lógica das proposições atômicas). O que distingue a forma lógica da crença é a sua irredutibilidade a um "plano no espaço". Não podemos mostrar os elementos da crença segundo uma relação suscetível de ser projetada e representada por setas. Assim, por exemplo, o verbo subordinado não liga Desdêmona a Cássio, de modo que não se pode falar dos três constituintes — Desdêmona, ama, Cássio —, mas de algo como Desdêmona-ama-Cássio, que nem sequer é um fato. Na realidade, a crença inteira é um fato, e esse fato não é decomponível em elementos do juízo; em poucas palavras, ele não é decomponível em uma relação múltipla, representável no espaço.

Russell expõe as suas perplexidades em 1918-1919, mas parece não dispor de uma nova teoria. No entanto, em seu artigo "On Propositions" (1919a), ele observa que as proposições são em si mesmas fatos: em vez de serem simplesmente símbolos para fatos, eles são também fatos. Como entender isso?

Enquanto fatos, as proposições têm uma unidade articulada que já não é aquela das entidades. Uma unidade articulada não é uma unidade orgânica. No exato momento em que o nosso senso de realidade nos leva a dizer que as proposições "não se deslocam no mundo" (PLA; tr. fr., p. 382) como nós, a forma lógica do que é uma proposição impõe-nos reconhecer as proposições como fatos: não como idealidades às quais corresponderiam realidades, mas realidades que se aplicam a outras realidades, ou seja, realidades apostas a outras realidades, à maneira como — em um sentido próximo de Wittgenstein — uma régua é aposta ao que ela mede.

> As proposições são fatos exatamente no mesmo sentido em que os objetivos delas são fatos. A relação de uma proposição a seu objetivo não é uma relação de algo imaginado a algo real, mas uma relação entre dois fatos bem sólidos e reais. (RUSSELL, 1919a, in LK, p. 315)

O que significará aqui a manutenção do vocabulário referente a objetivo? Depois de ter descartado a teoria da relação múltipla, Russell — sem retornar à noção de objetivo, presente no texto de 1910b — não deixa de retomar essa noção como o equivalente de "fato" ou de "objeto complexo". A teoria correspondentista da verdade nos diz então que uma proposição como fato é símbolo de um fato como objetivo. Analisemos, de maneira mais detalhada, essa teoria da verdade que, tendo sido exposta nesse ano por Russell, não será submetida à revisão como tinha ocorrido com a teoria do juízo ou da crença; pelo contrário, ela será incessantemente reafirmada contra os pragmatistas, tais como W. James.

## 4. De que modo uma crença se torna verdadeira?

Com efeito, responder à questão "de que modo uma crença se torna verdadeira?" é levar a sério a tese correspondentista do verdadeiro; ora, o pragmatismo rejeita claramente tal maneira de ver. W. James apresenta a tese correspondentista sob uma forma caricatural: a verdade seria uma cópia da realidade.³ Peirce, de maneira mais percutente, indica que "nada pode se parecer a uma ideia, além de outra ideia", preceito berkeleyano que, supostamente, é contrário à teoria correspondentista. Em ambos os casos, porém, a crítica passa ao lado de seu objeto porque Russell nunca falou de ideias que copiam objetos, mas de proposições que simbolizam fatos. Ele rompeu totalmente com a concepção clássica que relaciona a verdade com ideias, o que James não faz pelo fato de continuar sendo tributário de tal problemática visto que, em *Pragmatism*, ele observa o seguinte:

> A verdade chega a uma ideia quando ela consegue acoplar uma nova ideia à antiga. (JAMES, op. cit., p. 96)

Ora, se Russell defende a tese da verdade-correspondência, não é de modo algum sob essa forma; a sua crítica radical da noção de entidade e o fato de aplicar-lhe constantemente a navalha de Ockham marcam suficientemente a sua ruptura com o verdadeiro como ideia copiada do real.

O pragmatismo, ao rejeitar a teoria correspondentista, torna impossível, segundo Russell, o reconhecimento de uma crença como verdadeira ou falsa, tal como é afirmado por W. James:

> Se *A* acredita em determinada coisa, e *B* acredita na coisa contrária, pode ser que as crenças de *A* e de *B* sejam igualmente verdadeiras.⁴

---

3. "A esse respeito, a opinião corrente é que uma ideia verdadeira deve ser a cópia da realidade correspondente." (JAMES, "Théorie pragmatiste de la vérité", 1995, p. 142)
4. Citado por Russell (MPD, p. 225), a propósito da querela sobre a autoria das obras atribuídas a Shakespeare.

Russell julga, de preferência, que uma crença deve ser considerada como verdadeira se vierem a produzir-se algumas condições, designadas por ele como *fatos*. Há uma questão de fato totalmente independente de minha crença, fazendo com que esta se torne verdadeira ou falsa:

> Parece-me que, se a frase "Shakespeare escreveu Hamlet" é verdadeira, houve um tempo em que Shakespeare sentou-se com a pena na mão para escrever algumas palavras. (MPD, p. 225)

Nesse caso há, portanto, condições físicas que determinam a verdade ou a falsidade da crença. Russell considera que o pragmatismo de W. James não distingue entre aceitar ou adotar uma hipótese, submetendo-a a testes, e acreditar nessa hipótese. Ora, ocorre muitas vezes que recusamos a alternativa: acreditar em uma hipótese ou rejeitá-la. Com efeito, por um lado, a nossa crença pode comportar graus e, por outro, pode ser que aceitemos uma hipótese sem lhe dar verdadeiramente crédito, ou seja, sem acreditar nela de verdade, mas simplesmente pelo fato de ser suscetível de nos fornecer um volume maior de informação.

Tal crítica dirigida contra James não pode referir-se a todo o pragmatismo; em particular, Peirce nunca defendeu a liberdade de acreditar como base da verdade, nem portanto a ideia de que a validade de um conhecimento pudesse estar limitada a um grupo de investigadores. Muito pelo contrário, ele utiliza a expressão francesa *c'est plus fort que moi*[5] para indicar que nada permite escapar da verdade:

> Aquilo em que é impossível deixarmos de acreditar não é, propriamente falando, uma crença errônea. Para nós, é a verdade absoluta. (PEIRCE, V, *id.*)

---

5. "É difícil demais para mim" (PEIRCE, V, p. 419).

Russell rejeita a humanização da verdade: há numerosas verdades a respeito das quais o ser humano não tem a mínima ideia. Ele propõe uma humildade cósmica contra a arrogância daqueles que reduzem a verdade a interesses humanos (James) ou a um controle humano (Peirce, Dewey[6]). Mas, também nesse aspecto, o debate radicalizou-se a ponto de abrir espaço para mal-entendidos: James carece certamente de uma distinção operatória entre o útil e o verdadeiro, mas dizer — como ele o faz — que a verdade serve a interesses práticos não significa que tudo o que serve a interesses práticos seja verdadeiro. É, de preferência, a ideia de que a verdade é necessariamente plural (aliás, aclamada por Russell) e de que diferentes versões do mundo dão conta disso (aí é que se encontra o ponto de divergência).

Peirce insiste sobre o fato de que a busca da verdade produz conhecimentos que são *por natureza* procedurais, ou seja, pressupondo testes de validade que satisfaçam uma comunidade científica com a expectativa de que eles sejam, se for o caso, revisados; há, portanto, um falibilismo que Russell interpreta, pelo contrário, como um poder social[7] sobre a verdade. Do ponto de vista do falibilismo, encontramos outro argumento contra a teoria correspondentista do verdadeiro: ao encerrar a nossa busca, ela pode, nesse sentido, interrompê-la de maneira prematura. Nessa teoria, haveria portanto uma ênfase teológica e absolutista, mesmo que ela não deixe de confessar que se limita a

---

6. John Dewey (1859-1952), psicólogo e filósofo estadunidense, autor de *Reconstruction in Philosophy* (1920), *The Quest for Certainty* (1929) e *Logic: the Theory on Inquiry* (1938).
7. "Esse elemento do poder social é que, segundo me parece, transforma a filosofia em instrumentalismo atraente para aqueles que se deixam impressionar mais por nosso novo controle sobre as forças naturais do que pelas limitações às quais esse controle continua estando submetido." (HWP, 1945, p. 827)

defender a estabilidade do verdadeiro: o que é verdadeiro uma vez é verdadeiro para sempre.[8]

Contra a ideia de uma verdade independente do controle humano, os pragmatistas — tais como Peirce e Dewey — propõem um consenso universal, "uma assertibilidade garantida", segundo a expressão de Dewey, que define de forma definitiva o que é verdadeiro. Em contrapartida, o real não é independente do pensamento em geral, embora o seja dos pensamentos de um indivíduo em particular. A realidade é indissociável da ideia social de comunidade, e a verdade é a opinião ideal finalizada:

> A opinião que acaba recebendo o acordo de todos aqueles que estão empenhados na busca é o que entendemos por verdade, e o objeto representado nessa opinião é o real. É assim que eu explicaria a realidade. (PEIRCE, V, p. 407)

A realidade é, por um lado, independente, não necessariamente do pensamento em geral, mas somente daquilo que você, ou eu, ou qualquer grupo finito de homens possamos pensar a seu respeito; e, por outro, mesmo que "o objeto da opinião final dependa do que é essa opinião, esta nem por isso depende do que pensamos você ou eu, ou seja lá quem for" (ibidem, p. 408).

"O verdadeiro é aquilo em direção do qual tende a busca" (ibidem, p. 557), observa Peirce. Essa frase permite lançar uma nova luz sobre a satisfação proporcionada por uma verdade. Dizer que o verdadeiro está na crença que nos proporciona satisfação não significa uma segurança pessoal qualquer nem compromete a estabilidade do verdadeiro por via da instabilidade da satisfação, mas refere-se,

---

8. A tese da estabilidade do verdadeiro é defendida por Crispin Wright (1992).

de preferência, à ideia de que o método científico conseguiu descartar a dúvida. Nesse sentido, estar satisfeito com determinada crença é não estar incomodado por uma dúvida. Mas isso também não é dispor de uma certeza absoluta:

> É impossível alcançar, pelo raciocínio, estas três coisas: a certeza, a exatidão e a universalidade absoluta. (PEIRCE, I, p. 141)

Em compensação, por falta de certeza absoluta, pode haver uma busca assimptótica da verdade em que os seres humanos, longe de fazerem prevalecer os seus interesses privados, identificam-se uns com os outros como membros de uma comunidade de busca:

> A lógica exige de maneira rígida, antes de apresentar qualquer outra exigência, que nenhum fato determinado, que nada do que possa acontecer a um sujeito sejam mais determinantes para ele que qualquer outra coisa. Quem não sacrificasse a própria alma para salvaguardar a totalidade do mundo seria ilógico em todas as suas inferências, consideradas em sua totalidade. É assim que o princípio social está enraizado profundamente na lógica. (PEIRCE, V, p. 354)

A radicalização da noção de investigação entre os pragmatistas é efetuada por R. Rorty. Ao citar profusamente James e Dewey, preterindo Peirce, ele pretende mostrar que a noção de verdade como "objetivo de investigação" ainda está maculada de metafísica, se o que for entendido por objetivo é algo fixo. O problema suscitado pela busca assimptótica da verdade acoplada à noção de assertibilidade garantida reside no fato de que é possível objetar continuamente que uma "crença dada sempre poderia encontrar condições especificáveis sem ser por isso verdadeira".[9] Por exemplo, posso indicar a hora exata, embora meu relógio esteja parado; falo a verdade, mas a minha crença é falsa, porque penso que o meu relógio indica a hora quando, na realidade, ele não dá tal indicação.

Tal objeção, reconhecida por Rorty como pertinente, leva-o a atribuir a filósofos — tais como D. Davidson, do qual ele pretende sentir-se próximo nesse aspecto —, uma concepção minimalista da verdade em que seria questão apenas de justificação, aliás, associada a uma audiência de maneira tal "que nunca poderá ser excluída a possibilidade de que pode, ou poderia existir, uma audiência melhor e em relação à qual deixaria de haver uma crença justificável para nós" (RORTY, op. cit., p. 283).

Uma audiência melhor não significa uma audiência ideal; esta seria como a possibilidade de alcançar o maior de todos os números, uma pura quimera. Houve quem dissesse que a pretensão de Rorty consistia em levar D. Davidson e Dewey a evitar uma concepção metafísica do *objetivo* da investigação: não há um objetivo, mas vários, e nenhum deles tem pressupostos metafísicos; entre esses objetivos, "por exemplo, convencer o maior número possível de audiências, resolver o maior número possível de problemas, etc." (ibidem, pp. 297-298). Dizer que a verdade é o objetivo da pesquisa equivale simplesmente a alimentar a expectativa de justificar as suas crenças perante um público cada vez mais amplo. O objetivo não

---

9. Rorty (1995, p. 282). Donald Davidson (1917-2003), filósofo analítico estadunidense, aluno de W. V. Quine, autor, entre outras obras, de *Inquiries on Truth and Interpretation* (1984) e *Essays on Action and Events* (1980). Quanto ao filósofo, especialista da lógica e ensaísta finlandês Georg Henrik von Wright (1916-2003), ele tomou o lugar de L. Wittgenstein em Cambridge, e é autor de *A Treatise of Induction and Probability* (1951), *An Essay in Modal Logic* (1951), *An Essay in Deontic Logic* (1969) e *Freedom and Determination* (1980).

poderia ser fixo, correspondendo a uma imagem da qual fosse possível aproximar-se. O pensar seria tornar-se tributário de um senso comum influenciado "pela metafísica grega e pelo monoteísmo patriarcal" (ibidem, p. 300), evitando assumir, na teoria do conhecimento, o darwinismo.[10]

Para alguém como Russell, a gramática filosófica deveria, no entanto, tomar o lugar de considerações metafísicas. A recusa de uma verdade humanizada não significa dar crédito a um antidarwinismo qualquer, menos ainda fazer abstração da situação das pessoas, tal como elas são; simplesmente, o estado de crença das pessoas é considerado algo difuso e impreciso, suscetível de ser desenredado por uma análise da significação das expressões usuais (PLA, Primeira Conferência, p. 34). Em relação a uma gramática filosófica, a teoria pragmatista utiliza a palavra "significação" de maneira ambígua, considerando-a simultaneamente um critério, um sentido e um efeito. Russell irá desenvolver uma teoria do simbolismo na qual a significação, sem ser definida, será ilustrada. O objetivo de tal teoria consiste em fortalecer a tese correspondentista do verdadeiro segundo a qual há uma congruência entre a estrutura da linguagem e a do mundo. A análise deve permitir desenredar a complexidade das proposições e, consequentemente, a do mundo, ao mostrar a diferença que existe entre as proposições *atômicas* e as proposições *moleculares*.

A análise russelliana das proposições estabelece que há, por um lado, proposições atômicas que são todas independentes entre si e, por outro, proposições moleculares.

---

10. Nessa teoria, Karl Popper (1992) caracterizou o darwinismo da seguinte maneira: "Do mesmo modo que o ser vivo conquistou novos mundos, novas terras, o oceano e, em seguida, o ar e até mesmo o espaço, assim também a ciência conquista novos mundos." Ao constituir-se como autocrítica, ela evolui por tentativas e erros.

A verdade das proposições atômicas apoia-se em sua concordância com a realidade, enquanto a sua falsidade, em uma discordância; a concordância significa que uma proposição simboliza corretamente um fato. Por sua vez, a verdade das proposições moleculares depende da verdade das proposições atômicas que as constituem.

O objetivo de Russell é uma teoria correspondentista da verdade que seja uma teoria reducionista da verdade das proposições moleculares às proposições atômicas. Nessas proposições, chamadas elementares por Wittgenstein, nenhum componente lógico vem intercalar-se entre as proposições e a realidade: nada de "ou", nem de "e", nem de "todos", nem de "algum". Nas proposições moleculares, tais palavras estão presentes e a sua presença retira a tais proposições a independência, a qual é reivindicada pelas proposições atômicas. No primeiro caso, é um estado de coisas que é afirmado ou negado, enquanto, no outro, uma combinação de estados de coisas que é, ou não, realizada.

## 5. *A verdade para além do conhecimento*

Russell defende a tese segundo a qual a verdade transcende tanto a experiência quanto o conhecimento. O ponto de partida de tal tese é o reconhecimento de proposições de existência como proposições de base. Essas proposições adotam a forma "há $x$ tal que $f(x)$"; elas são verdadeiras em virtude de uma ocorrência que desempenha o papel de um verificador, ocorrência da qual nem sempre temos experiência. Trata-se, então, de uma ocorrência que só podemos *descrever* e não *nomear*, visto que ela não entra em nossa experiência. Como exemplo disso, podemos citar a seguinte proposição: "Há partes invisíveis na superfície da lua." Assim, Russell procura legitimar a verdade de proposições que estão em relação com acontecimentos não percebidos.

Fora dos juízos de percepção, há uma crença em fatos não percebidos cuja base se encontra não em inferências causais, mas em proposições de existência: se cai uma telha em cima da minha cabeça, antes de saber que se trata de uma telha, terei a possibilidade de dizer "algo"[11] me atingiu", e "esse juízo não é menos imediato que um juízo de percepção; seria possível, portanto, substituir um princípio geral de inferência causal por certo número de proposições de existência de base, cada uma tão imediata quanto proposições de ordem perceptiva. E é por indução que extrairíamos a ação causal destas últimas" (IMT, cap. XVII; tr. fr., p. 262).

Russell estabelece assim a imediatidade dos juízos de existência ao situá-los em um nível semelhante ao dos juízos de percepção, além de construir uma cadeia causal a partir desses dois tipos de juízos. O interesse desses juízos de existência é a ampliação de nosso conhecimento para além de nossa experiência, à maneira como o conhecimento por descrição amplia o nosso conhecimento para além de nosso conhecimento por familiaridade. Os *sense-data* nos fornecem impressões sempre restritas e o conhecimento começa apenas na ligação entre essas impressões. Do mesmo modo, considerando que o juízo de percepção é bastante limitado, o juízo de existência confere então uma extensão ao nosso conhecimento para além dos acontecimentos percebidos.

Assim, o problema consiste em especificar "a relação de uma crença com seu verificador quando este último não faz parte da experiência" (ibidem, p. 265). Quando o verificador faz parte da experiência, temos um juízo de percepção sob a forma "$f(a)$"[12], em que $a$ é um nome próprio

---

11. Essa é a indicação de existência.
12. $f(a)$ lê-se da seguinte maneira: $a$ (que é uma constante descritiva) tem a propriedade $f$.

e $f$, uma função. Nesse caso, "podemos distinguir duas etapas: a primeira que vai do percepto à frase "$f(a)$"; e a segunda, da frase "$f(a)$" à frase "há um $x$ tal que $f(x)$". Mas, precisamente, quando o verificador não faz parte da experiência, "essas duas etapas fazem falta" (IMT, cap. XVII; tr. fr., p. 266) e deparamo-nos com uma proposição existencial como proposição de base. Essa proposição é obtida por uma espécie de indução instintiva que lhe confere um valor básico. Analisemos com maior precisão esse ponto:

1) A justificação de tal característica básica provém da restituição da cadeia causal que vai do fato até a crença, cadeia que é mais "longa do que no caso em que o fato é a causa da crença '$f(a)$'" (ibidem, p. 267); ou, em outras palavras, a cadeia é mais longa quando o fato não remete à minha experiência e quando a proposição que lhe serve de símbolo contém uma variável;

2) Tais proposições são dotadas de sentido por serem construídas com a ajuda de termos dos quais conhecemos a significação. O desafio de atribuir uma significação a tais proposições reside no fato de reconhecê-las como verdadeiras, sem mesmo conhecê-las. Por exemplo: "Na parte invisível da lua, há uma montanha que se eleva entre seis mil e sete mil metros." Essa proposição é dotada de sentido porque basta substituir "invisível" por "visível" para que a frase se torne "uma frase que será objeto da asserção dos astrônomos; ora, 'invisível' significa 'não visível' e nenhuma frase é privada de significação pela inserção da palavra 'não'" (ibidem, p. 268).

Assim, se é possível decidir a respeito da verdade ou da falsidade de uma proposição em que aparece "visível", então é possível decidir acerca de uma proposição em que aparece "invisível"; é possível, portanto, falar da verdade e da falsidade de proposições que desconhecemos. A verdade transcende o conhecimento porque "há fatos e frases em relação com esses fatos, de [diversas] maneiras que fazem com que as frases se tornem verdadeiras ou falsas, e isso efetua-se de modo totalmente independente da forma de decidir a respeito da alternativa [verdadeiro ou falso]" (ibidem).

As proposições existenciais são a expressão de tudo o que aprendo dos outros. Com efeito, quando alguém pronuncia "$f(a)$", eu mesmo não tenho a experiência de $a$; assim, quando ele me diz "$f(a)$", o que acredito é que efetivamente "há um $x$ tal que $f(x)$". Vê-se ainda como a crença baseada no testemunho de outrem apoia-se nas proposições existenciais.

O princípio do terceiro excluído aplica-se, portanto, nessa teoria da verdade; consequentemente, ela não pode ser reduzida a uma teoria da verificação, ou seja, a uma teoria segundo a qual uma proposição é verdadeira ou falsa apenas se colocada em relação com a experiência. A primeira é designada por Russell como "teoria lógica", enquanto a outra recebe o qualificativo de "teoria epistemológica": a teoria lógica refere-se a proposições em maior número do que aquelas abordadas pela teoria epistemológica; esta é reduzida à experiência, ao passo que a outra transcende a experiência.

A justificação da preferência atribuída à teoria lógica reside no princípio de compreensão que nos intima a compreender proposições, cujo sentido "transcende a experiência da humanidade" (ibidem, p. 319). Ora, esse é efetivamente o caso das "obras romanescas". No entanto, trata-se exatamente de verdade e de falsidade a respeito delas, visto que a teoria das descrições definidas permite integrar a esse domínio determinadas proposições que contêm expressões não denotativas.

Tendo fracassado em dar uma definição satisfatória do que é um juízo ou uma asserção, Russell conseguiu — graças ao estatuto que ele atribui às proposições existenciais e ao conhecimento descritivo — reconhecer a plena transcendência da verdade em relação ao conhecimento. As flutuações, como veremos no próximo capítulo, dizem respeito ao conhecimento. A verdade permanece estável: o que é verdadeiro uma vez é verdadeiro para sempre.

# VI
# Graus de conhecimento

> — *Não se pode acreditar em coisas impossíveis*
> — *diz Alice.*
> — *Atrevo-me a dizer que você é muito pouco experiente no assunto — afirma a Rainha.*
> (Lewis Carroll, *Alice no País das Maravilhas*)

A crença é, de maneira intrínseca, algo difuso em razão da continuidade do desenvolvimento mental entre a ameba e o *homo sapiens*; para Russell, não há fronteira distinta entre "o menor dos animais e o filósofo mais profundo".

As palavras não são a essência do que é uma crença:

> O cheiro de queimado leva-nos, primeiramente, a acreditar que a casa pegou fogo; em seguida, vêm as palavras como se fossem, em vez da crença, a maneira de inscrevê-lo em uma forma de comportamento que possa ser comunicado aos outros. (HKSL, p. 160)

A crença é, portanto, algo pré-intelectual, um estado orgânico:

> Por exemplo, está escuro e você movimenta-se em seu quarto; vamos supor que alguém deslocou uma cadeira

que deixou de estar na posição habitual. Você pode esbarrar nela porque o seu corpo acredita que não há cadeira nesse lugar. (Ibidem, p. 161)

O difuso é, às vezes, dissimulado por uma ilusão de precisão que nos vem da linguagem. Desse modo é que chegamos a pensar que a crença é, por sua vez, algo linguageiro:

> Um homem pode ser capaz de exprimir a sua crença em um enunciado; então, parte-se do pressuposto de que o enunciado é aquilo em que ele acredita. Mas, em geral, não é esse o caso. Se você diz "Puxa, é o Jones", está acreditando em algo e exprime a sua crença em palavras, mas aquilo em que você acredita tem a ver com Jones e não com o nome "Jones". (Ibidem, p. 162)

Além disso, o difuso da crença vem do fato de que ela é muito mais detalhada e contextualizada do que o enunciado, o qual limita-se a reter determinadas características:

> Você afirma "Vou vê-lo em breve", mas está pensando: "Vou vê-lo sorridente e, no entanto, com aparência de mais velho, amável, apesar de tímido, com os cabelos desgrenhados e os sapatos enlameados." (Ibidem, p. 167)

Esse pensamento-crença prolonga-se indefinidamente e não é certo que estejamos conscientes de todos os seus aspectos. Mas se o difuso não pode ser completamente dissipado pela precisão, convém reconhecer que é "possível inventar técnicas que reduzam por grau o domínio do difuso e da incerteza" (ibidem, pp. 163-164).

Se a verdade é uma propriedade da crença e se ela consiste em uma "relação entre uma crença e um ou vários fatos diferentes da crença" (ibidem, p. 165), permanece a questão de determinar o tipo de relação que está em pauta. Para isso, convém reconhecer quando ela ocorre, ou seja, quando há um fato mediante o qual uma crença se torna verdadeira. Essa determinação passa pela "descrição" de tal fato; aliás, "é possível que essa descrição se aplique a nada se a crença é falsa" (ibidem). Assim, Russell encontra na teoria das descrições a maneira como resolver o problema — deixado em suspenso, em 1919 — relacionado com o enigma das crenças falsas; de fato, já vimos que, sob efeito da crítica de Wittgenstein, ele tinha abandonado a teoria do juízo como relação múltipla. Crença verdadeira e crença falsa são juízos verdadeiros em virtude de um fato que pode, ou não, existir. A teoria das descrições me fornece a possibilidade de utilizar uma expressão denotativa de um fato mesmo que seja possível a inexistência deste. Tal fato é o que Russell designa como "o verificador" (ibidem, p. 166) da crença.

Como a teoria das descrições está articulada com a da significação — no sentido em que ela põe em jogo expressões denotativas acerca das quais nos questionamos para saber se elas têm, ou não, um sentido e, se for o caso, uma referência ou denotação —, Russell introduz um novo conceito, o da significância (*significance*) que, por distinção relativamente ao conceito de sentido (*meaning*), não se aplica às palavras, mas a um enunciado inteiro. A significância é uma característica dos enunciados e das "imagens complexas", e "consiste na descrição do fato que, se ele existe, faz com que o enunciado se torne verdadeiro" (ibidem). Ela responde a um princípio de composicionalidade do sentido pelo fato de resultar do sentido das palavras que compõem o enunciado e das leis da sintaxe. O desafio a enfrentar pelo conceito de significância é o de estar desligado da experiência quando, afinal, os sentidos de que ela é composta são conhecidos por experiência:

Conheço por experiência o sentido de "homem" e o sentido de "asas"; por conseguinte, conheço a significância de "há um homem alado", embora eu não tenha nenhuma experiência da significação desse enunciado. (Ibidem, p. 167)

## 1. *O que é que* nós *sabemos?*

Em 1948, Russell continua defendendo uma teoria correspondentista da verdade por pensar que os fatos são ou únicos mediante os quais as nossas crenças se tornam verdadeiras ou falsas. Essa preocupação permanente com o fato ultrapassa amplamente o ponto de vista intelectual relativo à definição da verdade, visto que Russell considera que "a totalidade de nossa vida cognitiva é, do ponto de vista biológico, uma parte de um processo de adaptação aos fatos" (ibidem, p. 160). A maior parte dos fatos é independente de nossa vontade: eis o motivo pelo qual eles são chamados "sólidos" (*hard*), inflexíveis (*stubborn*).

Falar de crença verdadeira é levar em conta fatos que ocorreram. Se Russell começa por abordar fatos e crenças, antes de tratar do conhecimento, é para sublinhar que, de maneira básica, orgânica, temos de lidar com fatos e crenças antes de elaborar conhecimentos. O conhecimento é caracterizado por Russell como "uma subclasse de crenças verdadeiras" (ibidem, p. 170); em outras palavras, é um caso particular de crença. Vê-se perfeitamente que Russell está longe de uma problemática cartesiana ou kantiana, baseada na dualidade da crença e do conhecimento. Tendo rejeitado o argumento da ilusão dos sentidos e colocado em seu lugar a consideração dos fatos diversificados, de preferência, a uma dualidade aparência/realidade, ele mostra assim uma postura bastante crítica em relação a uma problemática que torna a crença em uma simples aparência de um conhecimento considerado como se fosse o único efetivo. De maneira mais explícita, Russell pretende romper com três maneiras de lidar com o conhecimento.

A primeira maneira, de matiz cartesiano, consiste em utilizar, enquanto critérios de conhecimento, a evidência, a clareza e a distinção das ideias; no entanto, pensar que, partindo da ideia até a coisa, a consequência seja correta, é insuficiente para "demonstrar a existência do Cabo Horn" (ibidem, p. 172). Nesse ponto, convém efetivamente reter algo da crítica empirista. Russell adapta essa crítica para opor-se ao argumento segundo o qual há algo como uma ilusão dos sentidos; contra a evidência cartesiana de tal ilusão, ele indica que os erros só podem vir da interpretação dos dados sensoriais ao serem considerados como "signos de coisas diferentes delas mesmas" (ibidem, p. 182). Além disso, a experiência da dúvida não tem de ser privilegiada, porque conceder uma prerrogativa à dúvida é perder de vista o caráter plenamente inegável de nossas sensações. A contribuição do ceticismo de Hume consiste precisamente no pleno reconhecimento dessas sensações como dados privados inegáveis, com o acréscimo do princípio precioso de que nenhum desses dados procede logicamente de outro.

A segunda maneira de construir uma teoria do conhecimento consiste "em abolir a distinção entre as premissas e a conclusão e em dizer que o conhecimento é constituído pela coerência de um conjunto de crenças" (ibidem); ela é de orientação hegeliana. Por um lado, tal teoria leva a perder de vista a relação de uma crença a um fato e faz passar ao primeiro plano não a conformidade de uma crença a um fato, mas a harmonização das crenças entre si; e, por outro, ela anula a distinção entre um dado e uma inferência. Russell procura manter a evidência do dado dos sentidos como "um fragmento de conhecimento que não é deduzido" (IMT; tr. fr. p. 140) e cujo desafio é o de deixar espaço para novos conhecimentos:

> Que deva existir um dado puro significa, penso eu, a irrefutável consequência lógica do fato de que a percepção suscita novos conhecimentos. (Ibidem)

A recusa dos dados puros traduz-se pela onipotência do raciocínio; ora, a crença na onipotência do raciocínio engendra a teoria do monismo lógico, que se baseia essencialmente em uma busca imediata da certeza e não, é claro, em uma busca da certeza imediata. Daí segue-se que o panlogismo hegeliano não tenha suficientemente em conta o momento inegável, sem deixar de ser difuso, de nossas percepções como dados imediatos não inferidos. Para Russell, Hegel desenvolveu uma tese panlógica em que a inferência acaba por se impor como o único modo de acesso ao conhecimento; ora, o reconhecimento de elementos imediatos, não inferidos, relativiza esse dedutivismo exagerado e devolve os direitos a um empirismo radical.

Se Russell rejeita tal teoria quando ela pretende ser uma teoria da verdade, ele não deixa de reconhecer que, considerada como uma teoria do conhecimento no sentido estrito, ela é totalmente admissível se consiste em dizer que uma de nossas crenças, por si só, é pouco crível, mas que, conectada a outras crenças, ela recebe, por teste de coerência, uma maior credibilidade. O que Russell havia designado como as "crenças instintivas", em 1912, tem a ver com as crenças que a filosofia procura harmonizar, conferindo-lhes assim uma justificação lógica.[1] Convém,

---

1. Por exemplo, a crença de que outros têm fome ou sentem dor, ou ainda aquela de que os sons emitidos por eles exprimem ideias, são crenças instintivas que procuro harmonizar para obter uma representação coerente do mundo.

no entanto, acrescentar que essa harmonização só pode ser feita se, previamente, for reconhecido algo como um dado puro, algo que não é já uma crença.

A terceira maneira é a dos pragmatistas: ela consiste em substituir o conhecimento pelo conceito de "crença que conduz ao sucesso". Já tivemos oportunidade de falar desse caso; observemos aqui que essa teoria é, sobretudo, uma prática, mas seu defeito, mesmo considerada assim, é que ela não fornece o critério que conduz uma crença ao sucesso. Ao deixar de lado a etapa do conhecimento e ao estabelecer que "o único resultado essencial de uma pesquisa bem-sucedida é a ação bem-sucedida" (IMT; tr. fr., p. 349), J. Dewey não indica os meios para decifrar esse resultado.

Dessa tripla crítica, vamos salientar que o conhecimento, por distinção relativamente à verdade, é uma questão de graus e que a evidência, proposta por Descartes como critério, refere-se não à intelectual, mas à sensível que é um "fato sólido" (*hard fact*), ou seja, o gênero de fato inflexível e inegável.

Impõe-se, portanto, proceder à análise do fato de percepção; levar em consideração o fato perceptivo é enfatizar o que *nós* sabemos, de preferência, ao que *sabemos* (HKSL, 170).

Em seu texto HKSL (1948), Russell retoma a questão à qual já havia começado a responder em 1914: como preencher o fosso entre a percepção sensível e a ciência? Como passar do sol visto àquele do astrônomo? Trata-se de explicar o "processo elaborado e longo" que vai dos dados não inferidos da percepção às conclusões inferidas da ciência, passando pelo conhecimento relativo ao senso comum no qual os fatos rememorados e o testemunho ocupam um lugar considerável — mas a memória e o testemunho, se forem verídicos, são redutíveis às percepções. Se acredito na existência do Estreito de

Magalhães é, em primeiro lugar, em razão de minhas lembranças de leitura e de asserções emitidas por outras pessoas; em seguida, aos poucos, remonto à cadeia das razões que me levam a acreditar na existência desse estreito e chego às mesmas percepções de Magalhães e "de outros que se dirigiram a essa região em tempo sereno e viram o que consideravam como a terra e o mar, além de terem elaborado mapas pelo uso frequente de inferências sistemáticas" (IMT; tr. fr., p. 150). Mas as premissas desses viajantes são inferências para mim, que não fiz parte da viagem.

Esse processo pode ser resumido da seguinte maneira:

> $A$ é seguido por $B$ certo número de vezes; depois, $A$ é acompanhado pela expectativa de $B$; em seguida (provavelmente muito mais tarde), advém o juízo explícito "$A$ é o signo de $B$"; e é somente então, quando numerosos juízos desse tipo já tiverem ocorrido, que a ciência começa. (HKSL, p. 202)

Nesse processo, a primeira coisa que deve ser levada em conta é a natureza da inferência em jogo; ora, na área da lógica e da matemática, o que vale não é a inferência demonstrativa, cujo paradigma é o silogismo em *Barbara*.[2] Hume abriu o caminho ao indicar que o princípio

---

2.  Silogismo: raciocínio dedutivo formal que permite deduzir de duas proposições — chamadas "premissas" — uma terceira proposição chamada "conclusão", que está implicitamente contida nelas. É possível distinguir quatro espécies de proposições: as "universais afirmativas", representadas pela letra A; as "universais negativas", cujo representante é a letra E; as "particulares afirmativas", indicadas pela letra I; e as "particulares negativas", representadas pela letra O.

    Para facilitar a classificação dos tipos de silogismos, os escolásticos fabricaram nomes em que as vogais indicam a natureza das proposições, enquanto as consoantes referem-se às operações lógicas a que elas estão submetidas; assim, bArbArA designa um silogismo cujas premissas e conclusão são universais afirmativas. Exemplo: todas as baleias são

de indução não tinha nenhuma validade lógica; tratava--se sobretudo de uma regra ou procedimento que, se nos levam a considerar o passado como guia do futuro, nem por isso estão apoiados em razões lógicas. A indução não pode ser justificada logicamente, porque nenhum argumento logicamente válido nos permite estabelecer que as ocorrências de que não temos nenhuma experiência se parecem com aquelas de que temos alguma experiência.

## 2. A análise e o método analítico

No entanto, Russell procura, aquém desse princípio, algo mais básico, menos elaborado e menos consciente: trata-se de remeter, em primeiro lugar, a "uma inferência instintiva" (HKSL, p. 182), definida como "o processo de interpretação espontânea das sensações" (ibidem), ou ainda, "quando uma ocorrência A é a causa de uma crença B sem o intermédio da consciência" (ibidem, p. 198). É efetivamente esse processo que nos permite diferenciar entre o núcleo sensorial da sensação que não é de natureza cognitiva e a "experiência perceptiva" (IMT; tr. fr., p. 135) ou "a penumbra de expectativas" (HKSL, p. 234) que é feita de tudo o que acompanha a sensação, a saber, determinadas crenças e expectativas. Essas experiências podem ser estados corporais: por exemplo, quando alguém antecipa muscularmente o levantamento de uma embalagem pesada.

Essas experiências perceptivas assemelham-se às ideias mencionadas por Hume: apesar de não terem a vivacidade das impressões sensíveis, fazem-lhes companhia

---

mamíferos; ora, os mamíferos são mortais; portanto, as baleias são mortais.

ou derivam delas. Se é possível interpretá-las em determinada linguagem, esta não consegue reabsorvê-las completamente; caso contrário, perderíamos de vista a diferença entre um dado e o que é inferido a partir de um dado. Assim, se submetermos à análise um juízo de percepção, tal como "isto está quente", não se pode dizer que tal juízo seja analítico. A análise pressupõe que haja um fragmento derradeiro não dedutível do que quer que seja, enquanto o juízo analítico nos indica derivações que ocorrem por pura convenção linguística. A análise é compatível com a complexidade do percebido, cujos constituintes não são necessariamente conhecidos, ao passo que o juízo analítico nos impõe tal conhecimento. "Isto está quente" não se assemelha à frase "os animais racionais são animais" (IMT; tr. fr., p. 144).

Como analisar, portanto, o juízo de percepção "isto está quente", mantendo a "distinção entre conhecimento empírico e lógico?" (ibidem).

Para responder a essa questão, Russell sublinha que, no juízo de percepção "isto está quente", passamos do estado primitivo da linguagem, em que "quente" é uma palavra-objeto com valor egocêntrico, para um juízo em que essa palavra perdeu esse valor:

> Ao passar do "quente!" para "isto está quente", efetuamos uma análise: a qualidade "quente" é deslastrada de sua egocentricidade e o elemento egocêntrico implícito precedentemente tornou-se explícito pelas palavras "isto está". Assim, em uma linguagem evoluída, determinadas palavras — tais como "quente", "vermelho", "doce", etc. — não são egocêntricas. (Ibidem, p. 143)

Aqui, houve como que uma transferência de egocentricidade do predicado para o sujeito. O essencial é que, no juízo de percepção, seja possível guardar algo que é nomeado: seja sob a forma primitiva de "quente!" ou sob a forma elaborada do "isto", convém guardar um símbolo *W* para nomear "o feixe de qualidades copresentes"; mas, para que esse nome não seja uma descrição dissimulada, é necessário que o "feixe em seu conjunto não se produza além de uma vez" (ibidem). O valor do nome aqui é o de lembrar-nos que a percepção é o efeito de determinada causa, a qual poderia faltar no caso de tratar-se de uma descrição. A estrutura do juízo de percepção exige, portanto, estas duas características: nomear e determinar uma causa. Entre os seus componentes, ela não conta com o conhecimento do que é nomeado:

> Apesar de "W" ser de fato o nome de determinado feixe de qualidades, não podemos saber, ao atribuir tal nome, as qualidades que constituem *W*. Isso significa que podemos perceber, nomear e reconhecer um conjunto sem saber quais são os seus constituintes. (Ibidem)

O desafio aqui consiste em considerar que "*W*" conserva a sua identidade durante toda a análise a que o submetermos. A conservação dessa identidade é a garantia da irredutibilidade da análise à analiticidade (a análise pressupõe um dado imediato não inferido, enquanto o método analítico situa-se no nível linguístico, em que já não intervém o dado imediato), ou ainda a garantia da distinção entre empírico e lógico. "*W*" permite-nos falar da experiência perceptiva sem reabsorvê-la na linguagem.

### 3. *O mundo de Alice: um mundo tão pouco estranho*

Essa experiência perceptiva traduz-se geralmente por uma expectativa: quando se vê um gato, espera-se que ele dê miados, tenha movimentos de um felino, mas pode acontecer que seja logicamente possível que essas coisas esperadas — e que *de fato* se produzem — não ocorram. Estamos então no mundo supostamente estranho de *Alice no País das Maravilhas,* no qual as sensações ocorrem sem as experiências perceptivas. O gato de Cheshire aparece e desaparece, e a estranheza não é reduzida quando, para satisfazer Alice, ele não some tão depressa quanto aparece, e ela nada consegue ver do bichano além de um sorriso:

> — Eu gostaria que você parasse de aparecer e desaparecer repentinamente — disse Alice.
> — Tudo bem — disse o gato e, dessa vez, ele desapareceu bem lentamente, começando pela extremidade da cauda e terminando pelo sorriso, o qual permaneceu durante algum tempo depois de o resto ter ido embora. (CARROLL, 2002)

Alice experimenta, portanto, sensações sem experiência perceptiva, e a prova de que ela vive é a do desligamento permanente entre o núcleo sensorial e a experiência perceptiva, desligamento que prejudica a inferência de um em relação à outra. A esse respeito, faremos estas três observações:

1) Na ausência dessa prova extrema, vivemos uma amplificação de nossa sensação por esse procedimento de inferência, designado por Russell como "espontâneo", "sensorial", "instintivo", que evoca para nós o enraizamento orgânico da crença.

2) Mas também, graças à prova extrema de Alice, compreendemos que é frequentemente inferido aquilo que o senso comum aceita, de maneira não crítica, como um dado da percepção. Ora, "as nossas sensações e as nossas lembranças são os únicos dados verdadeiros para o nosso conhecimento do mundo exterior. De nossa lista de dados, devemos excluir, além das coisas que inferimos de maneira consciente, tudo o que é obtido por inferência instintiva,

tal como a dureza imaginada de um objeto visto, mas não tocado." (HKSL, p. 185)

3) Enfim, convém observar que essa prova extrema de Alice tem sobretudo um sentido para a questão que havíamos formulado inicialmente: o que é que *nós* sabemos? Decerto, se nos colocarmos de um ponto de vista psicológico, todas as experiências perceptivas podem ser consideradas como dados. Em compensação, do ponto de vista do conhecimento das coisas que estão "fora de nossas mentes, os únicos dados a serem considerados são as sensações" (ibidem).

Essa necessidade nos é imposta pelas ciências, tais como a física e a fisiologia, cuja verdade é pressuposta por Russell em todo esse desenvolvimento sobre a maneira de preencher o fosso entre percepção privada e conhecimento científico. Com efeito, esse fosso só poderá ser colmatado se tivermos uma teoria coerente da causalidade; ora, o que Russell questiona não é a validade das leis causais da natureza, mas a maneira como essas leis são inferidas a partir dos dados sensoriais. A questão, portanto, é a seguinte: ao pressupor a validade de tais leis, como se constrói o *nosso* conhecimento a partir do mundo privado de nossas sensações?

Tal questão refere-se, de maneira penetrante, à verdade do solipsismo: se, por um lado, todos os dados são privados e se não há argumento, demonstrável logicamente, que me permita passar de um dado para outro, então pode parecer que eu seja obrigado a acreditar apenas na minha existência. Na realidade, porém, qualquer discurso em meu nome pressupõe que eu saiba como delimitar o eu em relação ao que não é eu, o que, portanto, acaba presumindo a existência de outra coisa além de mim:

> Se as outras pessoas e as coisas não existissem, a expressão "eu mesmo" perderia o seu sentido, porque ela delimita e exclui. (Ibidem, p. 191)

Ou, dito de outro modo, "eu" é uma palavra relacional e qualquer relação exige, no mínimo, dois termos: nesse caso, o eu e o não eu. O que, no entanto, poderemos salvaguardar do solipsismo se, nessa doutrina, determinadas questões relativas aos dados sensíveis encontram o meio de serem formuladas corretamente? Se considerarmos o solipsismo sob uma forma "dogmática", a qual estipula que não há nada além dos dados, nada se pode dizer a esse respeito porque é "tão difícil provar a existência quanto a não existência" (ibidem, p. 192) das coisas. Resta uma forma cética do solipsismo; essa, em vez de se apoiar na não existência das coisas além dos dados, baseia-se na dificuldade para conhecê-las. Mas também nesse aspecto convém não radicalizar essa forma cética a ponto de restringir o conhecimento apenas ao núcleo sensorial: a experiência perceptiva deve ser capaz de encontrar nesse solipsismo, que é um empirismo atenuado, o meio de ser conhecida. Russell defende a tese segundo a qual o nosso conhecimento, mesmo que não possa ser inferido logicamente da existência, é, no entanto, causado por esta.

Ele depara-se assim, de maneira fulcral, com a questão da percepção. Já expusemos o vínculo entre a sensação e a percepção. Convém agora, no contexto desse empirismo atenuado que parte do pressuposto da física como ciência verdadeira, descartar a forma ingênua desse empirismo que se apoia em uma simples semelhança entre as nossas percepções e o conhecimento daí resultante. Como dar crédito a essa forma ingênua quando, afinal, pressupomos a verdade da física? Tal verdade nos indica, de fato, que elétrons, prótons e nêutrons têm pouca coisa em comum com o que percebemos. É preciso, portanto, distinguir o que o realismo ingênuo e o empirismo ingênuo não conseguem diferenciar: se as relações que ocorrem nas percepções e aquelas que ocorrem na física têm uma correspondência entre si, conclui-se que não pode tratar-se de uma semelhança ingênua.

No espaço das percepções, por exemplo, há manchas de cor, enquanto no espaço da física, há elétrons, fótons e nêutrons que não chegamos a perceber. Assim, para a expressão "algo está no exterior de mim", há dois sentidos: pode-se entender que algo está no meu espaço perceptual, "exterior" ao percepto de meu corpo, ou seja, exterior àquilo que percebo de meu corpo e não exterior àquilo que a física considera como se fosse o meu corpo; ou, então, que algo é um objeto físico, exterior ao meu corpo, no espaço da física.

O que será que Russell entende por "percepto"?

> É o que acontece quando, nos termos do senso comum, vejo ou ouço algo, ou acredito que estou atento a algo através de meus sentidos. (Ibidem, p. 218)

A questão da inferência formula-se aqui na medida em que os perceptos, considerados como uma fonte de conhecimento, são efeitos a partir dos quais é possível inferir uma causa. Como esses perceptos são diferentes, deve haver cadeias causais diferentes, em que "cada cadeia causal [é] uma estrutura complexa colocada em ordem pela relação espaço-temporal de copresença (ou de contiguidade)" (ibidem, p. 244).

Antes de expor essas cadeias causais, é importante atribuir um estatuto ao percepto e à sua causa. Para Russell, o percepto é mental, enquanto a sua causa é física. O mental é definido como "uma ocorrência que alguém conhece de modo diferente daquele que se faz por inferência" (ibidem, p. 224). Em outras palavras, aquilo com o qual alguém tem uma relação de familiaridade, ao passo que o físico é derivado sempre de uma inferência: eis o que é conhecido apenas por inferência. Por essa caracterização, Russell pretende transpor, para o âmbito do conhecimento, determinadas questões que pertencem tradicionalmente à metafísica. Pela questão da inferência é que ele consegue estabelecer a distinção entre o mental e o físico, evitando assim qualquer platonismo e, até mesmo, qualquer teologia, aliás, doutrinas em que o mental é tradicionalmente considerado como se fosse mais nobre que o físico.

Há, segundo Russell, uma continuidade da inferência sensorial até a inferência científica. A ciência procede a partir de generalizações que são, por um lado, aproximativamente verdadeiras e, por outro, puras inferências sensoriais. Na inferência científica, existem ainda estas duas características:

1) O uso dos signos que nos permitem exprimir crenças.

Em qualquer ciência empírica, convém estabelecer o vocabulário mínimo suscetível de descrever as nossas experiências e, para Russell, qualquer ciência experimental adquire as suas origens na experiência sensível:

> É evidente que "vermelho" tem um sentido independente da física e que esse sentido é pertinente na coleta dos dados para a teoria física das cores, assim como o sentido pré-científico de "quente" é pertinente no estabelecimento da teoria física do calor. (Ibidem, p. 265)

Além disso, existem elementos que podemos encontrar, imutáveis, quando passamos do mundo dos sentidos para o mundo da física, tais como "a relação de copresença, a relação entre o antes e o depois, determinados elementos de estrutura, assim como diferenças em algumas circunstâncias — por exemplo, ao termos a experiência de sensações diferentes que pertencem ao mesmo sentido, estamos em condições de admitir que as suas causas sejam diferentes" (ibidem, p. 349).

2) Uma consciência da conexão entre os fatos particulares.

Fora da inferência sensorial, a ciência tem uma continuidade com o senso comum, além de pontos de encontro. A ciência física partilha com o senso comum estas duas ideias: o mundo não cessa de existir quando o deixamos de perceber; e as coisas que nunca são percebidas podem, às vezes, ser inferidas.

## 4. Linhas causais e leis causais

A expressão "lei causal" pode ser definida como "um princípio geral em virtude do qual, a partir de dados em número suficiente a propósito de algumas regiões do espaço-tempo, é possível inferir algumas coisas a propósito de algumas outras regiões do espaço-tempo" (ibidem, p. 326). A partir dessa definição, faremos duas observações:

1)Tal inferência é apenas provável e essa simples probabilidade tem a vantagem de nos evocar o papel desempenhado, na ciência, pelas generalizações do senso comum do tipo "o fogo queima", "os cães ladram".

2) Essa definição nos leva a enfrentar o nosso possível conhecimento do mundo físico. Que sejamos capazes de pretender tal conhecimento pressupõe a crença na existência de tais leis. Com efeito, as sensações e as percepções são apenas acontecimentos que nos são próprios: assim, estaremos confinados simplesmente aos dados que elas nos fornecem? Se esse não é o caso, se acreditamos deter certo conhecimento que vai além de nossas sensações e de nossas expectativas perceptivas, então somos levados a justificar a nossa crença na causalidade (*causation*), ou seja, a nossa crença em leis que presidem os casos que não são observados por nós.

Nesse aspecto é que intervém, em Russell, a enunciação dos postulados da inferência não demonstrativa. Antes de tal enunciação, devemos explicitar o que nos leva a recorrer a tais postulados. Convém, assim, distinguir entre duas espécies de conhecimentos: uma que diz respeito aos fatos, enquanto a outra se refere às conexões gerais entre os fatos.

A primeira espécie, quando o conhecimento não é inferencial, tem duas fontes: sensação e memória. A sensação é mais fundamental porque "podemos nos lembrar apenas do que foi uma experiência sensível"; no entanto, "embora a sensação [seja] uma fonte de conhecimento, ela mesma não é, no sentido usual, conhecimento" (ibidem, p. 440). Quando a percepção intervém com suas expectativas é que os fatos são conectados, ocorrendo assim um conhecimento. A percepção não é forma de contato direto entre um sujeito e um objeto; além disso, as conexões efetuadas por seu intermédio tampouco são assimiláveis a princípios lógicos.

Quanto à memória — que, em vez de um amontoado de acontecimentos, nos fornece uma sequência ordenada de acontecimentos — e ao testemunho, trata-se de fontes de conhecimento na medida em que eles nos propiciam a probabilidade da ocorrência efetiva de alguns fatos particulares; por outro lado, é evidente que tais fontes de conhecimento não têm nenhuma necessidade lógica. De um ponto de vista puramente lógico, nada impede que o mundo tenha começado há cinco minutos. A memória é precisamente uma fonte de conhecimento porque ela nos prepara para evitarmos dar crédito a tal suposição lógica, permitindo-nos estabelecer a relação de um conjunto de acontecimentos presentes com um conjunto de acontecimentos passados.

Esse tipo de relação, na ausência de uma metafísica da substância, pressupõe "linhas causais". O que se deve entender por essa expressão? Trata-se de uma sequência temporal de acontecimentos tais que podemos inferir algo de acontecimentos não dados a partir daqueles que o são. Vejamos este exemplo: a nossa própria identidade é garantida pela memória que engendra um tipo de linha causal, ou seja, uma relação entre aparências semelhantes em momentos distintos. A noção de linha causal está assim implicada na "quase permanência das coisas e das pessoas" (ibidem, p. 476); ou, dito de outro modo, ela está implicada na primeira lei do movimento, a saber, o fato de que um corpo continua a mover-se em linha reta a uma velocidade uniforme se não houver a interferência de uma causa exterior. A quase permanência traduz-se da seguinte maneira:

> Considerando um acontecimento em determinado momento, então há logo antes ou logo depois, em um lugar contíguo, um acontecimento estreitamente semelhante. (Ibidem)

A noção de linha causal também está implicada na definição da percepção:

> Ao observar uma mesa, uma cadeira ou uma página impressa, existem linhas causais de suas partes que vejo à vista desarmada. (Ibidem)

Assim, o que é percebido é o primeiro termo de uma linha causal que termina no órgão do sentido.

Considerando que o conhecimento científico exige um vocabulário mínimo portador de precisão e que sensação, percepção e memória são inexatas por serem "essencialmente experiências pré-verbais" (ibidem, p. 441), devemos aprofundar a análise das crenças verbais que, no tocante ao conhecimento, desempenham o papel tanto de fontes quanto de premissas.

## 5. A indução

No que diz respeito à indução, Russell situa-se na esteira dos trabalhos de Keynes[3]:

1) A indução já não deve ser considerada uma premissa, mas é uma "simples aplicação da probabilidade matemática a premissas obtidas independentemente da indução" (HKSL, p. 451). Em outras palavras, os casos individuais não são o ponto de partida; há uma tentativa no sentido de substituí-los por enunciados probabilizáveis. Tal postura, com certeza, não leva a indução a perder a sua utilidade nas generalizações em uso nas ciências e na vida cotidiana. Charles S. Peirce já tinha sublinhado que o raciocínio indutivo requer sempre a presença de postulados que dizem respeito ao fluxo geral do mundo. Russell salienta que tais postulados implementam uma probabilidade matemática, ou seja, um cálculo das frequências. A indução é apenas uma consequência analítica de uma teoria das probabilidades que se baseia em um número finito de frequências. O desafio consiste, portanto, em encontrar as premissas mediante as quais as generalizações se tornem prováveis.

Por exemplo, a seguinte generalização: "qualquer A é B", de probabilidade $p_0$, antes de qualquer observação. A probabilidade dessa generalização aumenta com a observação de cada caso favorável: a probabilidade é $p_1$ com o primeiro caso favorável; $p_2$ com o segundo; $p_n$ com o enésimo caso favorável.

---

3. O economista inglês John Maynard Keynes (1883-1946) — célebre autor de *The General Theory of Employment, Interest and Money* (1936) e inspirador do *New Deal* de Franklin D. Roosevelt (1882-1945) — era também matemático: o seu texto *Treatise on Probability* (1921) foi muito apreciado por Whitehead e Russell.

Queremos saber em que circunstâncias $p_n$ tende para 1 como o seu limite, quando $n$ cresce indefinidamente. Para isso, devemos considerar a probabilidade de que n casos favoráveis — e nenhum caso desfavorável — tenham sido observados se a generalização é falsa. Designemos essa probabilidade como $q_n$. Keynes mostra que $p_n$ tende para 1 como o seu limite quando n aumenta, se a relação de $q_n$ a $p_0$ tende para 0 quando $n$ cresce. Isso requer que $p_0$ deva ser finito e que $q_n$ deva tender para 0 quando $n$ cresce. A indução, por si só, não pode nos dizer se essas condições teriam sido efetivadas. (Ibidem, pp. 452-453)

Essa reformulação permite inscrever os casos favoráveis em um procedimento probabilista e não partir dos próprios casos. O caráter favorável, ou não, de um caso não é dado na própria noção de caso; daí a necessidade de passar por um cálculo das frequências ou, ainda, por probabilidades que estabilizem as frequências segundo os graus de possibilidade dos casos considerados.

2) A indução pura e simples não é fundamental. Ao radicalizar o argumento de Hume relativo à não validade lógica do princípio de indução, Russell chega a dizer que "qualquer conjunto finito de observações é compatível com um número de leis mutuamente contraditórias, em que todas elas têm a mesma evidência indutiva a seu favor" (ibidem, p. 330).

Convém, portanto, enfatizar o quadro teórico que ajuda a interpretar as observações, em vez de partir destas e procurar a passarela improvável entre observação e teoria. A noção de "enunciado de observação" tem o mérito de eliminar a dualidade ilusória entre a teoria e a observação: cada observação é dada em uma linguagem, portanto, em um contexto teórico.

## 6. A verificação

A indução não é o único método mediante o qual a relação entre o conhecimento e a experiência se torna falsa: há também a verificação. Russell substitui o esquema convencional — que propõe a indução e, em seguida, a verificação — por um esquema que procede ao cálculo do grau de credibilidade das premissas e anda à procura das razões que nos levam a acreditar nos pensamentos que somos incapazes de experimentar — ou seja, em tudo o que transcende a experiência. Russell considera como não operatório o preceito segundo o qual "a indução é válida quando ela infere algo que será verificado por uma experiência futura" (ibidem, p. 469).

Se a indução nos leva a refletir sobre as proposições universais do tipo "qualquer A é B", a verificação, por sua vez, impele-nos a aprofundar a análise das proposições existenciais do tipo "algo tem tal propriedade". Se considerarmos o exemplo "há ferro no interior da terra", é óbvio que não se pode fornecer verificações de tal proposição; assim, carece de fundamento a solução — proposta pelos partidários da verificação, tais como os positivistas lógicos — que consiste em traduzir essas proposições sob a forma condicional. Com efeito, se digo: "se eu fizer certas coisas, acabarei descobrindo ferro", o antecedente será sempre provavelmente falso; ora, uma proposição hipotética, cujo antecedente é sempre falso, não me ensina nada; ela é sempre verdadeira. Aqui o desafio consiste em conceber a verificação em termos de possibilidade lógica e não em termos de possibilidade técnica.

A crítica de Russell está fundada na atualização de uma profissão de fé metafísica adotada pela Escola do

Círculo de Viena[4]: o critério de significação proposto refuta-se a si mesmo; segundo ele, o que não é analítico ou empiricamente verificável está desprovido de sentido, mas esse mesmo critério não é analítico nem empiricamente verificável.

Vejamos o seguinte exemplo: "a chuva cai, às vezes, em locais em que não há ninguém para vê-la"; ora, para o senso comum, é muito difícil admitir que não exista fato correspondente a essa proposição, embora não haja ninguém para observá-lo. Seria possível responder que a proposição permanece "verificável". Mas essa noção de "verificável" tem sérios limites:

> Somos incapazes de saber que uma proposição é verificável porque ela implica o conhecimento de um futuro indefinidamente longo. Com efeito, o fato de que uma proposição seja verificável é em si inverificável. (RUSSELL, 1950b, p. 376)

Visado aqui, C. Hempel[5] defendeu-se dessa interpretação errônea da exigência de "verificabilidade", termo que significa "a possibilidade lógica" de dados de observação e não "a possibilidade técnica de executar testes":

> Como tem sido frequentemente sublinhado pelos empiristas, o termo "verificabilidade" indica o fato de ser capaz de conceber, da melhor maneira, a possibilidade

---

4. Esse círculo foi fundado, em 1922 — pelo físico e filósofo alemão, expoente do positivismo lógico, Moritz Schlick (1882-1936) —, com o projeto de criar uma nova filosofia das ciências, apoiando-se nos trabalhos de Wittgenstein e Russell; seu principal animador foi o filósofo alemão e também eminente defensor do positivismo lógico Rudolf Carnap (1891-1970).
5. Carl Gustav Hempel (1905-1997), filósofo alemão, autor, entre outras obras, de *Problems and Changes in the Empiricist Criterion of Meaning* (1950) e *Fundamentals of Concept Formation in Empirical Science* (1952).

lógica de dados do gênero observacional que, se estivessem efetivamente disponíveis, constituiriam uma prova do enunciado em questão. O termo não significa a possiblidade técnica de executar os testes exigidos para obter os dados e ainda menos a possibilidade de encontrar de forma efetiva os fenômenos diretamente observáveis que viessem a constituir uma prova desse enunciado. (HEMPEL, 1980)

Nessa perspectiva, parece ser imperioso desfazer-se de uma concepção cumulativa da experiência e substituí-la por uma concepção em que os procedimentos lógicos, fundados nas regras do uso de um enunciado, prevaleçam em relação às próprias observações; verificar um enunciado — ou, em outras palavras, atribuir-lhe um sentido — é na realidade deduzi-lo de enunciados que incidem sobre a observação. Como se vê, o critério é dado não tanto pela própria experiência, mas pela gramática lógica que fixa as condições do sentido. A verificação experimental parece derivar, em última análise, de convenções gramaticais.

Wittgenstein leva as objeções de Russell a sério e procura evitar que a possibilidade lógica venha a culminar no esquecimento da experiência. Por ocasião de uma entrevista com Schlick, em 18 de dezembro de 1929, ele sublinha que a nossa incapacidade para verificar completamente um enunciado pode nos levar a dizer, em última análise, que ele não tem sentido: em relação a um enunciado do tipo "Lá no alto, em cima do armário, encontra-se um livro", "se eu nunca souber se o enunciado foi verificado, então posso também nada ter desejado afirmar ao enunciá-lo; nesse caso, ele nada significa" (SOULEZ, 1997, p. 143). Para sair de tal situação, Wittgenstein adotará uma concepção que coloca, em primeiro plano, uma hipótese sobre o fato verificável:

à semelhança das hipóteses na física, ela "não tem" — como observa A. Soulez — "necessidade de ser completamente percorrida para que o enunciado conserve o seu sentido" (ibidem, p. 237).

## 7. *Os postulados do conhecimento não demonstrativo*

Russell está próximo dessa solução uma vez que o papel desempenhado pela *hipótese* em Wittgenstein é atribuído aos *postulados* da inferência não demonstrativa. A sua resposta é dupla:

1) Por um lado, há o postulado da analogia segundo o qual se infere a existência de um fato não observado: por exemplo, o latido do cão que corre atrás de um coelho e fica, durante um instante, oculto por uma moita. Nesse curto momento, já não vemos o cão, mas continuamos ouvindo o latido. Acreditamos, no entanto, que o latido está sempre associado ao que acabamos de ver anteriormente:

> Quando o cão sai detrás da moita, pensamos que a nossa crença está confirmada. (HKSL, p. 512)

A analogia, que difere da indução pelo fato de não ser verificável, abre-nos o campo de tudo o que está para além da experiência: como não podemos observar os pensamentos das outras pessoas, servimo-nos da analogia para inferir esses pensamentos a partir dos comportamentos delas.

2) E, por outro, Russell atribui um sentido às proposições existenciais que não são suscetíveis de verificação. Essas proposições são plenamente inteligíveis mesmo que não tenhamos a experiência do que procede à verificação das mesmas:

A proposição "*A* tem um pai" é completamente inteligível mesmo que eu não faça nenhuma ideia de quem tenha sido o pai de *A*. (Ibidem, p. 470)

Os juízos existenciais não são vazios de sentido. Na medida em que eles nos fornecem informações sobre classes ou funções, o conhecimento que temos a seu respeito não depende dos casos instanciados que procedem à verificação deles: "Você sabe que há pessoas em Tombuctu, mas duvido que possa dar-me uma exemplificação (*an instance of one*)" (PLA, p. 234; tr. fr., p. 394). Esse saber apoia-se em leis causais que são, por sua vez, dependentes de uma série de postulados.

A consideração das diferentes análises de Russell relativas à validação das inferências não demonstrativas nas ciências conclui-se pela enumeração de cinco postulados que regulam tais inferências. Esses postulados fornecem "as probabilidades requeridas para justificar as induções" (HKSL, p. 506):

1) Há o postulado da quase permanência. Vimos que ele nos dispensava de falar da substância e explicava o que se encontra continuamente naquilo que designamos como "coisa" ou "pessoa". Do ponto de vista lógico, coisas e pessoas são ficções lógicas, ou seja, construções a partir de aparências correlatas. Do ponto de vista da teoria do conhecimento, trata-se de sequências de acontecimentos, mas a correlação entre eles exige o postulado seguinte.

2) O postulado das "linhas causais separáveis" (ibidem, p. 507), o qual desempenha um papel importante na percepção, permitindo-nos dizer que, no céu noturno, as estrelas são a causa da luz. Uma linha causal é "uma sequência de acontecimentos conectados uns aos outros" (ibidem, p. 508). Uma lei causal acrescenta a possibilidade de uma inferência à linha causal. A relação que ocorre entre dois

acontecimentos pertencentes à mesma linha causal pode ser designada como uma relação de causa e efeito. "No entanto, se lhe atribuímos tal designação, devemos acrescentar que a causa não determina completamente o efeito, até mesmo nos casos mais favoráveis" (ibidem, p. 509), visto que há sempre interações entre uma linha causal e o seu ambiente circundante.

3) O postulado da continuidade espacial e temporal que pressupõe o precedente e se aplica apenas às linhas causais. Por este postulado é que se explica que uma pessoa que não vimos, durante algum tempo, teve, no entanto, uma existência contínua nesse período. De maneira geral, este postulado nos autoriza "a acreditar que os objetos físicos existem quando não são percebidos" (ibidem, p. 510).

4) O postulado estrutural; de acordo com ele, é provável que acontecimentos com a mesma estrutura remontem à mesma causa comum. Por exemplo, quando há uma identidade de estrutura entre um discurso lido e um discurso escrito, cada um dos dois discursos pode ser a causa do outro; ora, esse é efetivamente o caso por ocasião de um ditado ou de uma leitura em voz alta. Observemos que, para Russell, a estrutura é o que é mais suscetível de persistir e mantém uma consistente analogia com a primeira lei do movimento:

> A primeira lei do movimento nos diz o que uma porção de matéria faz quando não é influenciada pelo ambiente; o princípio da constância de estrutura aplica-se quando um processo é independente de seu ambiente, mas também em uma variedade de outros casos.
> Ele aplica-se, por exemplo, a todas as etapas que intervêm entre os movimentos orais de um locutor, cujo discurso é proferido, e as sensações auditivas dos que o escutam. Ele aplica-se aos ecos e aos reflexos no espelho.

Ele aplica-se a cada passo que vai dos pensamentos de um autor até o livro publicado. Em todos esses casos, embora o ambiente exerça diversos efeitos no processo, estes são tais que, globalmente, não afetam a estrutura. (Ibidem, pp. 491-492)

5) O postulado da analogia, o qual nos permite acreditar que outras pessoas pensem por analogia com os nossos próprios pensamentos. Considerando que não percebemos os pensamentos dos outros, convém ter um postulado que estabeleça a possibilidade de tal pensamento. Quando dois acontecimentos, A e B, são observados em conjunto, e quando há uma razão para acreditar que A é a causa de B, então este postulado nos diz que, se observarmos A, sem a possibilidade de observar B, é provável a ocorrência de B. Por exemplo, um objeto que tem a propriedade de ser duro ao tato: este postulado nos autoriza a inferir que a dureza está "provavelmente associada à aparência visual, mesmo que o objeto em questão não seja tocado". (Ibidem, p. 513)

Todos esses postulados nos levam a reconhecer que o conhecimento que não é de natureza lógica deve estar sempre indexado a um grau de certeza, avaliado por uma probabilidade matemática. As premissas do conhecimento não dedutivo podem ser fatos particulares que são conhecidos seja por inferência, seja diretamente por percepção ou memória. Tais premissas, porém, não poderiam ser reduzidas unicamente à experiência: temos necessidade de princípios que nos orientem na ausência desta; daí os postulados propostos por Russell.

Tais postulados consolidam em nós a ideia de que o mundo exterior, que nos esforçamos por conhecer, tem determinadas características que justificam que sejamos capazes de passar por inferência de alguns fatos para outros fatos. Não há necessidade lógica em passar de um dado sensível para outro e de um fato para outro; entretanto, na ausência de tal necessidade, convém postular certo número de princípios que corroborem gradualmente os nossos hábitos inferenciais de adaptação ao nosso mundo.

No exato momento em que Russell aparece como um filósofo analítico que privilegia a lógica, ele se empenhou em abrir um espaço para conhecimentos não demonstrativos e em reconhecer um dado imediato e diversificado que escapa a uma absorção pela lógica. A consideração de crenças instintivas relativas ao mundo — cuja harmonização incumbe ao filósofo — indica, além disso, que Russell estava preocupado com o lugar do ser humano no mundo.

Resta nos questionarmos para saber o motivo pelo qual a filosofia permanece, para ele, compreensão teórica, em vez de prática do mundo.

# VII
# Da lógica à ética e à política

*Produzir sem se apropriar*
*Agir sem se impor*
*Expandir-se sem dominar.*

(Lao-Tsé)[1]

Na medida em que a filosofia é, para Russell, uma maneira de compreender o mundo — além de ser, antes de mais nada, teórica —, pode parecer que tudo o que se refere à prática é de menor ou sem importância para ele. Não é esse, de modo algum, o caso. Tudo o que conta não é necessariamente um objeto para o filósofo. Russell manifestou bastante interesse pelas questões éticas, sociais ou políticas, não para produzir uma filosofia a esse respeito, mas para indicar o quanto esses domínios são, pelo objeto peculiar de cada um, exteriores ao campo do conhecimento teórico e, por conseguinte, da filosofia. Por um lado, "a tentativa de construir uma filosofia da história"[2] parece ser, em sua opinião, "um erro"; por outro, ele reconhece que não há nenhuma conexão necessária entre as suas posturas

---

1. *Tao Te Ching*, Livro I — II. *O encontro dos opostos*. Epígrafe colocada por Russell em *Roads to Freedom* (1918).
2. Schilpp ("Reply to Criticism", p. 727).

a respeito de assuntos sociais e as suas posições nas áreas da lógica e da epistemologia.

Evitar, porém, uma filosofia prática não significa eximir--se de ter *posições* práticas. Russell era a favor do divórcio, da educação e da liberação sexuais, além do voto das mulheres, e contra a Primeira Guerra Mundial e a guerra travada pelos Estados Unidos no Vietnã, nos anos de 1960--1970; mas, todas essas posições não constituíram para ele a oportunidade de construir uma filosofia prática. A sua atenção concentrou-se, de preferência, em enfatizar os sofismas das construções teóricas, baseadas na ética ou na religião. Nesse sentido, ele observa o seguinte:

> Leibniz, em sua *Teodiceia*, provou que o mal no mundo pode ter sido necessário com vistas a produzir um bem maior; ele não se deu conta de que o mesmo argumento comprova que o bem pode ter sido necessário com vistas a produzir um mal maior. Se um mundo parcialmente mau poderia ter sido criado por um Deus totalmente benévolo, um mundo parcialmente bom poderia ter sido criado por um Diabo totalmente malévolo. (Ibidem)

Se a *Teodiceia* retém o argumento do Deus benévolo, de preferência, ao do diabo malévolo, é unicamente baseada em uma visão otimista do mundo, cujo valor teórico conclusivo é nulo. Do ponto de vista lógico, os dois argumentos se equivalem. Graças a esse exemplo, vê-se que Russell se serve efetivamente de seu método que põe à prova os argumentos para discutir posições éticas ou religiosas. Tal procedimento analítico, porém, não é aqui produtor de filosofia. A necessidade da coleta dos fatos e o recurso à capacidade de imaginar, temas que já abordamos, são requisitados para manter a distância qualquer espírito de sistema, assim como qualquer adesão a um dogma, seja ele qual for, sem que por isso tenham constituído o preâmbulo de uma filosofia prática. O argumento da causa primeira para provar a existência de Deus é, em sua opinião, reflexo da falta de imaginação: "A ideia de que as coisas devam ter um começo é realmente tributária da pobreza de nossa imaginação" (WIC; RUSSELL, 1972, p. 11).

Aos dezoito anos, Russell leu a autobiografia de John Stuart Mill[3] e libertou-se imediatamente do argumento da causa primeira; esse economista menciona o pai que, "desde o princípio, gravou em minha mente a ideia de que a maneira como o mundo surgiu era um assunto sobre o qual nada se sabe".[4]

Se os fenômenos particulares têm causas, não é evidente pressupor que "o total das coisas particulares tenha uma causa, seja ela de que ordem for, enquanto totalidade".[5] Não existe algo como a causalidade em si.

O atomismo lógico defendido por Russell no âmbito de sua teoria do conhecimento não se encontra em sua filosofia prática; nesta, reina, de preferência, um holismo do qual tivemos a oportunidade de entrever alguns aspectos. Com efeito, quando Russell observa que as nossas crenças instintivas no mundo exterior exigem de nossa parte um trabalho permanente de harmonização, há aí uma coerência assumida da qual falamos ao sublinhar o desafio a enfrentar na justificação lógica de nossas crenças psicologicamente derivadas e logicamente primitivas. Essa coerência diz respeito ao mundo exterior e refere-se à sociedade em seu conjunto que, para Russell, é um todo orgânico.

---

3. John Stuart Mill (1806-1873), economista e filósofo inglês, autor de *On Liberty* (1859), *Principles of Political Economy* (1848), *The Subjection of Women* (1869) e *Three Essays on Religion* (1874).
4. "Dos céticos católicos e protestantes", texto escrito em 1928 (WIC; ed. bras., p. 63).
5. "A existência de Deus: um debate entre B. Russell & P. F. C. Copleston", reprodução da gravação de um programa da BBC, 1948 (ibidem, p. 109).

## 1. *A religião nos limites do simples medo*

O título de seu livro — *Why I Am Not a Christian* = WIC [Por que não sou cristão] — é eloquente. Ele põe em prática o que Russell havia afirmado, em 1919, sobre os fatos negativos: trata-se de fatos de natureza não específica, em vez de fatos que sejam simétricos dos fatos positivos, os quais, por sua vez, são sempre específicos. Dizer-se não cristão está longe de equivaler à afirmação de que se é budista ou muçulmano; os fatos negativos não são equivalentes a fatos positivos. Dizer que "o Oceano Atlântico não é azul" está longe de equivaler à afirmação de que seja cinzento; o que se pretende exprimir é o fato de não ser azul, e o predicado "não azul" não é específico, uma vez que essa expressão não remete a determinada cor. O mesmo ocorre com "não ser cristão".

Tendo rompido bastante cedo com o cristianismo, religião no seio da qual havia nascido, Russell escreve um livro para expor a motivação que o levou a essa ruptura e não a sua adesão a outra religião. Ele mantém o seu intelecto em uma forma cética e, em 1930, observa o seguinte: "A minha opinião acerca da religião é semelhante à de Lucrécio; [este] a considera como uma doença nascida do medo e como uma fonte de indizível sofrimento para a raça humana."[6] A figura de Cristo parece-lhe ser pouco compatível com a ideia que ele tem de uma sabedoria prática, porque Cristo acreditava no inferno e, por essa crença, engendrou medos e terrores nos cristãos diante do castigo eterno e, por conseguinte, contribuiu para introduzir um grande número de crueldades:

---

6. "Trouxe a religião contribuições úteis à civilização?", 1930 (ibidem, p. 20).

Devo dizer que considero toda essa doutrina — a de que o fogo do inferno é um castigo para o pecado — uma doutrina de crueldade. (WIC; ed. bras., p. 17)

Segundo Russell, porém, o acontecimento mais importante para o cristianismo não foi Cristo, mas a Igreja e a corporação de peritos que apareceu para interpretar as afirmações do filho de Deus. Ao expor essas palavras sob a forma de "verdade imutável", eles frearam o desenvolvimento intelectual da humanidade ao opor-se a todos os grandes sábios, tais como Galileu, Darwin ou Freud; eles adaptaram-se muito bem à escravidão, quando não a justificaram. Russell fustiga igualmente a oposição da Igreja ao controle da natalidade e à educação sexual. A ignorância na qual são mantidos os fiéis a esse respeito é, para ele, algo criminoso:

Não creio que possa haver qualquer defesa para a opinião de que o conhecimento seja, de algum modo, indesejável. (Ibidem, p. 22)

No domínio religioso, impõe-se levar em conta, segundo Russell, estes três aspectos: primeiro, há o sentimento religioso cuja ausência pode tornar as pessoas extremamente insatisfeitas; em segundo lugar, há uma teologia que, para ele, é globalmente indesejável; e, em terceiro lugar, há a religião sob a forma de instituições, tais como a Igreja, considerada por Russell como grandemente nociva.

Se Russell nada tem a criticar contra o sentimento religioso, ele não deixa de reconhecer que o consolo à qual este dá lugar produz numerosos sofismas: a busca do conhecimento é um combate precisamente contra a religião como consolo. Russell pensa que a filosofia subjacente a essa concepção é aquela que se apoia no dualismo entre a realidade intemporal e a aparência passageira, o qual, já vimos, fazia parte do monismo lógico da escola neo-hegeliana de McTaggart e de Bradley. Russell apresenta as suas consequências práticas. A realidade intemporal é, nessa doutrina, considerada boa; ela refere-se a uma providência benévola que serve de consolo aos males que acontecem. A rejeição desse dualismo realidade/aparência fundamenta-se no fato de que

> a realidade, tal como é construída pela metafísica, não mantém nenhuma relação com o mundo da experiência. Trata-se de uma abstração vazia, a partir da qual não se pode fazer, de maneira válida, nenhuma inferência quanto ao mundo das aparências, mundo em que, não obstante, residem todos os nossos interesses.[7]

O mundo a que se atribui o qualificativo de realidade eterna fundamenta-se apenas no fato de desejarmos a sua existência. Com certeza, ele pode proporcionar uma satisfação estética, mas esta encontra-se em tal hiato com a adesão intelectual que é difícil pensar que ele venha a prodigalizar, ao mesmo tempo, uma consolação religiosa ou filosófica. Apesar de reconhecer a possibilidade de existir uma experiência emocional da realidade intemporal, Russell recusa-se a convertê-la em uma experiência intelectual de conhecimento. Qualquer tipo de metafísica que se constitua como um sucedâneo da religião acaba redundando em "argumentos falazes e em enorme desonestidade intelectual" (WIC; ed. bras., p. 61).

O equívoco mencionado aqui por Russell reside no fato de considerar uma emoção religiosa uma prova qualquer. A religião e a metafísica — que lhe serve de esteio — utilizam um modo de persuasão totalmente refratário aos

---

7. "Parece, Madame? Não, é", 1897c (WIC; ed. bras., p. 59).

métodos científicos. O projeto russelliano consiste em tornar a metafísica, à semelhança do que ocorre com a ciência, uma prática do pensamento animado somente pela curiosidade intelectual; em suma, em tornar a metafísica uma prática descritiva do mundo, e não uma prática especulativa.

## 2. *Diálogo entre um especialista da lógica e um teólogo*

Em 1948, ocorreu um diálogo entre Russell e o padre F. C. Copleston[8] sobre a existência de Deus, radiodifundido pela BBC; aliás, ele é semelhante ao que Frege (BENMAKHLOUF, 1999), provavelmente em 1884, havia entabulado com Pünjer[9], o qual abordava a questão da existência. Em ambos os debates, trata-se, para o especialista da lógica, de elucidar a questão tanto da necessidade quanto da existência. No diálogo empreendido por Russell, encontra-se ademais discutida a questão do bem e do mal.

Comecemos por analisar a questão da necessidade. O padre Copleston pensa que, além de existirem seres contingentes que, em si mesmos, não têm a razão da própria existência, há um ser necessário que tem não somente, em si mesmo, a razão de sua existência, mas constitui igualmente a razão da existência dos seres contingentes. Ao responder a esse argumento, Russell sublinha que a necessidade se refere adequadamente apenas

---

8. Frederick Charles Copleston (1907-1994), jesuíta, filósofo e historiador da filosofia, famoso por sua influente obra *A History of Philosophy* (1946-1975) em nove volumes.
9. Georg C. B. Pünjer (1850-1885), teólogo alemão, autor, entre outras obras, de *Geschichte der christlichen Religensphilosophie seit der Reformation*, I, *Bis auf Kant* [História da filosofia cristã da Reforma a Kant] (1880).

a proposições e não a seres: as proposições analíticas é que são chamadas necessárias, ou seja, *sempre* verdadeiras; assim, há necessidade apenas do ponto de vista estatístico e não ontológico.

Esse deslocamento da noção de necessidade já havia sido elaborado por Frege, para quem a necessidade limita-se a suscitar questões de justificação do saber e não do conteúdo deste.[10] As proposições são as únicas necessárias, e o fato de lhes atribuir a necessidade não nos fornece informações sobre o respectivo conteúdo:

> A palavra "necessário", parece-me, é uma palavra inútil, salvo quando se aplica a proposições analíticas, não a coisas.[11]

Wittgenstein também tinha indicado não haver fatos necessários:

> Nenhum fato pode ser necessário porque, se há sentido ao afirmá-lo, há também sentido ao negá-lo. Se não houvesse essa escolha, não haveria nenhum sentido em fazer a asserção. A negação de uma proposição deve ter sentido; mas, se houvesse um fato necessário, não poderia haver outro.[12]

A própria possibilidade de debater a existência de Deus encontra-se assim excluída se admitirmos a ideia de um ser necessário, porque não poderíamos afirmar nem negar

---

10. "*Ao designar uma proposição como necessária* (nothwendig), *dou uma opinião a respeito de minhas razões de julgar.* Mas, considerando que, desse modo, o conteúdo conceitual não é afetado, a forma do juízo apodítico não tem, para nós, nenhuma significação." (FREGE, 1879, § 4; tr. fr., p. 18). Grifo de Frege.
11. "A existência de Deus...", 1948 (WIC; ed. bras., p. 105).
12. Wittgenstein, 1967, p. 93, citado por Schmitz, 1997, p. 65.

seja lá o que for a seu respeito. Eis o que Frege sublinha em *Die Grundlagen der Arithmetik*, após ter descartado a visão spinozista de um Deus cuja existência é implicada por sua essência:

> Convém opor-se a que seja possível ir dos caracteres de um conceito até o próprio conceito, o que exclui o caso em que nenhum objeto se refira ao conceito. Se esse procedimento fosse excluído, seria impossível negar a existência e, por isso mesmo, a afirmação da existência perderia todo o conteúdo. (FREGE, 1884, § 49; tr. fr., p. 178)

Assim, não há ser cuja essência implique a existência, de modo que "a sua existência vai depender de um juízo analítico".[13] O erro sobre a necessidade revela-se um erro sobre a existência: fala-se de "Deus" como se ele fosse um nome próprio, enquanto na realidade trata-se de uma descrição definida do tipo "o ser supremo distinto do mundo", aliás, descrição proposta pelo padre Copleston. Afirmar analiticamente a existência de Deus é tornar a existência uma propriedade dos seres ou das coisas, ao passo que ela se refere apenas a conceitos ou a funções proposicionais, como já tivemos oportunidade de observar:

> A esse propósito, considero que não faz sentido dizer a respeito de um sujeito nomeado que existe, mas somente dizê-lo a respeito de um sujeito descrito. (WIC; ed. bras., p. 106)

Nesse caso, a existência não está envolvida no sentido do sujeito descrito. Convém dispor de elementos exteriores

---

13. "A existência de Deus...", 1948 (WIC; ed. bras., p. 106).

a esse sentido para estar em condições de fazer a asserção dessa existência; ora, esses elementos fazem falta. Eis o motivo pelo qual não podemos defender, "de maneira dogmática, que não há Deus" (ibidem, p. 113). O que Russell pretende afirmar "é que não sabemos se há um Deus" (ibidem).

Quanto ao argumento moral, Russell manifesta-se a favor de um consequencialismo contra a ideia de Copleston segundo a qual há um critério moral, dado pela religião, para distinguir o bem do mal. De acordo com o padre jesuíta, o bem participa da bondade divina e depende de uma faculdade superior do homem. O consequencialismo, por sua vez, consiste em proceder à análise das consequências prováveis de uma ação para verificar o que é bem:

> Ao julgar um ato do ponto de vista da moral, considero não tanto o ato em si, mas as consequências desse ato. (Ibidem, p. 120)

Russell evoca também o ponto de vista de Moore, do qual esteve próximo em 1903, a saber: "Existe uma distinção entre o bem e o mal, e ambos são conceitos bem determinados" (ibidem, p. 103); não há, portanto, motivo para fazer intervir a ideia de Deus como "apoio dessa afirmação" (ibidem). Esse argumento, porém, deixará de ser válido posteriormente, a não ser como um ponto de vista ético possível e, ao mesmo tempo, não religioso; já não será compartilhado por Russell a partir do momento em que ele irá tirar proveito de suas leituras spinozistas. Entre 1903 e 1913, Russell acreditou, à semelhança de Moore[14], que havia uma objetividade do bem e do mal e, por conseguinte, que a ética "era uma ciência entre outras"

---

14. G. E. Moore, *Principia Ethica*, editado pela primeira vez em 1903; a edição revisada é de 1993, publicada pela Cambridge University Press.

(RUSSELL, 1910d; tr. fr., p. 54), irredutível a qualquer outra forma de saber.

## 3. "*Não há conhecimento ético*"

A partir de 1913, Russell renuncia ao ponto de vista de Moore e retoma a sua leitura de Espinosa. O bem é considerado apenas aquilo que é desejado; não há valor intrínseco do bem. Ele criticou Kant por não ter sido tão cético na filosofia prática quanto havia sido na filosofia teórica:

> Em questões intelectuais, ele mostrava-se cético, mas, em questões morais, acreditava implicitamente nas máximas hauridas no colo de sua mãe. (WIC; ed. bras., p. 13)

Espinosa é, em compensação, uma referência ética permanente em Russell. A supremacia ética desse filósofo é reconhecida em *History of Western Philosophy*:

> Apesar de ter sido ultrapassado, do ponto de vista intelectual, por outros pensadores, ele é eticamente superior a todos. Como consequência natural disso, ele foi considerado, ao longo de sua vida e durante um século após a sua morte, um homem de assustadora maldade. Ele nasceu judeu, tendo sido excomungado pelos judeus e, igualmente, detestado pelos cristãos; embora toda a sua filosofia seja dominada pela ideia de Deus, os ortodoxos não deixaram de acusá-lo de ateísmo. (HWP, p. 552)

A vida "aprazível" para Russel, à semelhança do que ela havia sido para Espinosa, é uma vida em que "o amor é guiado pelo conhecimento".[15] Russell está convencido,

---
15. "Aquilo em que creio", 1925 (WIC; ed. bras., p. 46).

como o Espinoza do *Tratado da correção do intelecto*, que o conhecimento garante uma alegria contínua e, por isso, merece ser perseguido.

Com essa base, Russell pensa que não há "conhecimento ético":

> Ao falar do conhecimento como ingrediente da vida satisfatória, não me refiro ao conhecimento ético, mas ao conhecimento científico e ao conhecimento de fatos particulares. (WIC; ed. bras., p. 39)

Não há bem intrínseco a conhecer nem dever supremo a cumprir:

> O que "deveríamos" desejar é simplesmente o que alguma outra pessoa deseja que desejemos. (Ibidem, p. 40)

Há, porém, um ponto de referência: as consequências das condutas que adotamos. Essas consequências consistem nas finalidades de nossos desejos e têm assim a nossa aprovação. O conhecimento intervém nos meios que implementamos para realizar os nossos desejos. Se decidirmos modificar os nossos desejos levando em conta os meios de que dispomos, isso não vem de nenhuma instância normativa, mas unicamente de nossa maneira de apreciar a adequação dos meios aos fins desejados. "Fora dos desejos humanos, não há padrão moral" (ibidem), do mesmo modo que não há conhecimento específico que viesse a depender da moral: não há "conhecimento ético". O conhecimento não se enuncia segundo o teórico e o prático, mas é da mesma natureza em todos os casos: compreensão teórica do mundo. A ética não é, portanto, um ramo da filosofia, porque ela não é um conhecimento; ora, a filosofia inteira é um conhecimento.

A única maneira de considerar uma filiação da ética à filosofia reside na análise do modo de expressão das proposições éticas, que é um modo de expressão optativo e não indicativo:

> Quando se trata de ética, considero o seguinte: enquanto os princípios fundamentais estiverem envolvidos, é impossível produzir argumentos intelectuais decisivos.[16]

Ou, em outras palavras, para Russell, a ética não está incluída na categoria do verdadeiro e do falso, tampouco na categoria do mandamento ou do imperativo categórico:

> É uma força social que ajuda uma sociedade a aderir a si mesma, e todo aquele que enuncia um juízo ético sente-se, em certo sentido, um legislador ou um juiz, segundo o grau de generalidade do juízo em questão. (SCHILPP, op. cit., p. 722)

Há, portanto, apenas os desejos, as suas realizações, as suas modificações e a adequação dos meios aos fins perseguidos que se faz graças ao conhecimento. A moral surge apenas quando há um "conflito de desejos"[17], no momento em que determinados atos são desaprovados. A desaprovação pode apoiar-se apenas na superstição, que se encontra na "origem das regras morais". Desse modo é que se considerou "outrora que certos atos desagradavam aos deuses, sendo os mesmos proibidos por lei, por se julgar que a ira divina poderia recair sobre a comunidade e não só sobre os indivíduos culpados. Surgiu daí a concepção de pecado, como coisa desagradável a Deus" (ibidem, p. 42).

---

16. Schilpp, op. cit., "Reply to Criticism", p. 719.
17. "Aquilo em que creio", 1925 (WIC; ed. bras., p. 41).

A palavra "pecado" é vazia de sentido objetivo. O seu sentido reduz-se "àquilo que desagrada aos que controlam a educação"[18], mas pode-se sutilmente conceder-lhe um papel sem consequência e que frustra o seu sentido primitivo:

> A essência de um sábio sistema social talvez esteja em qualificar diversos atos inofensivos como "pecado", mas tolerando aqueles que os praticam. Desse modo, o prazer do pecado pode ser conseguido sem causar dano a ninguém.[19]

Nessa ótica, o que pode significar "ter desejos maus"? A resposta, totalmente spinozista, pressupõe levar em conta a quantidade e a harmonia dos desejos: os desejos maus são aqueles "que mais frustram do que favorecem tais desejos" (ibidem, p. 48). A leitura que Deleuze faz de Espinosa restitui esse ponto:

> Um ato é mau sempre que ele altera diretamente uma relação, ao passo que é bom quando ele harmoniza diretamente a sua relação com outras relações. (DELEUZE, 2002, p. 42)

Do mesmo modo, e de acordo ainda com uma mentalidade spinozista, é que se pode dizer que as sociedades em que a esperança prevalece em relação ao medo são sociedades de desenvolvimento intelectual e de amor, e aquelas em que se passa o contrário são sociedades de crueldade e destruição.

---

18. "A nova geração", 1930 (ibidem, p. 85).
19. "Dos céticos católicos e protestantes", 1928 (ibidem, p. 66).

## 4. Política e filosofia

Entre 1894 e 1898, sob uma ótica totalmente hegeliana, é que o jovem Russell imaginou ter a obrigação de escrever livros de filosofia das ciências cada vez mais concretos, além de livros relacionados a questões sociais e políticas cada vez mais abstratos, e de concluir a sua obra por uma "síntese hegeliana com um trabalho enciclopédico que se referisse tanto à teoria quanto à prática".[20] Esse projeto, porém, não sobreviveu após esse período hegeliano. A teoria do conhecimento de Russell nunca chegou a coincidir com as suas teses sobre a política, mesmo que de um ponto de vista metodológico haja elementos de semelhança, entre os quais: 1) o respeito pelo sentido referencial das palavras, opondo-se a seu sentido emocional; e 2) a vontade explícita de reconhecer plenamente os fatos, sem selecionar aqueles que são suscetíveis de produzir uma visão ou uma filosofia da história e da ação. Já observamos que Russell se recusa a conferir qualquer validade a tal filosofia.

Analisemos mais detalhadamente esses dois pontos. Em "A Plea for Clear Thinking" [Apelo em favor do pensamento lúcido], Russell sublinha que "um dos elementos mais importantes na transição da barbárie para a civilização é o uso crescente de palavras que orientam de preferência àquelas que provocam a exaltação; mas, na política, poucas coisas foram feitas nesse sentido" (RUSSELL, 1947a, p. 185). Esse é o caso da palavra "liberdade" que, originalmente, significa ausência de dominação; no entanto, nas mãos de Hegel, ela tornou-se "uma permissão graciosa de obedecer à polícia" (ibidem). O mesmo ocorre com a palavra "democracia", que já não significa "governo da maioria", como seria previsível, mas "governo despótico" nas "democracias do Leste".

---

20. Schilpp, op. cit., "My Mental Development", p. 11.

Assim, uma das tarefas mais importantes do ensino consiste em incentivar as pessoas a utilizarem as palavras em um sentido preciso. O educador, porém, não será um propagandista em potencial? Segundo Russell, a resposta é negativa porque, para o propagandista, os alunos são potencialmente soldados de um exército, ao passo que para o educador qualquer autoridade é neutralizada pelo esforço civilizador de relacionar a idade do aluno com o passado e o futuro, além de mostrar-lhe que "o seu próprio país é apenas um entre outros países do mundo, tendo todos um direito igual para viver, pensar e sentir" (RUSSELL, 1940b, in UE, p. 153).

Russell insistiu muito no papel determinante da educação no Estado para combater o fanatismo dogmático; com essa base, ele sente-se próximo dos filósofos empiristas, tais como Locke, que haviam contribuído com a respectiva filosofia para criar um quadro em vista de uma política de tolerância. Para Russell, o empirismo é a única filosofia capaz de "[produzir] uma justificação teorética para a democracia" (RUSSELL, 1947b, in UE, p. 25); além disso, Locke "nunca se cansa de insistir na incerteza da maior parte de nossos conhecimentos com uma intenção que — em vez de cética, tal como a de Hume — procura levar os seres humanos a se tornarem conscientes de que eles *podem* estar equivocados e devem ter em conta essa possibilidade em todas as suas relações com as pessoas de opiniões diferentes daquelas que são defendidas por eles" (ibidem). A força de Locke está, portanto, em sublinhar a falibilidade dos juízos humanos, o que para Russell foi inegavelmente "o arranque de uma nova era de progresso que subsistiu até 1914"[21], tendo permitido em seu tempo que protestantes e católicos deixassem de se perseguir mutuamente, tornando absurda a sua oposição teológica,

---

21. "A liberdade e os 'Colleges'", 1940 (WIC; ed. bras., p. 98).

assim como é absurdo o combate swiftiano entre os gigantes e os anões em *As viagens de Gulliver*.

O empirismo lockiano e as suas consequências são, para Russell, uma forma de liberalismo ao qual ele adere plenamente. Trata-se, na ciência, assim como na política, de criar uma ordem sem produzir autoridade. Na esteira de Popper, seria possível acrescentar que o essencial desse liberalismo não está no conteúdo das opiniões, mas na forma como estas são defendidas:

> Em vez de serem mantidas de maneira dogmática, [as opiniões] são precavidamente defendidas com a consciência de que uma nova prova possa vir, de um momento para outro, contestá-las. (RUSSELL, 1947b, in UE, p. 27)

Essa disposição relativamente às opiniões formadas só é possível em razão de uma vontade de reconhecer plenamente os fatos. Abordemos, portanto, este segundo ponto.

Segundo Russell, uma das condições para atribuir o que é justo aos fatos e, por conseguinte, adotar simplesmente a justiça consiste em permanecer cético. As filosofias que combateram o ceticismo, tais como a platônica e a hegeliana, em nome de um bem que seria mais nobre revelaram-se "representantes implacáveis de injustiça, de crueldade e de oposição ao progresso". Com respeito a Platão, Russell menciona o livro de Popper que acabava de ser publicado — *The Open Society and its Enemies* —, em que o autor estabelece o vínculo entre totalitarismo platônico e ódio dos poetas. Ao subscrever essa tese, Russell observa, em UE (1950a), o seguinte:

> Platão e Hegel deveriam ter combatido, como verdadeiros adversários, não os céticos, mas os empiristas: no primeiro caso, Demócrito e, no outro, Locke. Em cada caso,

a nova filosofia foi bem-sucedida ao apresentar-se como mais nobre e profunda que a filosofia do senso comum vulgar que ela havia superado. Em cada caso, em nome daquilo que há de mais sublime, a nova filosofia fez-se campeã da injustiça, da crueldade e da oposição ao progresso.
No caso de Hegel, isso é mais ou menos reconhecido; no caso de Platão, não deixa de continuar sendo algo paradoxal, embora tenha sido brilhantemente defendido no livro recente do Dr. K. R. Popper. (Ibidem, p. 15)

Para essa leitura, é convocada, por exemplo, a passagem na *República* de Platão sobre a "nobre mentira" (414c-415a). Trata-se do mito da filiação ao mesmo *genos* que permite consolidar a sociedade organizada tendo como pano de fundo uma mística do pertencimento. Popper defende a tese segundo a qual temos aí um totalitarismo como política do eugenismo (se houver a pretensão de que a raça dos guardiões se conserve pura, diz a *República*, V, 460c). Esse totalitarismo traduz-se pela censura das artes, pelo treinamento dos jovens (comparado à criação dos animais, 459a) e pelo controle dos casamentos e da natalidade, tudo isso para opor-se à tendência ao declínio.[22]

Russell não hesita em falar de "panfleto totalitário" (RUSSELL, 1947b, in UE, p. 16) a propósito da obra de Platão e prossegue assim: "O objetivo principal da educação ao qual tudo está subordinado consiste em produzir coragem para o combate. [...] O governo deve estar nas mãos de uma reduzida oligarquia" (ibidem) que tem o direito de mentir com vistas a persuadir a população de que há "diferenças biológicas entre as classes dominantes e as

---

22. Na década de 1950, essa leitura de Platão deu lugar evidentemente a uma controvérsia que foi restituída por A. Soulez (2002). Popper não teria dado o devido crédito ao contexto platônico.

classes dominadas" (ibidem). Eis, portanto, um Platão visto como um falsificador dos fatos.

Outra maneira de falsificar os fatos é confundir a noção de mudança com a noção de progresso. Hegel é visado aqui. Enquanto a mudança é, para Russell, uma noção científica consensual, o progresso é uma noção ética submetida a controvérsias. O sofisma de Hegel consiste em considerar a noção ética como se fosse uma noção científica, o que abre espaço para uma seleção dos fatos segundo características que lhe proporcionam prazer e para o abandono daqueles que têm características que são a causa de seu sofrimento:

> Assim, por uma seleção cuidadosa de fatos, ele fica convencido de que o universo está submetido a uma lei geral que leva a incrementar o que ele acha agradável e a reduzir o que ele acha desagradável. (Ibidem, p. 19)

Em última instância, aqui é efetivamente visado, de novo, o monismo lógico de Hegel: a maneira de acreditar que tudo o que acontece no espaço e no tempo deriva de uma ideia; no entanto, o que permanece totalmente misterioso é a razão pela qual "o processo temporal da história repete o desenvolvimento lógico da dialética" (ibidem, p. 22).

Reconhecer plenamente os fatos, do ponto de vista científico, significa adotar um ponto de vista pragmático sobre as hipóteses científicas ao aceitar que estas possam ser corroboradas ou invalidadas pelo conjunto das observações futuras; nesse sentido, "nenhuma pessoa sensata irá considerá-las imutavelmente perfeitas" (ibidem, p. 30). Esse mesmo princípio falibilista pode, segundo Russell, guiar-nos na esfera prática: a escatologia marxista que promete a felicidade eterna após a abolição da propriedade privada suscita um problema da mesma ordem. O seu dogmatismo descarta os fatos, tendo a seguinte consequência: além de ser falso, é perigoso.

Bem cedo, Russell declarou-se contra o comunismo. A sua viagem à Rússia, em 1920, assim como as suas conversações com os dirigentes soviéticos, entre eles Lênin, deu-lhe a convicção de que a ditadura do proletariado era profundamente antidemocrática em um país no qual não apenas os cidadãos na sua maioria eram camponeses, mas o regime acabou por se tornar a ditadura de um pequeno comitê para identificar-se, mais tarde, com a de um só homem, "um déspota benevolente" (RUSSELL, 1960; tr. fr., p. 61), tal como Stálin. As restrições à livre discussão, assim como o uso da coação para difundir uma opinião, afastaram-no definitivamente desse tipo de governo.

O medo de um confronto entre o Leste e o Oeste foi grande na década de 1960, e Russell não cessou de exercer a sua militância em favor tanto de uma desmilitarização dos dois blocos quanto da emergência de um real poder internacional, capaz de eliminar os diferentes nacionalismos, considerados por Russell "o mal genuíno" na política:

> A meu ver, a tensão Leste-Oeste é o maior perigo de nosso mundo. Se, porém, essa tensão desaparecesse, o nacionalismo permaneceria, e penso que essa ameaça seria mais grave para a humanidade que a expansão pacífica do comunismo. (Ibidem, p. 127)

Para combater o nacionalismo, Russell propõe uma forma de federalismo não somente entre Estados, mas também entre profissões. É o que ele designa como um *Guild Socialism*, literalmente um socialismo corporativo, forma de governo que concilia as vantagens do anarcossindicalismo (a ausência de coerção estatal) com as do socialismo (a presença de um Estado que elimina o capital privado sem entregar o poder a uma classe de funcionários):

> O objetivo dos *Guild* socialistas consiste na autonomia da indústria, tendo como consequência não a abolição, mas a redução do poder do Estado. O sistema que eles preconizam é, em minha opinião, o melhor que foi proposto até aqui e o que seria mais provavelmente capaz de garantir a liberdade sem esses apelos incessantes à violência que não deixam de ser uma grave ameaça em um regime puramente anarquista. (RUSSELL, 1918; tr. fr., p. 83)

Esse federalismo, porém, não é acompanhado de modo algum por uma visão uniforme relativamente ao mundo. De um ponto de vista antropológico, a diversidade humana é plenamente reconhecida. Em um momento em que a colonização da África e da Ásia pela Europa era assunto candente, Russell observava que "a autonomia das civilizações extraeuropeias tem uma importância real para o mundo, porque não é por uma uniformidade monótona que o mundo em seu conjunto fica mais enriquecido" (ibidem, p. 157).

Contra a guerra travada pelos norte-americanos no Vietnã nas décadas de 1960-1970, ele funda, em companhia de Jean-Paul Sartre, um Tribunal Internacional destinado a julgar os Estados Unidos e a CIA pela desordem militar e industrial que eles estavam introduzindo no mundo... Mais tarde, ele acabará tomando distância em relação aos animadores da fundação que leva o seu nome, retirando-se aos poucos da vida pública, mas sem nunca ter renegado os seus combates e compromissos.

Vê-se perfeitamente que Russell, por meio dos diferentes domínios da ética, da política e da religião, não elaborou uma filosofia. Ele contenta-se em apresentar as suas posições sem renunciar a uma argumentação precisa. Pode parecer, em um ou outro texto — por exemplo, sobre Platão ou Hegel —, que os juízos de Russell sejam incisivos. No entanto, eles não se apresentam como análises produtoras de filosofia; daí o fato de terem sido usados frequentemente de maneira convencional.

Do mesmo modo, em relação ao sentimento religioso, pode parecer bastante redutor confiná-lo, como faz Russell, ao domínio da emoção. Alguns filósofos, tais como Wittgenstein, tiveram a oportunidade de indicar, mediante observações isoladas, os limites dessa simplificação. Não será necessário, por exemplo, distinguir, no sentimento religioso, entre a piedade e a exaltação? E, em caso afirmativo, não convém questionar, de um ponto de vista epistêmico, o recurso a Deus que é utilizado por alguns autores?[23] A fé na providência não é simplesmente uma "opinião" ou "convicção", mas também uma "atitude diante das coisas e do que se produz" (WITTGENSTEIN, 1999, p. 131). Uma filosofia da religião não é, desse ponto de vista, um empreendimento fútil.

---

23. "'Essa é a vontade de Deus': eis a expressão exata da ausência de fundamento." (WITTGENSTEIN, 1999, p. 61)

# Conclusão

*O que o mundo precisa não é de dogma, mas de uma atitude de investigação científica* [...].
("Religião e moral", WIC; ed. bras., p. 128)

As verdades importantes serão descobertas unicamente pelo pensamento, sem a ajuda de nenhuma observação? É possível responder afirmativamente quando se trata das diferentes disciplinas da matemática pura porque o estudo destas é essencialmente verbal, mas a resposta é negativa nos outros casos porque "o pensamento, por si só, não pode estabelecer um fato não verbal" (RUSSELL, 1937, in UE, p. 77). O erro da filosofia monista consiste em acreditar que o filósofo seja capaz de descobrir os fatos por simples contemplação. A contribuição do método científico para a filosofia é precisamente o respeito pelos fatos, além de demonstrar a inanidade da crença segundo a qual "os nossos objetivos mantêm uma relação importante com os objetivos do universo". O método científico elimina a convicção mediante a qual o mundo *deva ser* eticamente satisfatório. Essa catarse efetua-se por uma análise precisa da linguagem, cujo primeiro benefício consiste em distinguir entre as palavras e o que elas designam, ou, dito de outro modo, em anular a conexão mágica entre as palavras e as coisas.

Russell não cessa de combater em favor dos fatos. O ser humano deveria ter um impulso científico pela coleta de fatos estranhos e não ter medo de despender o tempo com coisas que, apesar de insignificantes em si mesmas, são importantes por suas consequências, aliás, "procedimento semelhante ao adotado pelo cientista com suas provetas e seus testes".[1] Eis a maneira de deixar de lado o gosto exacerbado pelos sistemas.

A matemática, em suas diferentes facetas, afasta-nos certamente dos fatos, mas é o único domínio do conhecimento em que a certeza é irretocável; em todas as outras áreas, o conhecimento comporta uma parte irredutível de imprecisão. Mas a própria matemática tem um efeito catártico semelhante ao das outras ciências que se baseiam em fatos, evitando que sejamos levados a confundir os nossos desejos com a realidade ou a acreditar que o mundo é regulado por eles:

> Aprecio a matemática em suas diferentes facetas porque, à semelhança do Deus de Espinosa, ela não nos retribui a nossa afeição pelo fato de ser não humana e de não ter nada de particular a ver com este planeta, nem com o universo acidental em seu conjunto. (Ibidem)

O projeto lógico de Russell não se resume ao logicismo, ou seja, à redução da matemática à lógica e à descoberta do paradoxo de 1901, o qual havia desestabilizado os fundamentos lógicos da aritmética. Ele visava também introduzir na análise filosófica um método, cujos benefícios foram enfatizados por nós ao abordarmos a questão da existência. A esse respeito, convém sublinhar estes cinco pontos:

1) Graças à formulação dos juízos existenciais, é possível reconhecer que a verdade transcende a experiência: sei,

---

1. Carta de Russell para Ottoline Morrell, 8 de março de 1912.

segundo a verdade, que *há* homens em Tombuctu, embora eu não conheça nenhum em particular na minha experiência de vida.

2) Os juízos existenciais eliminam a preeminência da forma sujeito-predicado, levando-nos a tomar consciência de que o mundo não é feito de substâncias qualificadas de maneira diversa e acidental.

3) A relação entre os juízos existenciais e os juízos universais, tal como ela havia sido estabelecida pela lógica aristotélica, é radicalmente transformada: os juízos universais não pressupõem, de modo algum, a realização dos conceitos de que eles se compõem; nesse sentido, eles são menos eloquentes que os juízos existenciais, embora o seu alcance seja mais geral do que o destes últimos. Convém, portanto, diferenciar entre o alcance geral de um juízo e a realização ou a satisfação dos conceitos de que ele é composto.

4) A generalização existencial do tipo $\exists x\ f(x)$ admite a negação $\neg(\exists x\ f(x))$, permitindo-nos assim falar das coisas que não existem, tais como Pégaso ou o atual rei da França.

5) Enfim, a asserção de existência, formalmente exigida no caso de descrições definidas que indicam a existência, sublinha o quanto nas línguas comuns nos contentamos com pressuposições suscetíveis de se revelarem indevidas.

A contribuição da lógica está longe de ficar circunscrita unicamente ao problema do juízo de existência. Há consequências diretas na teoria do conhecimento, até mesmo nos desenvolvimentos relativos às observações sobre a ética e a política. Ao manifestar o seu interesse pelas crenças e pela subclasse destas que são os conhecimentos, Russell teve de formular o problema da "justificação lógica" das mesmas, ou seja, o problema da derivação de uma crença a partir de outra. Ele conseguiu assim distinguir "crenças instintivas" (PoP; tr. fr., p. 45), tal como a crença na existência de um mundo exterior; no entanto, se essas crenças são logicamente primitivas, elas não deixam de ser psicologicamente derivadas de nossas percepções.

Russell defende que temos uma "crença instintiva" na existência de coisas irredutíveis às nossas percepções e, ao mesmo tempo, que não há nenhuma impossibilidade lógica de que o mundo seja reduzido a um fluxo de acontecimentos percebidos. Por meio de postulados do conhecimento — por exemplo, o postulado da quase permanência — é que é possível deixar de sucumbir à crença de que o mundo não começou neste ou naquele instante escolhido arbitrariamente. Qualquer crença, portanto, pressupõe de nossa parte uma "justificação lógica", não no sentido em que todas as crenças pertençam materialmente à lógica — está longe de ser o caso —, mas no sentido em que procuramos explicar o seu grau de primitividade lógica ou psicológica.

Considerando que as nossas crenças instintivas formam um todo harmonioso, Russell defende uma teoria coerentista da justificação; no entanto, sabe-se que, em outros textos, ele manifesta-se em favor de uma teoria correspondentista, não coerentista, da verdade.[2] Não há nenhuma tensão entre as duas teses. Com efeito, em vez de dizer que a asserção das verdades só é feita pelo fato de que estas constituem um todo coerente, trata-se de afirmar que as "crenças instintivas" formam "um sistema harmonioso" (PoP; tr. fr., p. 46); aliás, a tarefa de estabelecer a respectiva hierarquia cabe à filosofia. A razão é que as nossas crenças não suscitam, de imediato, o problema de sua verdade ou de sua falsidade; o que se questiona, em primeiro lugar, é a compreensão do sentido que elas encerram. Daí a ideia russelliana de um "princípio epistemológico fundamental"

---

2. Já indicamos (cap. IV, p. 155, nota 3) que Peter Hylton tem o mérito de sublinhar essa diferença (HYLTON, pp. 380-384).

com duas funções: a positiva consiste em permitir a compreensão, enquanto a negativa tenta retardar ao máximo o momento de estabelecer a verdade ou a falsidade de nossas crenças.

Tal princípio evita tornar a dualidade sentido/denotação um princípio primitivo. Trata-se de reescrever qualquer expressão descritiva em função(ões) proposicional(is) para fazer aparecer um elemento indeterminado ou geral, descartando assim definitivamente a hipóstase de um sentido ou a pressuposição de uma denotação. Nos dois casos, esse princípio elimina o elemento pseudoconstituinte, tal como pode ser uma descrição definida.

Segundo Russell, portanto, a filosofia é efetivamente uma compreensão do mundo e não, em primeiro lugar, à semelhança da ciência, uma viagem ao âmago da denotação e da verdade. No caso em que vier a efetuar tal viagem, ela será então ciência e deixará de ser filosofia:

> Por conseguinte, cada progresso do conhecimento apropria-se de determinados problemas que pertenciam à filosofia; e se há uma verdade, se a espécie de procedimento que é o da matemática lógica tem um valor qualquer, a filosofia acabará perdendo certo número de problemas que virão a pertencer à ciência. (PLA, p. 281; tr. fr., pp. 441-442)

A meditação filosófica encontra-se entre aqueles que têm uma "disposição aventureira" pelas regiões do saber "em que ainda reinam incertezas". O exercício filosófico incide então sobre "o que *pode* ser verdadeiro", de preferência, ao verdadeiro em si. Mas ele também está animado por uma intenção cética:

> A intenção de levar os seres humanos a se tornarem conscientes de que eles podem estar equivocados e devem

ter em conta essa possibilidade em todas as suas relações com as pessoas de opiniões diferentes daquelas que são defendidas por eles. (RUSSELL, 1947b, in UE, p. 25)

Esse falibilismo terá uma brilhante posteridade na filosofia analítica com os trabalhos de W. V. Quine[3] ou de D. Davidson, filósofos que souberam conciliar a busca da verdade com a parte de indeterminação intrínseca a qualquer conhecimento humano; além disso, eles conseguiram dar um prolongamento às teses de Russell sobre o aspecto difuso de nossos conhecimentos ao adaptar essas teses a uma forma de pragmatismo proveniente dos trabalhos de Peirce e de Ramsey.[4]

Do mesmo modo, outros filósofos, tais como P. F. Strawson, embora críticos em relação às posições de Russell sobre a asserção de existência — como vimos no capítulo I —, desenvolveram uma metafísica descritiva, em vez de uma metafísica especulativa. Ora, o caminho para esses trabalhos foi aberto efetivamente pelos ensaios de Russell sobre a importância de uma gramática filosófica: entre as aquisições dessa gramática, é possível observar a riqueza do conceito de descrição enfatizado por Russell; graças a esse conceito, tornou-se viável sair de dificuldades não só relacionadas à observação, mas também referentes à denominação. Se Ramsey conseguiu falar de paradigma filosófico a propósito da descrição definida, é porque esta constitui um instrumento lógico neutro em relação a

---

3. Willard van Orman Quine (1908-2000), matemático e filósofo estadunidense muito influente, autor de *Word and Object* (1960) e *Ontological Relativity and Other Essays* (1969).
4. Ver o livro de Jérôme Dokic e Pascal Engel (2001). Quanto a Charles S. Peirce, numerosas traduções de seus textos para o francês foram publicadas nas Éditions du Cerf sob a direção de C. Tiercelin e de P. Thibaud, permitindo verificar os pontos de encontro entre a tradição realista de Russell e o pragmatismo.

atitudes epistemológicas, tais como o realismo ou o convencionalismo.

Enfim, as críticas dirigidas por Wittgenstein contra Russell, a partir dos anos 1930 — retomadas pelos filósofos da linguagem, por exemplo J. Austin[5] ou P. Geach —, deram uma nova atualidade a problemáticas clássicas que haviam tumultuado a filosofia do século XVII.

Vejamos, por exemplo, os *sense-data*. Para a nossa compreensão das coisas, Russell apoiou-se em um princípio determinante segundo o qual o nosso conhecimento (exceto na área da matemática) enraíza-se em nossas impressões sensoriais. Mas essas impressões serão puras ou, pelo contrário, não estarão impregnadas continuamente de senso comum ou de teorias implícitas?

Abordar tal questão é entrar efetivamente em diálogo com Russell[6]: ora, discutida e emendada a sua obra, deparamo-nos com um Russell em um sentido plenamente realizado; com efeito, ele baseou o método filosófico não somente na tomada de consciência da possibilidade do erro, mas também na necessidade para todos os seres humanos de "terem em conta essa possibilidade em todas as suas relações com as pessoas de opiniões diferentes daquelas que são defendidas por eles" (RUSSELL, 1947b, in UE, p. 25).

---

5. John L. Austin (1916-1960), filósofo inglês, teórico da linguagem, especialmente dos atos de linguagem; autor de *How to Do Things with Words* (1962).

6. O leitor interessado pelo assunto poderá consultar na internet o portal: http://pragmatisme.free.fr (aba *sense-data*). Encontram-se aí as intervenções e os debates provenientes de dois colóquios em torno do trabalho de Russell, organizados pelo Centre de Philosophie Contemporaine e pelo Institut Universitaire de France, em dezembro de 2001, na Universidade de Amiens, sob a direção de Sandra Laugier.

# Indicações bibliográficas

*I. Obras de B. Russell*

The Bertrand Russell Research Centre, McMaster University
[http://www.humanities.mcmaster.ca/~russell/]

The Bertrand Russell Society [https://users.drew.edu/~jlenz/brs.html]
Uma coleção *on-line* de mais de cem livros e artigos de Russell [https://users.drew.edu/~jlenz/brtexts.html]

## Siglas
(por ordem alfabética dos títulos)

| | | |
|---|---|---|
| ABR | *The Autobiography of Bertrand Russell* <br> *1872-1914*, 1967 <br> *1914-1944*, vol. II, 1968 <br> *1944-1967*, vol. III, 1969 | Londres: G. Allen & Unwin. |
| CEPL | *A Critical Exposition of the Philosophy of Leibniz* | Cambridge: Cambridge University Press, 1900a. |
| CP | *The Collected Papers of Bertrand Russell* <br> vol. 1: *Cambridge Essays, 1888-99* [1983] <br> vols. 2-11: *Philosophical and Logical Series* [1986-2014] <br> vols. 12-34: *Political and Cultural Series* [1985- ] <br> vols. 35-36: *New Papers and Indexes* [1994] <br> [http://russell.mcmaster.ca/brworks.htm] | 36 vols. (previstos) |

| | | |
|---|---|---|
| HKSL | *Human Knowledge, its Scope and Limits* | Londres: G. Allen & Unwin, 1948; 6ª ed., 1976. |
| HWP | *A History of Western Philosophy and its Connection with Political and Social Circumstances from the Earliest Times to the Present Day* [Ed. bras.: *História da filosofia ocidental.* Rio de Janeiro: Ediouro, 2001.] | Londres: G. Allen & Unwin, 1946; 10ª ed., 1983. Nova York: Simon & Schuster, 1945. |
| IMP | *Introduction to Mathematical Philosophy* | Londres: G. Allen & Unwin, 1919b. |
| IMT | *An Inquiry into Meaning and Truth* | Londres: G. Allen & Unwin, 1940. |
| L K | *Logic and Knowledge: Essays by Bertrand Russell 1901-1950* Robert C. Marsh (ed.) [https://ia802607.us.archive.org/22/items/logicandknowledg010919mbp/logicandknowledg010919mbp.pdf] | Londres: G. Allen & Unwin, 1956; nova ed. Nova York: Capricorn Books, G. P. Putnam's Sons, 1971. |
| ML | *Mysticism and Logic: And Other Essays* [https://archive.org/details/mysticismlogicot00russ] [Ed. bras.: *Misticismo e lógica — e outros ensaios*. Rio de Janeiro: Zahar, 1977.] | Londres: G. Allen & Unwin, 1917b (reimpr., Londres: Unwin Paperbooks, 1986). |
| MPD | *My Philosophical Development* | Londres: G. Allen & Unwin, 1959a. |
| MTT | "The Monistic Theory of Truth" [1907b] — Ver PE | |
| OKEW | *Our Knowledge of External World as a Field for Scientific Method in Philosophy* | Londres: Routledge, 1914; 2ª ed., 1993. |

| | | |
|---|---|---|
| OND | "On Denoting"<br>Ver **LK** | *Mind*, New Series, vol. 14, n. 56, out. 1905a. |
| PE | *Philosophical Essays*<br>[https://ia801409.us.archive.org/31/items/philosophicaless00russ/philosophicaless00russ.pdf] | Londres: G. Allen & Unwin, 1910a; Nova York: Simon & Schuster, 1966; Routledge, 1994. |
| PfM | **Portraits from Memory and Other Essays**<br>[Ed. bras.: *Retratos de memória*. São Paulo: Cia. Editora Nacional, 1958.] | Nova York: 1951; 5ª ed., 1963. |
| PLA | "The Philosophy of Logical Atomism" [1918-1919] — Ver **LK** | |
| PM | *Principia Mathematica*<br>vol. I, 1910; vol. II, 1912; vol. III, 1913. 2ª ed. vol. I, 1925; vol II & III, 1927.<br>Ed. em *paperback* (resumida), 1962.<br>*Paperback edition to \*56*<br>(com a Introdução à 2ª ed. e os Apêndices A e C), 1973 | Londres: Cambridge University Press. |
| PoM | *The Principles of Mathematics* (1903) | Londres: G. Allen & Unwin, 2ª ed., 1937; 10ª impr., 1979. |
| PoP | *The Problems of Philosophy* | Londres: Oxford University Press, 1912a. |
| UE | *Unpopular Essays*<br>[Ed. bras.: *Ensaios impopulares*. São Paulo: Cia. Editora Nacional, 1956.] | Londres: G. Allen & Unwin, 1950. |
| WIC | *Why I Am Not a Christian and Other Essays on Religion and Related Subjects*<br>[Ed. bras.: cf. RUSSELL, 1972.] | Londres: G. Allen & Unwin; Nova York: Simon & Schuster, 1957a. |

[1896a] "Logic of Geometry", in *Mind*, jan.

[1896b] *German Social Democracy*. Londres: Longmans, Green.

[1897a] *An Essay on the Foundations of Geometry*. Cambridge: Cambridge University Press.

[1897b] "Is Ethics a Branch of Empirical Psychology?", in RUSSELL, 1983, CP, vol. I — Part III. *Apostolic Essays*, 15.

[1897c] "Seems, Madam? Nay, it is", in RUSSELL, 1983, CP, vol. 1 — Part III. *Apostolic Essays*, 16 [ed. bras.: RUSSELL, 1972, pp. 57-62].

[1900a] *A Critical Exposition of the Philosophy of Leibniz, with an Appendix of Leading Passages* [**CEPL**]. Cambridge: Cambridge University Press [ed. bras.: *A filosofia de Leibniz, uma exposição crítica*. São Paulo: Biblioteca Universitária, 1968, col. "Filosofia" vol. 9].

[1900b] "Is Position in Time Absolute or Relative?", in RUSSELL, 1993, CP, vol. 3 — Part II. *Absolute Space and Time*, 4.

[1901a] "The Logic of Relations with Some Applications to the Theory of Series". Ver **LK**, pp. 3-38 [Texto publicado, pela primeira vez, em francês: "Sur la logique des relations avec des applications à la théorie des séries", in *Rivista di Matematica*, Turim, vol. VII, pp. 115-148].

[1901b] "Mathematicians and Metaphysicians". Ver **ML**.

[1901c] "The Notion of Order and Absolute Position in Space and Time", in RUSSELL, 1993, CP, vol. 3 — Part II. *Absolute Space and Time*, 5.

[1901d] "Recent Work on the Principles of Mathematics", in *International Monthly*, reproduzido in RUSSELL, 1993, CP, vol. 3 — Part III. *After Peano: Foundations of Mathematics*, 10, pp. 366-379.

[1902] "The Study of Mathematics". Ver **ML** (pp. 58-73).

[1903a] *The Principles of Mathematics* [**PoM**]. Londres: G. Allen & Unwin; 2ª ed., Nova York: W. W. Norton,

1937; 10ª ed., 1979 [tr. fr. parcial in RUSSELL, 1989, pp. 1-200].

[1903b] "The Free Man's Worship".

[1903c] "Appendix B: The Doctrine of Types" in **PoM** (pp. 523-528).

[1904] "Meinong's Theory of Complexes and Assumptions, III", in RUSSELL, 1994, pp. 461-474.

[1905a] "On Denoting" [**OND**], in *Mind*, New Series, vol. 14, n. 56, out., pp. 479-493; reproduzido in RUSSELL, 1973, pp. 130-134 [tr. fr.: "De la dénotation", in RUSSELL, 1989, pp. 203-218].

[1905b] "Sur la relation des mathematiques a la logistique", in *Revue de Métaphysique et de Morale*, 13, pp. 906--917; reproduzido in RUSSELL, 1973, pp. 260-271.

[1905c] "The Existential Import of Propositions", in RUSSELL, 1973 [cap. 4, pp. 98-102].

[1905d] "On Some Difficulties in the Theory of Transfinite Numbers and Order Types", in *Proceedings of the Londres Mathematical Society*, 4, mar. 1906, pp. 29--53. Reproduzido in RUSSELL, 1973.

[1905e] "On Fundamentals", in RUSSELL, 1994a, pp. 359-413.

[1905f] "Science and Hypothesis", in *Mind*, 14, pp. 412--418; reproduzido in RUSSELL, 1994a, pp. 591-592.

[1906a] "On the Substitutional Theory of Classes and Relations", texto apresentado na *Londres Mathematical Society*, em 10 de maio, e publicado pela primeira vez por D. Lackey, in RUSSELL, 1973, pp. 165-189.

[1906b] "Les paradoxes de la logique", in *Revue de Métaphysique et de Morale*, 14, pp. 627-650 [reproduzido in HEINZMANN, 1986, pp. 121-143]. Para o manuscrito em inglês, "On 'Insolubilia' and Their Solution by Symbolic Logic", in RUSSELL, 1973, pp. 190-214.

[1906c] "The Theory of Implication", in *American Journal of Mathematics*, XXVIII, pp. 159-202.

[1906d] "What is Truth?", in *The Independent Review*, jun., pp. 349-353.

[1906e] "The Nature of Truth", in *Mind*, 15, pp. 528-533. Ver RUSSELL, 1994a, pp. 492-506.

[1907a] "On the Nature of Truth", in *Proceedings of the Aristotelian Society*, 7, pp. 28-49. As partes I e II deste texto foram reimpressas, com ligeiras omissões, sob o título "The Monistic Theory of Truth"; a terceira seção é substituída por um novo artigo, "On the Nature of Truth and Falsehood" (cf. GRIFFIN, 2009). Ver **PE**.

[1907b] "The Monistic Theory of Truth" [**MTT**] [tr. fr.: "La théorie moniste de la vérité", in RUSSELL, 1997a, pp. 185-203]. Ver **PE**.

[1908a] "Transatlantic 'Truth'", in *Albany Review*, 2, jan., pp. 393-410; reproduzido com o título "William James's Conception of Truth", 1910d.

[1908b] "Mathematical Logic as Based on the Theory of Types", in *American Journal of Mathematics*, vol. 30, n. 3, jul., pp. 222-262. Ver **LK**, pp. 59-102 [tr. fr.: "La logique mathématique fondée sur la théorie des types", in RIVENC e DE ROUILHAN, 1992].

[1908c] "William James's Conception of Truth". Ver **PE** (1966, pp. 112-130).

[1909a] "Pragmatism". Ver **PE**.

[1910a] *Philosophical Essays* [**PE**]. Londres: G. Allen & Unwin; Routledge, 1994 [tr. fr. in RUSSELL, 1997a].

[1910b] "On the Nature of Truth and Falsehood" [tr. fr.: "De la nature du vrai et du faux", in RUSSELL, 1997]. Ver **PE**, pp. 116-124; e também in RUSSELL, 1992a.

[1910c] "The Theory of Logical Types", in *Revue de Métaphysique et de Morale*, XVIII, pp. 53-83 [tr. fr.: "La théorie des types logiques", in HEINZMANN, 1986].

[1910d] "The Elements of Ethics". Ver **PE**.

[1910e] "William James's Conception of Truth". Ver **PE**.

[1910-1913] *Principia Mathematica* [**PM**], 3 vols. Cambridge University Press [ed. em *paperback* (resumida), 1962; tr. fr. parcial in RUSSELL, 1989].

[1911a] "Knowledge by Acquaintance and Knowledge by Description", in *Proceedings of the Aristotelian Society 1910-1911*, pp. 108-128; Nova Jersey: Barnes & Noble Books, 1976, pp. 152-168). Ver **ML** (X, pp. 209-232).

[1911b] "Analytic Realism", in **CP**, vol. 6 — Part III. *Metaphysics and Epistemology*, 14, pp. 409-432 [reproduzido in HEINZMANN, "Le réalisme analytique", 1986, pp. 296-304].

[1912a] *The Problems of Philosophy* [**PoP**]. Londres: Oxford University Press; nova ed., 1971 [tr. fr.: *Problèmes de philosophie*. Trad. de F. Rivenc. Paris: Payot, 1989; ed. bras.: *Os problemas da filosofia*. Trad. de Jaimir Conte. Florianópolis, 2005].

[1912b] "On Matter", in RUSSELL, 1992a, pp. 77-95.

[1912-1913] "Nine Short Manuscripts on Matter", in RUSSELL, 1992a, pp. 96-111.

[1913a] "The Place of Science in a Liberal Education". Ver **ML** (II, pp. 33-45).

[1913b] "On the Notion of Cause". Ver **ML** (IX, pp. 180-208).

[1913c] *Theory of Knowledge: The 1913 Manuscript*. Ver RUSSELL, 1984.

[1914a] "On the Nature of Acquaintance. Preliminary Description of Experience", in *The Monist*, vol. 24, n. 1, jan., pp. 1-16; "II. Neutral Monism", vol. 24, n. 2, abr., pp. 161-187; "III. Analysis of Experience", vol. 24, n. 3, jul., pp. 435-453. Ver **LK**.

[1914b] *Our Knowledge of External World as a Field for Scientific Method in Philosophy* [**OKEW**]. Londres: Routledge; 2ª ed., 1993; Nova York: W. W. Norton, 1956 [tr. fr.: *La Méthode scientifique en philosophie et notre connaissance du monde extérieur*. Paris: Payot, 1971; PBP n. 423, 2002].

[1914c] "Mysticism and Logic", in the *Hibbert Journal*, jul. Ver **ML** (I, pp. 1-32).

[1914d] "On Scientific Method in Philosophy" [Conferência em memória de Herbert Spencer, proferida em Oxford]. Clarendon Press. Ver **ML** (VI, pp. 97-124).

[1916] *Principles of Social Reconstruction*. Londres: G. Allen & Unwin [ed. bras.: *Princípios de reconstrução social*. São Paulo: Cia. Editora Nacional, 1958].

[1917a] *Why Men Fight: a Method of Abolishing the International Duel*. Nova York: The Century Co. [ed. bras.: *Por que os homens vão à guerra?* São Paulo: Editora Unesp, 2014].

[1917b] *Mysticism and Logic: and Other Essays*. Ver **ML** [tr. fr. de D. Vernant et al. *Mysticisme et logique*. Paris: Vrin, 2007].

[1917c] *Political Ideals* [ed. bras.: *Ideais políticos*. Rio de Janeiro: Bertrand Brasil, 2001].

[1918] *Roads to Freedom: Socialism, Anarchism, and Syndicalism*. Londres: G. Allen & Unwin; *Proposed Roads to Freedom: Socialism, Anarchism and Syndicalism*. Nova York: H. Holt and Co., 1919 [tr. fr.: *Le Monde qui pourrait être: Socialisme, anarchisme et anarcho-syndicalisme*. Paris: Denoël Gonthier, 1973, col. "Bibliothèque Médiations" n. 113; ed. bras.: *Caminhos para a liberdade: socialismo, anarquismo e sindicalismo*. São Paulo: Martins Fontes, 2005].

[1918-1919] "The Philosophy of Logical Atomism" [**PLA**] [tr. fr.: *La philosophie de l'atomisme logique*, in RUSSELL, 1989, pp. 337-441]. Ver **LK**, 1956, pp. 177-281.

[1919a] "On Propositions: What They Are and How They Mean". Ver **LK**, 1956, pp. 283-320.

[1919b] *Introduction to Mathematical Philosophy* [**IMP**]. Londres: G. Allen & Unwin [tr. fr. por RIVENC, 1991; ed. bras.: *Introdução à filosofia matemática*. Rio de Janeiro: Jorge Zahar, 1963; nova ed., 2007].

[1920a] "The Wisdom of Our Ancestors", in *The Athenaeum*, n. 4, 680, jan., p. 43 — Resenha do livro de H. Joachim, *Immediate Experience and Mediation*. Oxford: Clarendon Press, 1919.

[1920b] *The Practice and Theory of Bolshevism*. Londres: G. Allen & Unwin; reimp. 1921 [tr. fr.: *Pratique et théorie du Bolchévisme*. Paris: Mercure de France, 1969].

[1921] *The Analysis of Mind*. 10ª ed. Londres: G. Allen & Unwin, 1971 [tr. fr. de M. Lefèvre. *L'Analyse de l'esprit*. Paris: Payot, 1926; ed. bras.: *A análise da mente*. Rio de Janeiro: Zahar, 1976].

[1922] *The Problem of China*. Londres: G. Allen & Unwin.

[1924] "Logical Atomism", in *Contemporary British Philosophy: Personal Statements*. John H. Muirhead (ed.), pp. 356-383. Londres: G. Allen & Unwin; Nova York: Macmillan. Ver **LK**.

[1925a] *The A. B. C. of Relativity*. Londres: Routledge [tr. fr.: *Abc de la relativité*. Paris: Bibliothèque 10/18, 1997; ed. bras.: *ABC da relatividade*. Introdução de Peter Clark. Rio de Janeiro: Zahar, 2005].

[1925b] *What I Believe*. Nova York: E. P. Dutton, & Co. [ed. bras.: *No que acredito*. Porto Alegre: L&PM, 2007].

[1926] *On Education*. Londres: G. Allen & Unwin [ed. bras.: *Sobre a educação*. São Paulo: Editora Unesp, 2014].

[1927a] *Philosophy*. Nova York: W. W. Norton & Co.

[1927b] *The Analysis of Matter*. Londres: G. Allen & Unwin [tr. fr.: *L'Analyse de la matière*. Paris: Payot, 1965; ed. bras.: *Análise da matéria*. Rio de Janeiro: Jorge Zahar, 1978].

[1927c] *An Outline of Philosophy*. Londres: G. Allen & Unwin.

[1928] *Sceptical Essays*. Londres: G. Allen & Unwin; Nova York: W. W. Norton [ed. bras.: *Ensaios céticos*. Porto Alegre: L&PM, 2008].

[1929] *Marriage and Morals*. Londres: G. Allen & Unwin [tr. fr.: *Le Mariage et la morale*. Paris: Bibliothèque 10/18, 1997; ed. bras.: *Casamento e moral*. São Paulo: Editora Unesp, 2015].

[1930] *The Conquest of Happiness*. Londres: G. Allen & Unwin [tr. fr.: *La Conquête du bonheur*. Paris: Payot, 2001; ed. bras.: *A conquista da felicidade*. São Paulo: Cia. Editora Nacional, 1977].

[1931] *The Scientific Outlook* [ed. bras.: *A perspectiva científica*. São Paulo: Cia. Editora Nacional, 1962].

[1932] *Education and the Social Order*. Londres: Routledge [ed. bras.: *Educação e a ordem social*. São Paulo: Cia. Editora Nacional, 1956].

[1934] *Freedom and Organization, 1814-1914*. Londres: G. Allen & Unwin [tr. fr.: *Histoire des idées au $19^e$ siècle*. Paris: Gallimard, 1951; ed. bras.: *Liberdade e organização* — vols. 1 e 2. São Paulo: Cia. Editora Nacional, 1959].

[1935a] *Religion and Science*. Londres: Thornton Butterworth [tr. fr.: *Science et religion*. Paris: Gallimard, 1971, col. "Folio Essais"].

[1935b] *In Praise of Idleness and Other Essays*. Londres: G. Allen & Unwin; Nova York: W. W. Norton.

[1935c] *In Praise of Idleness and Other Essays*. Londres: Routledge [ed. bras.: *Elogio ao ócio*. Rio de Janeiro: Sextante/GMT, 2002].

[1937] "Philosophy's Ulterior Motives", in *The Atlantic Monthly*, Boston, fev., pp. 149-155. Ver **UE** (cap. 4, pp. 56-68).

[1938] *Power: a New Social Analysis*. Londres: G. Allen & Unwin [tr. fr.: *Le Pouvoir*. Québec: Presses de l'Université de Laval, 2003; ed. bras.: *O poder: uma nova análise social*. São Paulo: Cia. Editora Nacional, 1957].

[1940a] *An Inquiry into Meaning and Truth* [**IMT**]. Londres: G. Allen & Unwin [tr. fr.: *Signification et vérité*. Paris: Flammarion, 1969].

[1940b] "The Functions of a Teacher", in *Harper's Magazine*, 181, n. 1, jun., pp. 11-16 ["As funções do professor", disponível em: <http://profmachado.blogspot.com.br/2009/08/bertrand-russel-as-funcoes-do-professor.html>. Ver **UE**.

[1940c] "Freedom and the Colleges", in *The American Mercury*, 50, maio, pp. 24-33 [ed. bras.: "A liberdade e os 'Colleges'", 1972]. Ver **WIC**.

[1944] "My Mental Development", in SCHILPP (3ª ed. Nova York: Tudor, 1951, pp. 3-20).

[1945] *A History of Western Philosophy and its Connection with Political and Social Circumstances from the Earliest Times to the Present Day* [**HWP**]. Londres: G. Allen & Unwin [ed. bras.: *História da filosofia ocidental*. Rio de Janeiro: Ediouro, 2001].

[1947a] "A Plea for Clear Thinking", in *The Listener*, 37, 3 abr., 500. Ver **PfM**.

[1947b] "Philosophy and Politics". Ver **UE** (I, pp. 11-31).

[1948] *Human Knowledge, its Scope and Limits* [**HKSL**]. Londres: G. Allen & Unwin (6ª ed., 1976) [tr. fr.: *La Connaissance humaine, sa portée, ses limites*. Paris: Vrin, 2002; ed. bras.: *O conhecimento humano: sua finalidade e seus limites*. São Paulo: Cia. Editora Nacional, 1958].

[1949] *Authority and the Individual*. Londres: G. Allen & Unwin [tr. fr.: *L'autorité et l'individu*. Québec: Presse de l'Université de Laval, 2005].

[1950a] *Unpopular Essays* [**UE**]. Londres: G. Allen & Unwin; Nova York: Simon & Schuster.

[1950b] *Logical Positivism*. Ver **LK**.

[1951a] *The Impact of Science on Society*. Nova York: Columbia University Press [tr. fr.: *Science, puissance, violence*. Neuchâtel: La Baconnière, 1954].

[1951b] *New Hopes for a Changing World*. Londres: Hardback [ed. port.: *A última oportunidade do homem*. Porto: Guimarães Editores, 2001].

[1952] "Religion and Morals" [ed. bras.: "Religião e moral", in RUSSELL, 1972, p. 128].

[1954a] *Human Society in Ethics and Politics*. Londres: G. Allen & Unwin [ed. bras.: *A sociedade humana na ética e na política*. São Paulo: Cia. Editora Nacional, 1956].

[1954b] *Education and the Good Life*. Nova York: Liveright [ed. bras.: *Educação e vida perfeita*. Trad. de Monteiro Lobato. São Paulo: Cia. Editora Nacional, 1954].

[1956a] *Logic and Knowledge: Essays 1901-1950* [**LK**]. R. C. Marsh (dir.). Londres: G. Allen & Unwin.

[1956b] *Portraits from Memory and Other Essays* [**PfM**]. Londres: G. Allen & Unwin; Nova York: Simon & Schuster [ed. bras.: *Retratos de memória*. São Paulo: Cia. Editora Nacional, 1958].

[1957a] *Why I Am Not a Christian and Other Essays on Religion and Related Subjects* [**WIC**]. Londres: G. Allen & Unwin; Nova York: Simon & Schuster [ed. bras.: cf. RUSSELL, 1972].

[1957b] *Sobre a noção de causa*, in *Misticismo e lógica*. São Paulo: Cia. Editora Nacional. Ver **ML**.

[1959a] *My Philosophical Development* [**MPD**]. Londres: G. Allen & Unwin; Nova York: Simon & Schuster [tr. fr. de G. Auclair. *Histoire de mes idées philosophiques*. Paris: Gallimard, 1961, col. "Tel"; ed. bras.: *Meu pensamento filosófico*. Trad. de Breno Silveira. São Paulo: Cia. Editora Nacional, 1960].

[1959b] *Common Sense and Nuclear Warfare*. Londres: G. Allen & Unwin.

[1959c] *Wisdom of the West*. Londres: Rathbone Books [tr. fr.: *L'aventure de la pensée occidentale*. Paris: Hachette, 1961].

[1960] *Bertrand Russell Speaks his Mind*. Londres: G. Allen & Unwin; Cleveland/Nova York: The World Publishing Co. [tr. fr.: *Ma conception du monde*. Paris: Gallimard, 1962, col. "Nrf — Idées"; ed. bras.: *A minha concepção do mundo*. Brasília: Brasília Editora, 1970].

[1961a] *The Basic Writings of Bertrand Russell, 1903-1959*. Prefácio de Bertrand Russell, pp. 7-8. Ed. por Robert E. Egner e Lester E. Denonn. Nova York: Simon & Schuster Rockefeller Center. Copyright © 1961 by G. Allen & Unwin.

[1961b] *Fact and Fiction*. Londres: G. Allen & Unwin (2ª ed., 1979); Nova York: Simon & Schuster, 1962.

[1961c] *Has Man a Future?* Londres: G. Allen & Unwin [*Tem futuro o homem?* Trad. de Breno Silveira. Rio de Janeiro: Civilização Brasileira, 1962].

[1967a] *War Crimes in Vietnam*. Londres: G. Allen & Unwin [ed. bras.: *Crimes de guerra no Vietnã*. São Paulo: Paz e Terra, 1968].

[1967b] "1967" (Last Essay). Disponível em: <http://russell.mcmaster.ca/bressay.htm>.

[1967-1968-1969] *The Autobiography of Bertrand Russell 1872-1914* [**ABR**]; vol. II, *1914-1944*; vol. III, *1944-1967*. Londres: G. Allen & Unwin; Boston: Little Brown and Company (vols. 1 e 2); Nova York: Simon & Schuster (vol. 3) [tr. fr.: *Autobiographie*. Paris: Stock, 1968-1970].

[1968a] "La théorie des types logiques", in HEINZMANN, 1986.

[1968b] *The Art of Philosophizing and Other Essays*. Nova York: Philosophical Library [tr. fr. parcial: *L'art de philosopher*. Québec, Presse de l'Université Laval, 2005].

[1969] *Dear Bertrand Russell*. Londres: G. Allen & Unwin; Boston: Houghton Mifflin.

[1972] *Porque não sou cristão e outros ensaios sobre religião e assuntos correlatos*. Trad. de Brenno Silveira. Porto Alegre: Livraria Exposição do Livro. Disponível em: <https://racionalistasusp.files.wordpress.com/2010/01/porque_no_sou_cristo_bertrand.pdf>.

[1973] *Essays in Analysis by Bertrand Russell*. Texto estabelecido por D. Lackey. Londres: G. Allen & Unwin.

[1975] *Bertrand Russell's American Essays 1931-1935*. Texto estabelecido por H. Ruja. Londres: G. Allen & Unwin.

[1983] **CP**, vol. 1 — *Cambridge Essays, 1888-99*. Texto estabelecido por Kennett Blackwell, Andrew Brink, Nicolas Griffin, Richard A. Rempel e John G. Slater. Londres: G. Allen & Unwin.

[1984] **CP**, vol. 7 — *Theory of Knowledge: the 1913 Manuscript*. Texto estabelecido por Elizabeth Ramsden Eames com a colaboração de Kenneth Blackwell. Londres/Boston: G. Allen & Unwin (ed. encad., 1992) [tr. fr.: *Théorie de la connaissance, Le manuscrit de 1913*. Paris: Vrin, 2002].

[1985] **CP**, vol. 12 — *Contemplation and Action, 1902-14*. Texto estabelecido por Richard A. Rempel, Andrew Brink e Margaret Moran. Londres/Boston: G. Allen & Unwin.

[1988a] **CP**, vol. 13 — *Prophecy and Dissent, 1914-16*. Texto estabelecido por Richard A. Rempel. Londres: Routledge.

[1988b] *Antinomies and Paradoxes: Studies in Russell's Early Philosophy*. Vol. 8. *Russell: the Journal of Bertrand Russell Studies*. Disponível em: <https://mulpress.mcmaster.ca/russelljournal/issue/view/184>.

[1989] *Écrits de logique philosophique* [tr. fr. parcial de *The Principles of Mathematics* (1903) e de *Principia Mathematica* (em colaboração com Whitehead, 1910), além de "On Denoting" (1905), pp. 201-218; e de "The Philosophy of Logical Atomism" (1918-1919); preâmbulo e trad. do inglês por J.-M. Roy. Paris: PUF].

[1992a] **CP**, vol. 6 — *Logical and Philosophical Papers, 1909-13*. Texto estabelecido por John G. Slater com a colaboração de Bernd Frohmann. Londres/Nova York: Routledge.

[1992b] *The Selected Letters of Bertrand Russell*. Vol. 1 — *The Private Years, 1884-1914*. N. Griffin (ed.).

Londres: Allen Lane; Nova York: Houghton Mifflin.

[1993] CP, vol. 3 — *Toward "The Principles of Mathematics", 1900-02*. Texto estabelecido por Gregory H. Moore. Londres/Nova York: Routledge.

[1994a] CP, vol. 4 — *The Foundations of Logic, 1903-05*. Texto estabelecido por Alasdair Urquhart e Albert C. Lewis. Londres: Routledge.

[1994b] *A Bibliography of Bertrand Russell* — I. *Separate Publications* II. *Serial Publications* III. *Indexes*. Texto estabelecido por Kenneth Blackwell e Harry Ruja, com a assistência de Bernd Frohmann, John G. Slater e Sheila Turcon. Londres/Nova York: Routledge.

[1995] CP, vol. 14 — *Pacifism and Revolution, 1916-18*. Texto estabelecido por Louis Greenspan, Beryl Haslam, Albert C. Lewis, Mark Lippincott, Richard A. Rempel. Londres: Routledge.

[1997a] *Essais philosophiques*. Paris: PUF.

[1997b] *Last Philosophical Testament, 1943-68*. Texto estabelecido por John G. Slater. Londres: Routledge.

[1999a] *Russell on Ethics: Selections from the Writings of Bertrand Russell*. Inclui referências bibliográficas e índice. Ed. por Charles R. Pigden. Londres/Nova York: Routledge.

[1999b] *Russell on Religion: Selections from the Writings of Bertrand Russell*. Inclui referências bibliográficas e índice. Ed. Louis Greenspan e Stefan Andersson. Londres/Nova York: Routledge.

[2000] CP, vol. 15 — *Uncertain Paths to Freedom, Russia and China, 1919-22*. Texto estabelecido por Beryl Haslam, Richard A. Rempel. Londres: Routledge.

[2001a] *The Selected Letters of Bertrand Russell*. Vol. 2 — *The Public Years, 1914-70*. N. Griffin (ed.). Londres: Routledge.

[2001b] *Bertrand Russell, correspondance sur la philosophie, la logique et la politique avec Louis Couturat (1897-1913)*, 2 vols., A.-F. Schmid (dir.). Paris: Kimé.

[2002] *Yours Faithfully, Bertrand Russell: a Life Long Fight for Peace, Justice, and Truth in Letters to the Editor 1904-69*. Ed. por Ray Perkins Jr. Chicago/La Salle: Open Court Publishing Company (divisão de Carus Publishing Company).

[2003] *Russell on Metaphysics*. Londres: Routledge.

[2005] **CP**, vol. 29 — *Détente or Destruction, 1955-57*. Texto estabelecido por Andrew Bone. Londres: Routledge.

[2008] **CP**, vol. 21 — *How to Keep the Peace: the Pacifist Dilemma, 1935-38*. Texto estabelecido por Andrew Bone. Londres: Routledge.

[2014a] *Le Pacifisme et la révolution, écrits politiques (1914-1918)*. Ed. por Olivier Esteves e Jean-Jacques Rosat. Marselha: Agone.

[2014b] **CP**, vol. 5 — *Toward Principia Mathematica, 1905-08*. Texto estabelecido por Gregory H. Moore. Londres: Routledge.


## *II. Obras sobre B. Russell*
*(incluindo os outros autores citados)*

ARISTÓTELES, *Da Interpretação — De Interpretatione* (Περι ερμηνείας). São Paulo: Editora Unesp, 2013. [https://periodicos.ufpel.edu.br/ojs2/index.php/searafilosofica/article/viewFile/2776/2640]

\_\_\_\_\_. *Sobre a alma*. Lisboa: Centro de Filosofia da Universidade de Lisboa, Imprensa Nacional-Casa da Moeda, 2010.

\_\_\_\_\_. **Órganon**. Bauru: Edipro, 2009 (*Analíticos anteriores*, pp. 111-250).

ARMENGAUD, Françoise. *G. E. Moore et la genèse de la philosophie analytique*. Paris: Klincksieck, 1985.

ATLAS, Jay D. "Negation, Ambiguity, and Presupposition", in *Linguistics and Philosophy*, vol. 1, n. 3, jan. 1977, pp. 321-336.

AUSTIN, John L. *Quando dizer é fazer*. Porto Alegre: Artes Médicas, 1990 [orig.: *How to Do Things with Words: the William James Lectures Delivered at Harvard University in 1955*. Oxford: Clarendon Press, 1962].

AYER, A. J. *Bertrand Russell*. Chicago: University of Chicago Press, 1972 [ed. bras.: *As ideias de Bertrand Russell*. São Paulo: Cultrix, 1984].

\_\_\_\_\_. *Russell and Moore: the Analytical Heritage*. Londres: MacMillan, 1971.

BEANEY, Michael (ed.). *The Oxford Handbook of the History of Analytic Philosophy*. Oxford: Oxford University Press, 2013.

BELNA, Jean-Pierre. *Cantor*. São Paulo: Estação Liberdade, 2011, col. "Figuras do Saber" 25.

BENACERRAF, Paul; PUTNAM, Hilary. *Philosophy of Mathematics*. Nova Jersey: Prentice Hall, 1964, col. "Philosophy Series".

BENMAKHLOUF, Ali (ed. e dir.). *Droit et participation politique*. Casablanca: Le Fennec, 2002.

\_\_\_\_\_. "Dialogue avec Pünjer sur l'existence [avant 1884]". Texto trad. do alemão, in FREGE, 1999, pp. 67-85.

\_\_\_\_\_. *Gottlob Frege: Logicien philosophe*. Paris: PUF, 1997, col. "Philosophies".

\_\_\_\_\_. *Bertrand Russell: L'atomisme logique*. Paris: PUF, 1996.

BERKELEY, George. *Tratado sobre os princípios do conhecimento humano*. São Paulo: Editora Unesp, 2010 [orig.: *A Treatise Concerning the Principles of Human Knowledge*. Dublin: J. Pepyat, 1710].

BLACK, Max. "The Semantic Definition of Truth", in *Analysis*, 84, mar. 1948.

BLACKWELL, Kenneth. *The Spinozistic Ethics of Bertrand Russell*. Londres: G. Allen & Unwin, 1985.

BOOLE, George. *An Investigation of the Laws of Thought: on Which Are Founded the Mathematical*

*Theories of Logic and Probabilities*. Londres: Walton & Maberly; Cambridge: Macmillan and Co., 1854.

_____. *The Mathematical Analysis of Logic, Being an Essay towards a Calculus of Deductive Reasoning*. Cambridge: Macmillan, Barclay, & Macmillan; Londres: G. Bell, 1847.

BRADLEY, Francis H. *The Collected Papers of F. H. Bradley*. 12 vols. Texto estabelecido e com introdução de W. J. Mander e Carol A. Keene. Bristol: Thoemmes, 1999.

_____. *Collected Essays*, vols. 1-2. Oxford: Clarendon Press, 1935.

_____. *Appearance and Reality*. Londres: Swan Sonnenschein, 1893.

_____. *The Principles of Logic*, vols. 1 e 2. Londres: Oxford University Press, 1883.

_____. *Ethical Studies*. Londres: Oxford University Press, 1876.

BUTCHVAROV, Panayot. "Russell's View on Reality", in *Grazer Philosophische Studien*, vol. 32, 1988.

CANDLISH, Steward. *The Russell/Bradley Dispute and its Significance for Twentieth-Century Philosophy*. Basingstoke: Palgrave Macmillan, 2009.

_____. "The Unity of the Proposition and Russell's Theories of Judgement", in MONK e PALMER, 1996.

CANTOR, Georg. *Grundlagen einer allgemein Mannigfaltigkeitslehre. Ein mathematisch-philosophischer Versuch in der Lehre des Unendlichen*: Leipzig: Teubner 1883 [tr. fr. de J.-C. Milner. "Fondements d'une théorie générale des ensembles", in *Cahiers pour l'Analyse*, 10, 1969, pp. 35-52]. Citado por J-P. Belna, *Cantor*, Belles Lettres, 2000.

CARROLL, Lewis. *Alice no País das Maravilhas*. Tr. de Clélia Regina Ramos. Petrópolis: Arara Azul, 2002. Disponível em: <http://www.ebooksbrasil.org/eLibris/aliceNovo.html#8>.

CHAUVIRÉ, C. *Peirce et la signification*. Paris: PUF, 1995.

CHURCH, Alonso. "Carnap's Introduction to Semantics", in *Philosophical Review*, 52, 1943.

CLARK, Ronald W. *The Life of Bertrand Russell*. Londres: Jonathan Cape/Weidenfeld & Nicolson, 1975.

COFFA, J. Alberto. *The Semantic Tradition from Kant to Carnap: to the Vienna Station*. Cambridge: Cambridge University Press, 1991.

COHEN, Hermann. *Kommentar zu Immanuel Kants Kritik der reinen Vernunft* [Comentário da Crítica da razão pura de Kant]. Leipzig: Verlag der Dürr'schen Buchhandlung, 1907.

_____. *Das Prinzip der Infinitesimal-Methode und seine Geschichte: ein Kapitel zur Grundlegung der Erkenntnisskritik* [O princípio do método infinitesimal e sua história: um capítulo sobre o fundamento da percepção crítica]. Berlim: Dümmler, 1883.

_____. *Kants Theorie der Erfahrung* [A teoria kantiana da experiência]. Berlim: Dümmler, 1871.

COPLESTON, Frederick Charles. *A History of Philosophy* — vols. I a IX. Londres: Burns, Oates & Washbourne, 1946-1975.

COUTURAT, Louis. *La logique de Leibniz: d'après des documents inédits*. Paris: Georg Olms, 1901.

DA COSTA, Newton C. A. *Lógica indutiva e probabilidade*. 3ª ed. São Paulo: Hucitec/Edusp, 2008.

_____. *Ensaio sobre os fundamentos da lógica*. São Paulo: Hucitec/Edusp, 1980.

_____. *Sistemas formais inconsistentes*. Curitiba: Universidade Federal do Paraná, 1963.

DE ROUILHAN, P. (dir.). *Russell en héritage*. Le centenaire des *Principles*, in número especial de *Revue Internationale de Philosophie*, vol. 58, n. 3, 2004.

_____. *Russell et le cercle des paradoxes*. Paris: Épiméthée, PUF, 1996.

DAVIDSON, Donald. *Enquêtes sur la vérité et l'interprétation* (trad. por P. Engel do inglês: *Inquiries into Truth and Interpretation*. Cary: Oxford University Press, 1984). Nîmes: J. Chambon, 1993.

DEJNOSKZA, Jan. "Russell Robust Sense of Reality: a Reply to Butchvarov", in *Graze Philosophische Studien*, vol. 32, 1988.

DELEUZE, Gilles. *Spinoza, philosophie pratique*. Paris: Les Éditions de Minuit, 1981 [nova ed. modificada e ampliada de vários capítulos — III, V e VI — da 1ª ed., PUF, 1970; reimp. Éditions de Minuit, 2003, col. de bolso "Reprise" n. 4 / ed. bras.: *Espinosa: filosofia prática*. São Paulo: Escuta, 2002].

DENNETT, Daniel C. *La conscience expliquée*. Paris: Editions Odile Jacob, 1993 [orig.: *Consciousness explained*. Boston: Little, Brown and Company, 1991].

DESCARTES, René. *Meditações* [1641]. São Paulo: Abril Cultural, 1983, col. "Os Pensadores".

DEWEY, John. *Reconstruction in Philosophy*. Nova York: Henry Holt and Co., 1920 [ed. bras.: *Reconstrução em Filosofia*. São Paulo: Cia. Editora Nacional, 1959].

_____. *The Quest for Certainty*. Nova York: Minton Balch And Company, 1929.

_____. *Logic: the Theory on Inquiry*. Nova York: Henry Holt and Co., 1938 [ed. bras.: *Lógica: a teoria da investigação*. São Paulo: Abril Cultural, 1980, col. "Os Pensadores"].

DOKIC, Jérôme; ENGEL, Pascal. *Ramsey. Vérité et succès*. Paris: PUF, 2001 col. "Philosophies".

DUMMETT, Sir Michael. *Philosophie de la logique* (trad. do inglês: *Truth and Other Enigmas*. Londres: Duckworth, 1978 — e apresentação por Fabrice Pataut). Paris: Éditions de Minuit, 1991, col. "Propositions".

FERREIRA, Fernando. "Emendando o *Grundgesetze der Arithmetik* de Frege", 2002 (cf. "Amending Frege's *Grundgesetze der Arithmetik*", in *Synthese*, 147, 1, pp. 3-19, 2005). Disponível em: <http://webpages.fc.ul.pt/~fjferreira/emendando.pdf>.

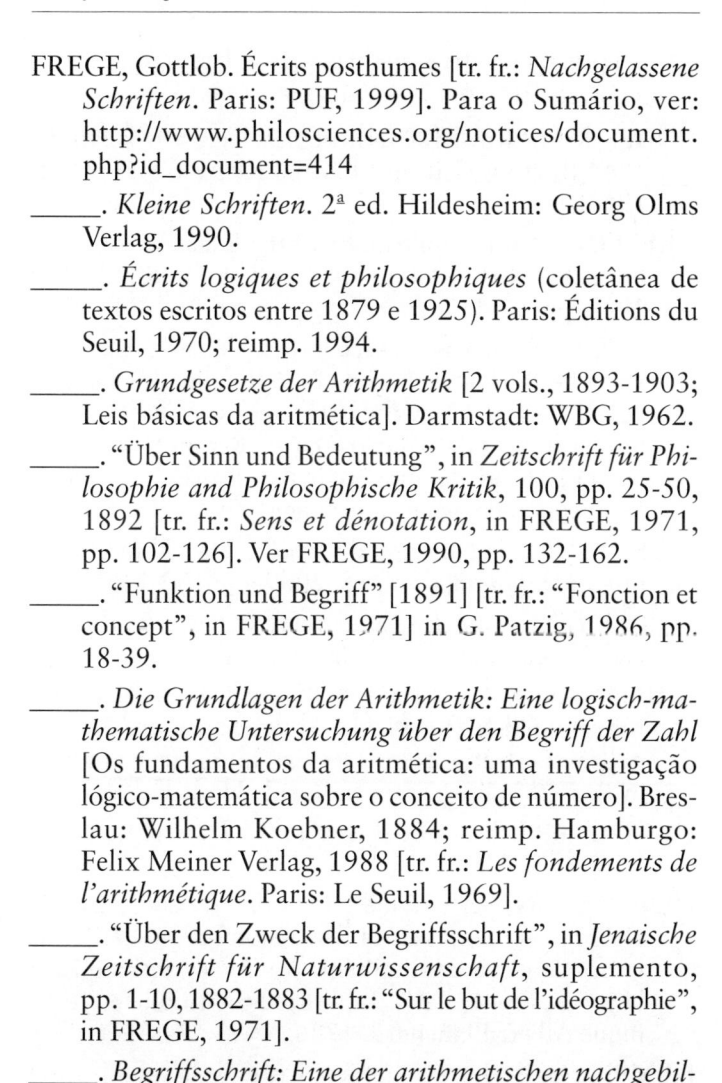

FREGE, Gottlob. Écrits posthumes [tr. fr.: *Nachgelassene Schriften*. Paris: PUF, 1999]. Para o Sumário, ver: http://www.philosciences.org/notices/document.php?id_document=414

_____. *Kleine Schriften*. 2ª ed. Hildesheim: Georg Olms Verlag, 1990.

_____. *Écrits logiques et philosophiques* (coletânea de textos escritos entre 1879 e 1925). Paris: Éditions du Seuil, 1970; reimp. 1994.

_____. *Grundgesetze der Arithmetik* [2 vols., 1893-1903; Leis básicas da aritmética]. Darmstadt: WBG, 1962.

_____. "Über Sinn und Bedeutung", in *Zeitschrift für Philosophie and Philosophische Kritik*, 100, pp. 25-50, 1892 [tr. fr.: *Sens et dénotation*, in FREGE, 1971, pp. 102-126]. Ver FREGE, 1990, pp. 132-162.

_____. "Funktion und Begriff" [1891] [tr. fr.: "Fonction et concept", in FREGE, 1971] in G. Patzig, 1986, pp. 18-39.

_____. *Die Grundlagen der Arithmetik: Eine logisch-mathematische Untersuchung über den Begriff der Zahl* [Os fundamentos da aritmética: uma investigação lógico-matemática sobre o conceito de número]. Breslau: Wilhelm Koebner, 1884; reimp. Hamburgo: Felix Meiner Verlag, 1988 [tr. fr.: *Les fondements de l'arithmétique*. Paris: Le Seuil, 1969].

_____. "Über den Zweck der Begriffsschrift", in *Jenaische Zeitschrift für Naturwissenschaft*, suplemento, pp. 1-10, 1882-1883 [tr. fr.: "Sur le but de l'idéographie", in FREGE, 1971].

_____. *Begriffsschrift: Eine der arithmetischen nachgebildete Formelsprache des reinen Denkens* [Ideografia: uma linguagem formal do pensamento puro imitada da linguagem da aritmética]. Halle: Verlag von Louis Nebert, 1879 [tr. fr.: *Idéographie*. Paris: Vrin, 1999].

GABBAY, Dov M.; WOODS, John (eds.). *Handbook of the History of Logic* — vol. 5: *Logic from Russell to Church*. Amsterdã: Elsevier/North Holland, 2009.

GEACH, Peter T. "Russell's Theory of Descriptions", in *Analysis*, 10, 1950, pp. 84-88.

GÖDEL, Kurt. "Russell's Mathematical logic", in SCHILPP, 1944 [texto revisto in BENACERRAF e PUTNAM, 1964].

GRELLING, Kurt. "Philosophy of the Exact Sciences: its Present Status in Germany", in *The Monist*, 38 (1), 1928, pp. 97-119.

\_\_\_\_\_. *Probleme der Wissenschaft* [Problemas da ciência]: vol. 1 — *Wirklichkeit und Logik* [Realidade e lógica]; vol. 2 — *Die Grundbegriffe der Wissenschaft* [As noções básicas da ciência]. Leipzig/Berlim: B. G. Teubner, 1910 [trad. da obra original de Federigo Enriques. *Problemi della Scienza*. Bologna: Zanichelli, 1906].

GRIFFIN, Nicholas. "Bertrand Russell et Harold Joachim", in *Philosophiques*, vol. 36, 2009, pp. 109-130.

\_\_\_(ed.). *The Cambridge Companion to Bertrand Russell*. Cambridge: Cambridge University Press, 2003.

GRIFFIN, Nicholas; LINSKY, Bernard; BLACKWELL, Kenneth (eds.). () *Principia Mathematica at 100*. Hamilton: Bertrand Russell Research Centre; e também in *Russell* (número especial), vol. 31, n. 1, 2011.

HARDY, G. H. *Bertrand Russell and Trinity*. Londres: Cambridge University Press, 1942.

HEINZMANN, Gerhard (ed.). *Poincaré, Russell, Zermelo et Peano* — Textes de la discussion (1906-1912) sur les fondements des mathématiques: des antinomies à la prédicativité. Paris: Librairie Scientifique et Technique Albert Blanchard, 1986.

HEMPEL, Carl. "Les critères empiristes de la signification cognitive: problèmes et changements", in PIERRE, 1980.

HUME, David. *A Treatise of Human Nature: Being an Attempt to Introduce the Experimental Method of Reasoning into Moral Subjects*. Londres, 1739-1740 [ed. bras.: *Tratado da natureza humana*. São Paulo: Editora Unesp, 2001].

HYLTON, Peter. *Russell, Idealism and the Emergence of Analytic Philosophy* [1990]. 2ª ed. Oxford: Clarendon Paperbacks, 2000.

JAMES, William. *Le pragmatisme*. Paris: Flammarion, 1995 [orig.: *Pragmatism: a New Name for Some Old Ways of Thinking*, 1907; ed. bras.: *Pragmatismo*. São Paulo: Abril Cultural, 1979, col. "Os Pensadores"].

JOACHIM, Harold H. *The Nature of Truth: an Essay*. Oxford: Clarendon Press, 1906.

JUCÁ, Gabriel. "Os argumentos de Bertrand Russell contra a noção de causa", in *O que nos faz pensar*, PUC, Rio de Janeiro, n. 28, dez. 2010, pp. 89-110. Disponível em: <http://www.oquenosfazpensar.fil.puc-rio.br/import/pdf_articles/OQNFP_28_05_gabriel-juca.pdf>.

KANT, Immanuel. "Sur les articles de Kästner" (trad. do alemão e apresentação de M. Fichant), in *Philosophie*, 56, 1997, pp. 3-12.

KEYNES, John Maynard. *The General Theory of Employment, Interest and Money*. Londres: Macmillan & Co., 1936 [ed. bras.: *A teoria geral do emprego, do juro e da moeda*. São Paulo: Nova Cultural, 1996, col. "Os Economistas"].

_____. *Treatise on Probability*. Londres: Macmillan & Co., 1921.

LAO TSÉ. *Tao-Te-King*. Disponível em: <http://www.dhnet.org.br/dados/livros/memoria/mundo/tao.htm>.

LEIBNIZ, G. W. *Princípios da filosofia ou a Monadologia*. Cf. http://www.leibnizbrasil.pro.br/leibniz-pdf/monadologia.pdf

LACKEY, Douglas. "Russell's Unknown Theory of Classes: the Substitutional Theory of 1906", in *Journal of the History of Philosophy*, 14, 1976, pp. 69-78.

LINK, Godehard (ed.). *One Hundred Years of Russell's Paradox*. Berlim/Nova York: Walter de Gruyter, 2004.

LOTZE, Rudolph H. *Logik*. Leipzig: Weidmann, 1843.

_____. *Metaphysik*. Leipzig: Weidmann, 1841.

MACH, Ernst. *L'Analyse des sensations. Le rapport du physique au psychique*. Nîmes: Éditions Jacqueline Chambon, 1996 [orig.: *Die Analyse der Empfindungen und das Verhältnis des Physischen zum Psychischen*. Jena: G. Fischer, 1922].

MARION, Mathieu. "Bertrand Russell: désir de savoir et passion pour les autres", seminário do autor, 2006.

McTAGGART, John McT. Ellis. *Studies in the Hegelian Dialectic*. Cambridge: Cambridge University Press, 1896.

MEINONG, Alexius. *Théorie de l'objet & Présentation personnelle*. Paris: Vrin, 1999 [orig.: *Über Gegenstandstheorie*, 1904].

MILL, John Stuart. *Three Essays on Religion*. Londres: H. Holt and Co., 1874.

_____. *The Subjection of Women*. Londres: Longmans, Green, Reader & Dyer, 1869 [ed. bras.: *A sujeição das mulheres*. São Paulo: Editora Escala, 2006].

_____. *On Liberty*. Londres: John W. Parker & Son, 1859 [ed. bras.: *A liberdade/utilitarismo*. São Paulo: Martins Fontes, 2000].

_____. *Principles of Political Economy with Some of Their Applications to Social Philosophy*. 2 vols. — Livro I a V. Londres: John W. Parker, 1848.

MONK, Ray. *Bertrand Russell: the Spirit of Solitude, 1872-1921*. 2ª ed. Londres: Vintage, 1996.

_____. *Bertrand Russell: the Ghost of Madness, 1921-1970*. Nova York: Free Press, 2001.

MONK, Ray; PALMER, Anthony (eds.). *Bertrand Russell and the Origins of Analytical Philosophy*. Bristol: Thoemmes Press, 1996.

MOORE, G. E. "The Refutation of Idealism", in *Mind*, 12 (48), 1903, pp. 433-453 [tr. fr.: "La réfutation de l'idéalisme", in ARMENGAUD, 1985, pp. 65-86].

_____. *Principia Ethica* [1903]; ed. rev. Cambridge: Cambridge University Press. 1993.

_____. "The Nature of Judgment", in *Mind*, abr. 1899 [tr. fr.: "La nature du jugement", in ARMENGAUD, 1985, pp. 45-64].

MURRAY, Gilbert. *Hellenism and the Modern World*. Londres: G. Allen & Unwin, 1953.

_____. *Euripides and His Age*. Londres: Williams & Norgate, 1913.

_____. *A History of Ancient Greek Literature*. Londres: W. Heinemann, 1897.

NAKHNIKIAN, G. (ed.). *Bertrand Russell's Philosophy*. Londres: Duckworth, 1974 (incluindo as contribuições nomeadamente de R. M. Chrisholm, W. Sellars e D. Pears).

NEWTON, Isaac. *Philosophiae naturalis principia mathematica* [Princípios matemáticos da filosofia natural]. 3 vols. Londres: J. Streater, 1687 [ed. em inglês: *Mathematical Principles of Natural Philosophy*, 1729].

PATZIG, G. (org.). *Funktion, Begriff, Bedeutung*. 6ª ed. Göttingen: Vandenhoeck & Ruprecht, 1986.

PEIRCE, Charles S. *The Collected Papers of Charles Sanders Pierce*, vols. I-VI, ed. Charles Hartshorne e Paul Weiss, 1931-1935; e vols. VII-VIII, ed. Arthur W. Burks. Cambridge: Harvard University Press, 1958 [vol. I, *Principles of Philosophy*; vol. II, *Elements of Logic*; vol. III, *Exact Logic*; vol. IV, *The Simplest Mathematics*; vol. V, *Pragmatism and Pragmaticism*; vol. VI, *Scientific Metaphysics*; vol. VII, *Science and Philosophy*; vol. VIII, *Reviews, Correspondence, and Bibliography*].

PIDGEN, Charles R. "Bertrand Russell. Meta-ethical Pioneer", in *Philosophy of the Social Sciences*, 26, 1996, pp. 181-204.

PIERRE, Jacob (ed.). *De Vienne à Cambridge: L'héritage du positivisme logique de 1950 à nos jours*. Ensaios de filosofia das ciências Paul Feyerabend, Jerry A. Fodor, Norwood Russell Hanson, Thomas Kuhn, Karl

Popper, Dudley Shapere, Willard Van Orman Quine ["Les deux dogmes de l'empirisme", pp. 87-112], Nelson Goodman, Hilary Putnam, Paul Oppenheim, Carl Hempel; seleção, tradução para o francês e apresentação de Pierre Jacob. Paris: Gallimard, Bibliothèque des Sciences Humaines, 1980 [col. "Tel" n. 267, 1996].

POINCARÉ, Henri. *Les mathématiques et la logique* (1905--1906), in HEINZMANN, 1986, pp. 11-41.

\_\_\_\_\_. *La Science et l'hypothèse*. Paris: Flammarion, 1902.

POPPER, Sir Karl. *Un univers de propensions: Deux études sur la causalité et l'évolution*. Trad. do inglês e apresentação de Alain Boyer. Paris: Ed. de l'Éclat, 1992, col. "Tiré à Part" [orig.: *A World of Propensities: Two New Views of Causality; Toward an Evolutionary Theory of Knowledge*. Bristol: Thoemmes Press, 1990].

\_\_\_\_\_. *The Open Society and its Enemies* — vol. I: *Plato*; vol. II: *Hegel & Marx*. Londres: Routledge & Kegan Paul, 1945 [ed. bras.: *A sociedade aberta e seus inimigos*. Belo Horizonte: Itatiaia, 1987].

PRICE, H; CORRY, R. (orgs.). *Causation, Physics, and the Constitution of Reality: Russell's Republic Revisited*. Nova York: Oxford University Press, 2007.

PÜNJER, Georg C. Bernhard. *Geschichte der christlichen Religionsphilosophie seit der Reformation, I, Bis auf Kant*. Braunschweig: C. A. Schweitschke und Sohn, 1880.

QUINE, Willard van Orman. *Palavra e objeto*. Petrópolis: Vozes, 2010 [orig.: *Word and Object*. Cambridge: MIT Press, 1960].

\_\_\_\_\_. *Relatividade ontológica e outros ensaios*. 4ª ed. São Paulo: Nova Cultural, 1989, col. "Os Pensadores" [orig.: *Ontological Relativity and Other Essays*. Nova York: Columbia University Press, 1969].

RAMSEY, Franck P. *Foundations: Essays in Philosophy, Logic, Mathematics, Economy*. D. H. Mellor (ed.). Londres: Routledge & Kegan Paul, 1978.

_____. "Mathematical Logic", in *The Mathematical Gazette*, vol. 13, n. 184, out. 1926, pp. 185-194.

_____. "The Foundations of Mathematics", in *Proceedings of the Londres Mathematical Society*, ser. 2, vol. 25, parte 5, 1925, pp. 338-384.

REICHENBACH, Hans. "Bertrand Russell's Logic", in SCHILPP, 1944.

RICHARD, Jules. "Les principes des mathématiques et le problème des ensembles", in *Revue Générale des Sciences Pures et Appliquées*, vol. 16, n. 12, 1905.

RIVENC, François. *Recherches sur l'universalisme logique, Russell et Carnap*. Paris: Payot, 1993.

_____. *Introduction à la philosophie mathématique* [tr. fr. de *Introduction to Mathematical Philosophy*, 1919b]. Paris: Payot, 1991.

RIVENC, François; ROUILHAN, Philippe (eds.). *Logique et fondements des mathématiques. Anthologie (1850--1914)*. Paris: Payot, 1992.

RORTY, Richard. "Is Truth a Goal of Enquiry? Davidson vs Wright", in *The Philosophical Quarterly*, vol. 45, n. 180, jul. 1995, pp. 281-300.

SANTAYANA, G. "Russell's Philosophical Essays", in *The Journal of Philosophy, Psychology and Scientific Methods*, vol. 8, n. 3, 2 fev., 1911, pp. 57-63.

SCHILPP, Paul Arthur (ed.). *The Philosophy of Bertrand Russell*. Evanston, IL: Northwestern University, Open court, 1944; nova ed., 1971 [I. Russell's Autobiography — Bertrand Russell: "My Mental Development", pp. 1-20; II. Descriptive and Critical Essays on the Philosophy of Bertrand Russell — Contribuições de: Hans Reichenbach, Morris Weitz, Kurt Gödel, James Feibleman, G. E. Moore, Max Black, Philip P. Wiener, Albert Einstein, John Laird, Ernest Nagel, W. T. Stace, Andrew Paul Ushenko, Roderick M. Chisholm, Harold Chapman Brown, John Elof Boodin, Justus Buchler, Edgar Sheffield Brightman, Eduard C. Lindeman, V. J. McGill, Boyd H. Bode, Sidney Hook, pp. 21-678; III.

The Philosopher Replies — Bertrand Russell: "Reply to Criticisms", p. 679 e Facsimile of page 1 of the original manuscript of Bertrand Russell's "Reply", pp. 680-742; IV. Bibliography of the Writings of Bertrand Russell — To 1944 (Compiled by Lester E. Denonn), pp. 743-788; Chronological List of Principal Works, p. 789; Index (Arranged by Robert S. Hartman), p. 791-838].

\_\_\_\_\_. *The Philosophy of G. E. Moore*. Chicago: Northwestern University Press, 1942.

SCHMID, Anne-Françoise. "Perspectives hétérodoxes de Russell sur la question des fondements", in *Philosophia Scientiæ* [Travaux d'histoire et de philosophie des sciences], caderno especial [Fonder autrement les mathématiques] 5, 2005, pp. 175-198.

SCHMITZ, François. "Relation interne, inférence et règle: du *Tractatus* à 'autre chose'", in SOULEZ, vol. II — *Études critiques*, 1997, pp. 13-87.

SCHOENMAN, Ralph (ed.). *Bertrand Russell, Philosopher of the Century*. Londres: G. Allen & Unwin, 1967 (com as contribuições nomeadamente de A. J. Ayer, A. Huxley, G. Kreisel, H. Putnam, H. Reichenbach e W. V. Quine).

SHAPIRO, Stewart (ed.). *The Oxford Handbook of Philosophy of Mathematics and Logic*. Oxford: Oxford University Press, 2005.

SOULEZ, Antonia. "Le noble mensonge ou mystique de la participation politique", in BENMAKHLOUF, 2002, pp. 155-168.

\_\_\_\_\_. "Comment lever l'inquiétude du philosophe? Une question de modèle pour une méthode de synopsis", in SOULEZ, vol. II — *Études critiques*, 1997.

\_\_\_\_\_. (dir.). *Dictées de Wittgenstein à Waismann et pour Schlick*. Vol. I — *Textes inédits* (années 1930); e vol. II — *Études critiques*. Paris: PUF, 1997, col. "Philosophie d'aujourd'hui".

SPENCER, Herbert. *The Factors of Organic Evolution*. Nova York: D. Appleton & Cie, 1887.

STEVENS, Graham. *The Russellian Origins of Analytical Philosophy*. Londres/Nova York: Routlege, 2005.

STRATHERN, Paul. *Bertrand Russell (1872-1970) em 90 minutos*. Rio de Janeiro: Jorge Zahar, 2003.

STRAWSON, Peter F. *The Bounds of Sense: an Essay on Kant's Critique of Pure Reason*. Londres: Methuen, 1966.

_____. *Individuals: an Essay in Descriptive Metaphysics*. Londres: Methuen, 1959.

_____. "On Referring", in *Mind*, vol. LIX, n. 235, jul. 1950, pp. 320-344.

SWIFT, Jonathan. *Viagens de Gulliver* [*Travels into Several Remote Nations of the World. In Four Parts. By Lemuel Gulliver, First a Surgeon, and then a Captain of Several Ships*, 1726]. EBooksBrasil, 2004. Disponível em: <http://www.ebooksbrasil.org/adobeebook/gulliver.pdf>.

TARSKI, Alfred. "The Establishment of Scientific Semantics", in TARSKI, 1956.

_____. *Logic, Semantics, Metamathematics* (tr. do polonês por J. H. Woodger). Indiana: Hackett Publishing Company, 1956 [tr. fr.: *Logique, sémantique, metamathématique* (textos escritos entre 1923 e 1944). Ed. G.-G. Granger. Paris: Armand Colin, 1972 (vol.1); 1974 (vol. 2)].

*The Collected Papers of Charles S. Peirce*, ver PEIRCE.

*The Collected Papers of F. H. Bradley*, ver BRADLEY.

URQUHART, Alasdair. "The Theory of Types", in GRIFFIN, 2003, pp. 286-309.

_____. "Russell's Zigzag Path to the Ramified Theory of Types", in RUSSELL, 1988b, pp. 82-91.

VAN HEIJENOORT, J. (org.). *From Frege to Gödel: a Source Book in Mathematical Logic, 1879-1931*. Cambridge: Harvard University Press, 1967.

_____. "Logic as Calculus and Logic as Language", in *Synthese*, 17, 1967, pp. 324-330.

VERNANT, Denis. *La philosophie mathématique de Bertrand Russell*. Paris: Vrin, 1993, col. "Mathesis".

_____. *Questions de logique et de philosophie*. Milão: Mimesis, 2017.

VON WRIGHT, Georg H. *Freedom and Determination*, in *Acta Philosophica Fennica*, vol. 31, n. 1. Amsterdã: North-Holland Publishing Co., 1980.

_____. *A Treatise of Induction and Probability*. International Library of Psychology, Philosophy and Scientific Method. Londres: Routledge & Kegan Paul, 1951.

_____. "An Essay Modal Logic", in *Studies in the Logic and the Foundations of Mathematics*, n. 4, Amsterdã, 1951.

_____. "An Essay in Deontic Logic and the General Theory of Action", in *Acta Philosophica Fennica*, fasc. 21. Amsterdã: North-Holland Publishing Co., 1968.

VUILLEMIN, J. *Leçons sur la première philosophie de Russell*. Paris: Armand Colin, 1967.

WITTGENSTEIN, Ludwig. *Remarques philosophiques* [Philosophische Bemerkungen]. Trad. do alemão (Reino Unido, ed. de Rush Rhees) por Jacques Fauve. Paris: Gallimard, 1975, col. "Tel", n. 89 [reimp. 1984].

_____. "Wittgenstein und die Wiener Kreis" [Conversações com o Círculo de Viena], in *Wittgenstein Schriften*, 3, Frankfurt am Main: Suhrkamp Verlag, 1967.

_____. *Carnets de Cambridge et de Skjolden, 1930-1932, 1936-1937*. Paris: PUF, 1999, col. "Perspectives Critiques".

_____. *Tractatus logico-philosophicus*. Introdução de Bertrand Russell, maio 1922. Londres: Kegan Paul & Unwin, 1922 [tr. fr.: Gallimard, 1961, col. "Idées"; ed. bras. de acordo com o texto alemão da ed. inglesa, bilíngue. Londres: Routledge & Kegan Paul Ltd, 1961: tradução e apresentação de José Arthur Giannotti.

São Paulo: Cia. Editora Nacional/Editora da Universidade de São Paulo, 1968].

WOOD, Allan. *Bertrand Russell: the Passionate Sceptic.* Londres: G. Allen & Unwin, 1957 [tr. fr.: *Bertrand Russell, le sceptique passioné.* Paris: Payot, 1965].

WRIGHT, Crispin. *Truth and Objectivity.* Cambridge: Harvard University Press, 1992.

ESTE LIVRO FOI COMPOSTO EM SABON CORPO 10,7 POR 13,5 E
IMPRESSO SOBRE PAPEL OFF-SET 75 g/m² NAS OFICINAS DA ASSAHI
GRÁFICA, SÃO BERNARDO DO CAMPO-SP, EM MARÇO DE 2019